智库丛书
Think Tank Series

上海国际金融中心建设

评估理论及发展战略研究

STUDY ON THE ESTABLISHMENT
OF SHANGHAI INTERNATIONAL FINANCIAL CENTER:
EVALUATION THEORY AND DEVELOPMENT STRATEGY

蔡真 等◎著

中国社会科学出版社

图书在版编目(CIP)数据

上海国际金融中心建设：评估理论及发展战略研究／蔡真等著．—北京：中国社会科学出版社，2022.2

ISBN 978－7－5203－9314－0

Ⅰ.①上…　Ⅱ.①蔡…　Ⅲ.①国际金融中心—建设—研究—上海　Ⅳ.①F832.75

中国版本图书馆 CIP 数据核字（2021）第 232095 号

出 版 人　赵剑英
责任编辑　喻　苗
责任校对　杜若普
责任印制　王　超

出　　版　中国社会科学出版社
社　　址　北京鼓楼西大街甲 158 号
邮　　编　100720
网　　址　http://www.csspw.cn
发 行 部　010－84083685
门 市 部　010－84029450
经　　销　新华书店及其他书店

印　　刷　北京明恒达印务有限公司
装　　订　廊坊市广阳区广增装订厂
版　　次　2022 年 2 月第 1 版
印　　次　2022 年 2 月第 1 次印刷

开　　本　710×1000　1/16
印　　张　19.75
字　　数　303 千字
定　　价　108.00 元

序

张　明*

蔡真博士是中国社会科学院金融研究所货币理论与货币政策研究室副主任，长期从事金融市场研究，在房地产金融研究领域成果斐然。最近，他邀请我为他领衔的新著《上海国际金融中心建设：评估理论及发展战略研究》作序，我欣然应允。

这本书分为三篇。上篇为上海国际金融中心建设的历史回顾，主要对“十二五”、“十三五”期间上海国际金融中心的建设情况进行评估。中篇是对上海是否已经基本建成国际金融中心进行评估。下篇是对2021年至2035年上海的国际金融中心建设设计发展战略。上篇与中篇是回顾过去，下篇是展望将来。在我看来，本书的重点在于中篇与下篇。

在中篇里，作者首先在对新华·道琼斯指数与伦敦金融城指数进行对比分析的基础上，建立了国际金融中心的评估框架，提出国际金融中心评估的三大要素是金融市场发展程度、金融机构与金融财富聚集程度与国际化程度。随后，作者运用上述框架对当前上海的国际金融中心地位进行评估，认为上海在金融市场发展程度以及机构与财富聚集程度这两个指标上已经超额完成国际金融中心建设任务，但在国际化程度方面依然有所欠缺。

---

* 张明，为中国社会科学院金融研究所副所长、国家金融与发展实验室副主任。

在下篇中，作者提出了上海国际金融中心的建设愿景：在2035年，上海金融中心的国际化程度大幅提升，成为双循环战略的核心枢纽，形成覆盖亚洲、辐射全球的金融中心，并成为全球金融科技与绿色金融的引领者。这个目标不可谓不宏伟。为实现上述愿景，作者提出了四大“抓手”：一是以“一带一路”倡议为核心构建人民币输出机制；二是加快上海金融市场建设以吸引境外人民币回流；三是在金融科技领域实现弯道超车；四是引领全球绿色金融发展。

在全书最后一章，作者还提出了深化上海金融市场结构性改革的五条建议与两条保障措施。这五条建议分别为：通过发展安全资产来改善债券市场结构；完善科创板制度；加快资产管理行业发展；推动利率衍生品市场扩容；加快资本账户可兑换与人民币汇率改革。两条保障措施是完善金融基础设施、加强金融监管与金融法治建设。

从上述分析框架与主要结论中不难看出，蔡真博士团队对国际金融中心建设的理论与实践均非常熟悉，进行了大量接地气的实地调研工作，提出了令人信服且具有可操作性的系列政策建议。这是一本高质量的学术研究报告，将为上海国际金融中心建设提供重要的参考镜鉴作用。

笔者非常认同蔡真博士团队对上海国际金融中心建设现状的评估，也即上海在金融市场发展、机构与财富聚集度方面成绩斐然，但在国际化程度上还有所不足。笔者曾经在一次研讨会上提出，一个真正的国际金融中心，应该满足以下四个条件：本国居民以外币举债、本国居民投资外币资产、外国居民以本币举债、外国居民投资本币资产。如果这四点做好了，就算一个非常不错的国际金融中心了。如果能满足另外两个条件，这个国际金融中心就更加完美了，这两个条件分别为外国居民以外币举债、外国居民投资外币资产。

如果用上述六个条件组成的分析框架来评估，那么目前上海金融中心基本满足外国居民投资本币资产这一条件（通过QFII、RQFII、沪港通、深港通、沪伦通与债券通），外国居民以本币举债（也即发行熊猫债券）的规模非常小。本国居民投资外币资产（通过QDII、沪港通、深港通、沪伦通与债券通）的规模有限，而本国居民仍不能大规模以外币举债。最后两个离岸金融中心的条件就更不满足了。

用上述标准来衡量，这意味着上海金融中心在开放度上，距离纽约、东京等城市差距依然较远，更不用说与伦敦、香港、新加坡等离岸市场程度更高的市场相比了。当然，如前所述，上海在国内金融市场规模、机构与财富聚集度方面拥有自己的独特优势。

此外，令我感兴趣的是，本书也对人民币国际化的现状进行了评估，并对未来人民币国际化的机会窗口与实现路径进行了讨论。事实上，经过10年左右的人民币国际化进程，人民币国际地位的确显著提升，标志性事件就是加入了IMF特别提款权（SDR）的货币篮，且权重仅次于美元与欧元。然而，即使到当前，人民币在国际支付、外汇交易、储备货币这三个最重要的维度中，份额均在2%左右，不仅远低于美元与欧元，距离日元与英镑仍有一定距离。因此，在推动人民币国际化方面，我们应该制定更加现实的目标。例如，如果到2035年，人民币能够在上述三个维度上全面超过日元与英镑，成长为仅次于美元与欧元的第三大国际货币，这已经是非常令人振奋的成就了。

在未来应如何进一步推进人民币国际化呢？我曾经提出，中国政府可以通过新“三位一体”策略来推动下一轮人民币国际化，也即大力拓展人民币作为大宗商品交易计价货币的功能（例如上海人民币计价的原油期货交易市场）、加快向外国机构投资者开放国内金融市场、在中国周边国家与“一带一路”沿线国家培育对于人民币的真实、黏性需求。不难看出，笔者提出的建议，与蔡真博士团队提出的加强上海国际金融建设的“四大抓手”有着异曲同工之处。

综上所述，我认为蔡真博士领衔的这本新著是一本高质量的著作，值得关注中国国际金融中心建设的政策制定者、学术研究者与市场参与者阅读。我也希望，蔡真博士未来能够推出更多兼具理论性、现实性与前瞻性的佳作。

前　言

2009年，《国务院关于推进上海加快发展现代服务业和先进制造业建设国际金融中心和国际航运中心的意见》（国发〔2009〕19号）提出，上海到“2020年，基本建成与我国经济实力以及人民币国际地位相适应的国际金融中心”。时至2020年，这十一年来上海为建成国际金融中心做出了哪些努力？上海有没有基本建成国际金融中心，这项国家战略有没有成功实现？要回答这一问题，还需回答上海国际金融中心基本建成的标准是什么，以及“与我国经济实力以及人民币国际地位相适应”这一定语又如何评估；在当前复杂多变的国际政治经济环境下，后2020时代上海国际金融中心的发展思路和对策是什么，为回答这些问题，本书因此孕育而生。

全书分为上、中、下三篇。

上篇为上海国际金融中心建设历史回顾。该篇分别对“十二五”、“十三五”期间上海国际金融中心建设情况进行了评估。“十二五”时期的评估主要对标《“十二五”时期上海国际金融中心建设规划》这一文件，从规划内容和主要指标的完成情况进行分析，“十三五”时期的评估主要从机构、市场以及创新开放三个方面展开。

中篇为上海国际金融中心基本建成评估，分为三章。该篇首先探讨了国际金融中心的评价框架，对著名的IFCD（新华·道琼斯指数）和GFCI（伦敦金融城指数）进行对比分析，结合上述两种方法的共性和优点，提出国际金融中心评估的三大核心要素是市场性、机构聚集地以及国际性；其次从交易媒介、支付手段和储备职能三个方面对人民币国际地位进行评估，其目标是服务于“与人民币国际地位”相适应这一定语；最后从金融市场、机构和财富聚集度、金融市场国际化程度三方面对上海与其他主要国际金融中心进行横向对比评估。中篇的评估结论是：以金融市场和机构聚集这两个标准衡量并对照人民币国际化地位，上海已超额完成国际金融中心建设的任务；然而上海作为金融中心难以堪当“国际”二字。

下篇为后2020时代上海国际金融中心发展战略研究，分为四章。该篇首先对未来国际政治经济格局以及国内形势进行分析，这是提出未来战略和对策的背景材料。党的十九届五中全会通过的《中共中央关于制定国民经济和社会发展第十四个五年规划和二〇三五年远景目标的建议》对“十四五”时期进行了战略部署，同时提出了2035年基本实现社会主义现代化的远景目标。后2020时代上海国际金融中心建设与该《建议》稿对标，第七章应用追赶法情景模拟以及金融深化份额法对上海国际金融中心的“十四五”指标进行预测规划，后续两章讨论到2035年上海国际金融中心建设的愿景、主要抓手、改革重点以及保障措施等。第八章提出上海国际金融中心的愿景目标是：到2035年，上海金融中心的国际化程度大幅提升，成为双循环战略的核心枢纽，形成以中国经济为第一服务主体、覆盖整个亚洲、辐射全球的金融中心，并成为全球金融科技和绿色金融的引领者。主要抓手包括四个方面：其一，以“一带一路”建设为抓手稳步推进人民币国际化，从而实现双循环新发展格局下的人民币输出机制；其二，加强上海金融市场建设，从而为人民币回流提供价值栖息地；其三，打造金融科技新增长极，为实现“弯道超车”创造可能性；其四，成为全球绿色金融引领者，绿色发展是我国经济发展到特定历史阶段的必然选择，绿色金融也自然成为上海国际金融中心建设中的题中之义。第九章探讨后2020时代上海国际金融中心的改革重点以及保障措施。上海要成为“双循环”的核心枢纽必须练好“内功”，针对上海金融市场长期存在结构性问题应进行相应改革，市场方面的改革包括三点：其一，大力发展安全资产，改善债券市场结构；其二，完善科创板制度，促进实体经济创新发展；其三，加强资产管理行业发展，提升资产配置能力。价格机制方面的改革包括两点：其一，推动利率衍生品市场扩容，形成有效利率曲线；其二，加快资本项目可兑换，推动人民币汇率改革。以上改革措施形成“五位一体”的架构，其最终目标是形成有深度和广度的金融市场，使上海成为人民币的价值贮藏之地。此外，完善的金融基础设施和完善的金融监管体系以及金融法治环境是保障改革成功的关键。

近五年来，笔者接受上海市地方金融监督管理局委托的多项研究课题，包括“‘十二五’时期上海国际金融中心建设规划评估研究”“上海国际金融中心建设‘十三五’规划指标体系研究”“国际金融中心指标体系研究”“‘十四五’时期上海国际金融中心建设主要评价指标体系研究”“2020—2030 年全球金融中心格局预判及影响因素研究”等。本书的撰写是在上述课题基础上经筛选、整理、修订、编排等再加工的结果，各章写作的具体分工如下：第一章（蔡真、栾稀），第二章（蔡真、祁逸超），第三章（蔡真），第四章（黄志强），第五章（蔡真、黄志强），第六章（颜苏、蔡真、黄志强），第七章（蔡真、陈晓宇），第八章（蔡真、黄志强），第九章（蔡真）。

目　录

上篇　上海国际金融中心建设历史回顾

中篇　上海国际金融中心基本建成评估

上　篇

上海国际金融中心建设历史回顾

第一章 《“十二五”建设规划》实施成效评估

2012年1月国家发改委印发了《“十二五”时期上海国际金融中心建设规划》（简称《“十二五”建设规划》），对上海在“十二五”时期金融业的发展方向和具体指标提出了明确要求。本章首先对《“十二五”建设规划》的内容进行简要概括和介绍，在此基础上，分别从主要任务和具体指标的完成情况对上海“十二五”时期金融建设进行评估。

第一节 《“十二五”建设规划》主要内容

《“十二五”建设规划》主要依据《国民经济和社会发展“十二五”规划纲要》、《关于推进上海两个中心建设的意见》（即国发〔2009〕19号文）以及《上海市国民经济和社会发展“十二五”规划纲要》制定。

上海“十二五”期间国际金融中心建设的发展目标和主要任务紧紧围绕着“一个核心、两个重点”的思路展开，一个核心是指“以金融市场体系建设为核心”；两个重点是指“以金融改革开放先行先试和营造良好金融发展环境为重点”。主要任务我们将其提炼为五个方面以便于下文实施效果的评估。第一，形成多功能、多层次的金融市场体系。促进股权类和债权类市场发展，股权类应形成多层次资本市场体系，探索不同层次市场的转板机制，进一步发展金融期货的风险管理功能；不断扩大债券交易规模，促进银行间市场和交易所市场协同发展；促进货币市场和外汇市场发展，成为人民币产品基准价格中心。在此基础上，发展新的金融市场形态，包括保险交易所、贷款转让中心、信托受益权转让市场等。第二，完善金融机构体系。促进金融机构总部和功能性金融机构集聚发展，规范发展从事新兴金融业务的机构，包括专业养老保险公司、金融租赁公司、小额贷款公司、提供支付服务的非金融机构等。第三，加强金融基础设施建设，重点是建设面向全球的人民币支付清算网络。第四，提高金融国际化水平。扩大境外投资者和发行主体参与上海金融市场的渠道和规模；推进上海证券市场国际板建设；推进在上海开展个人对外直接投资试点，鼓励境内银行直接向境外项目提供人民币融资。第五，营造具有国际竞争力的金融发展环境。具体包括金融法治、金融税收、金融会计、信用环境、监管体系等方面。

具体指标方面，《“十二五”建设规划》涉及金融市场、金融国际化、金融服务功能、金融发展环境四个方面，共计12个指标。

第二节 《“十二五”建设规划》主要任务建设成效

一 金融市场建设成效

（一）股票市场建设取得的成效

“十二五”期间，上海股票市场经历了先低迷后复苏的发展态势。2012—2015年，上海主板市场迎来了迅速的发展，2015年上海交易所股票交易额达到了133.10万亿元，与2010年的30.43万亿元相比，实现了34.33%的复合增长率，上交所市值规模达到了25.41万亿元，与2010年的14.23万亿元相比，实现了12.29%的复合增长率（见图1-1）。

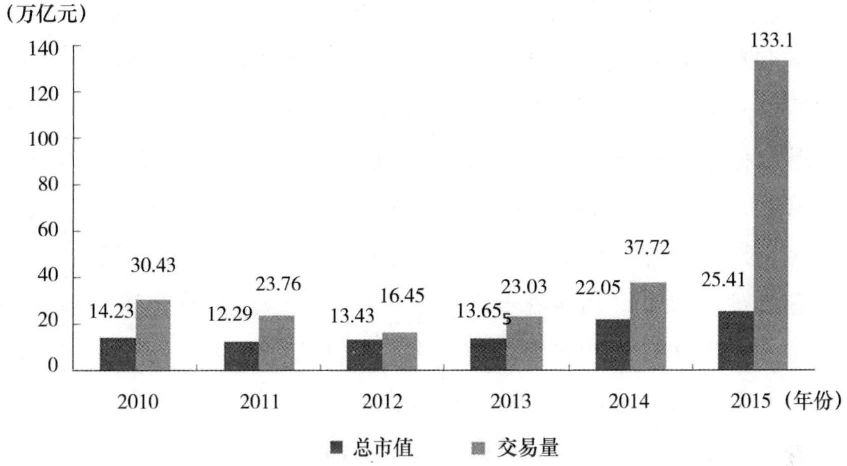

图 1－1　2010—2015 年上海证券交易所股票交易量与市值规模

资料来源：上海证券交易所。

股票市场的快速发展得益于一系列制度方面的改革。股票的发行制度方面，2012 年 3 月 18 日，《国务院转批发改委关于 2012 年深化经济体制改革重点工作的意见的通知》（国发〔2012〕12 号）提出深化金融体制改革，健全新股发行制度和退市制度，强化投资者回报和权益保护。2012 年 5 月，证监会正式执行上述意见，其中有两个重要改革措施：一是提高向网下投资者配售股份的比例，建立网下向网上回拨机制；二是取消了网下配售股份 3 个月的锁定期。这一制度改革有效遏制了二级市场的"炒新"热。2013 年 11 月中共中央十八届三中全会召开，明确提出："完善多层次资本市场体系，推进股票发行注册制改革，多渠道推动股权融资。"2013 年 11 月 30 日，证监会制定并发布《中国证监会关于进一步推进新股发行体制改革的意见》，成为逐步推进股票发行从核准制向注册制过渡的重要标志。此后证监会、交易所又发布了一系列配套文件，改革主要表现在以下方面：审核方面，预披露时间提前，强化信息披露为核心，加快审核速度，以三个月为期；发行方面，发行价格由发行人与承销的证券公司协商确定；配售方面，引入存量发行机制，遏制"超募"；上市方面，加强新股上市首日交易监管，设置44%的首日涨幅天花板。

退市制度方面，2012年6月上海证券交易所出台退市制度，增加相关暂停上市、终止上市指标，细化相关标准，严格恢复上市要求，完善退市程序。新退市制度方案规定连续三年净资产为负，或者连续三年营业收入低于1000万元或连续20个交易日收盘价低于股票面值的公司应终止上市。2012年12月，发布《上海证券交易所风险警示板股票交易暂行办法》等四项退市配套制度，使退市制度具备可操作性。2014年10月19日，上海证券交易所发布了新修订的《上海证券交易所股票上市规则》，修订的重点主要有：一是健全上市公司主动退市制度，充分尊重并保护市场主体基于其意愿做出的退市决定，为建立更顺畅的能上能下的退市机制提供了基础和空间；二是新增重大违法公司强制退市制度，将投资者和市场反映最强烈的欺诈发行和上市公司重大信息披露违法等严重违规事件，纳入强制退市情形，并明确了相应的暂停上市和终止上市要求。

2010年3月，A股市场开放了融资融券业务。融资融券业务的开展对改变当时A股低迷的市场环境发挥了重要作用。2011年11月25日，《上海证券交易所融资融券交易实施细则》（简称《实施细则》）正式发布。根据《实施细则》有关规定和业务发展需要，上交所将融资融券标的证券范围确定为上证180指数成分股中的样本。此后，上交所融资融券标的经历五次扩容，由最初的48只增加至495只。融资融券交易额由2012年初的660亿元上升至2015年底的1.87万亿元，其占A股成交金额的比例由最初不到4%上升至2015年底的10%，峰值最高达到20%（见图1-2）。

融资融券业务的推出开启了上海A股市场的信用交易机制，然而融资和融券存在严重失衡的现象，融券余额占融资余额的比例长期维持在2%以下，最高不超过5%。为缓解融资融券失衡、融券难的状况，2011年8月，证监会发布了《转融通业务监督管理试行办法》，2012年8月，为配合转融通业务的发展，上海证券交易所发布《转融通证券出借交易实施办法》，标志着转融通试点正式推出。随着融

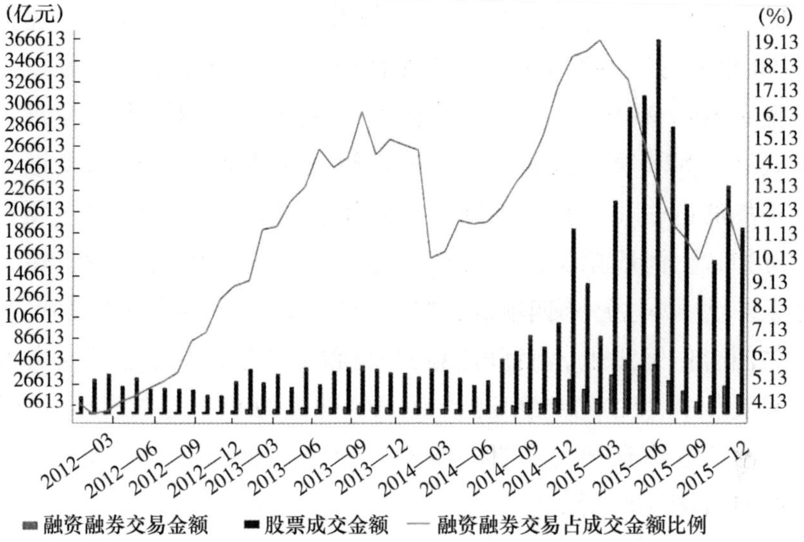

图1－2 融资融券交易与股票成交金额的对比

资料来源：同花顺。

资融券业务资金和证券来源放宽，该业务的规模有所增长。然而，由于单边做多以及交易机制等方面的因素，融券业务的交易规模偏小，其市场功能还有待进一步培育。

多层次资本市场体系建设也取得了一定成绩。2012年2月15日，上海股权托管交易中心开业成立，该市场重点面向尚不具备上市条件的科技型、中小型企业，为统一监管的场外交易市场及创业板、中小板及主板市场培育输送企业资源。上海股权托管交易市场所服务的企业主体重点面向上海，但也不限于上海。在该市场挂牌的公司信息披露的内容和形式，与目前IPO上市招股书披露的内容和形式相似。

上海股权托管交易中心是一个面向特定投资者进行股份转让和实施定向增发的非公开市场，有一些特定要求，例如非上市股份公司股东不超过200人、不公开发行股份、不采取集中竞价和做市商等集中交易方式、要求投资人买入卖出时间间隔不少于5个交易日等。成立之初，仅有首批19家企业挂牌，但成立之后发展迅速，截至2016年1月，共有8393家企业挂牌，托管企业达168家，实现股权融资100.93亿元，债券融资23.46亿元。挂牌企业数量远远超过了武汉的828家，上海托管中心最近两年出台的多项制度推动了场外市场的进一步创新，在场外市场制度建设方面居于国内领先位置。例如，上海股票交易中心的“非上市股份有限公司股份转让制度体系”为我国场外交易市场规则的建立做出了开创性贡献；在交易所之间合作互助上，上海证券交易所参与托管中心建设也有效促进未来股权托管中心的发展。为了促进上海市多层次资本市场建设，上海市政府还出台了进一步支持中小企业在上海股权托管中心挂牌的财政配套政策。

（二）债券市场建设取得的成效

“十二五”期间，上海的债券市场迅速发展。银行间市场的交易规模从“十二五”期初的178.6万亿元上升到“十二五”期末的605.8万亿元，五年间增长了2.4倍。目前，全国银行间同业拆借中心债券托管余额已经达到了34.84万亿元，较2010年的21.22万亿元相比，实现了10.42%的复合增长（图1-3、图1-4）。

交易所方面，上海证券交易所的债券规模也呈现快速发展势头，债券成交额从2010年的4.2万亿元上升到2015年的72.1万亿元，年均复合增长率达到76.5%。与深交所对比，上交所的债券交易量明显活跃，目前上交所的债券交易量是深交所的23倍（图1-5）。

上交所的债券市场不仅规模增长迅速，产品创新也较为丰富。中小企业私募债是创新产品中的亮点。中小企业私募债为承担风险的投资者提供了较高溢价，吸引了一部分风险偏好较高的合格投资者，为中小企业融资打开了一个新的渠道，也为后续企业并购交易等财务行为提供了融资安排，有效解决企业融资困难和机构投资产品不足的问题。2012年5月，上交所发布《中小企业私募债券业务试点办法》，19家券商获得了全国首批中小企业私募债券承销业务资格，标志着具有高风险、纯信用特点的中小企业私募债品种在国内正式推出。

截至2015年12月，中小企业私募债券累计发行434只，发行额达到801亿元。

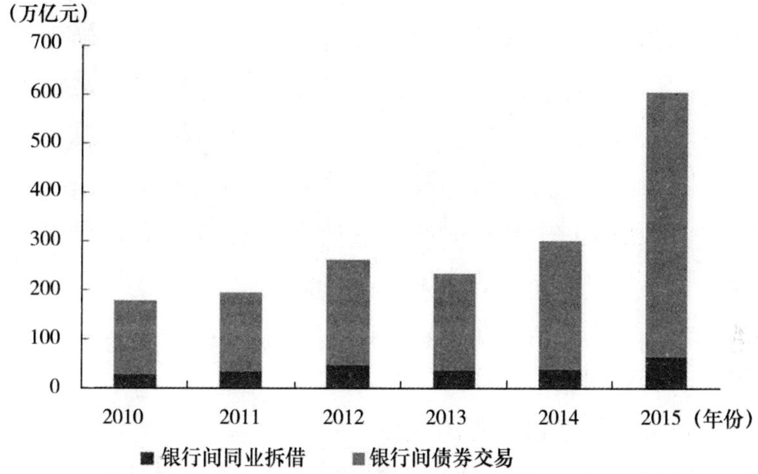

图1-3 2010—2015年银行间市场交易规模

资料来源：Wind资讯。

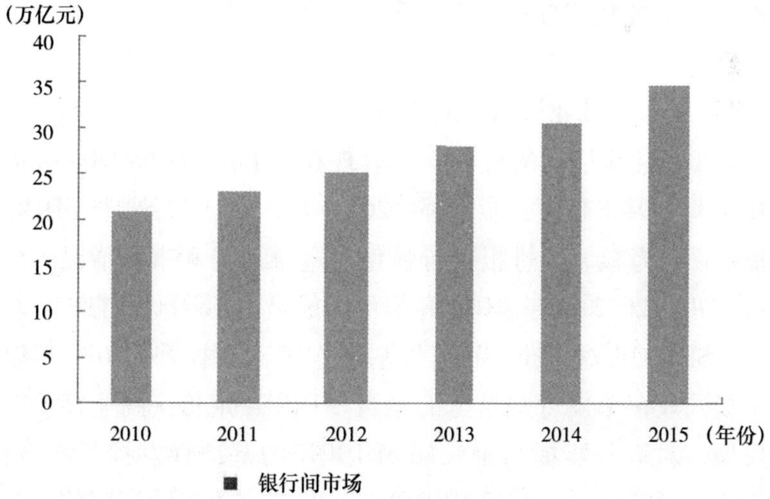

图1-4 2010—2015年银行间市场债券托管余额

资料来源：Wind资讯。

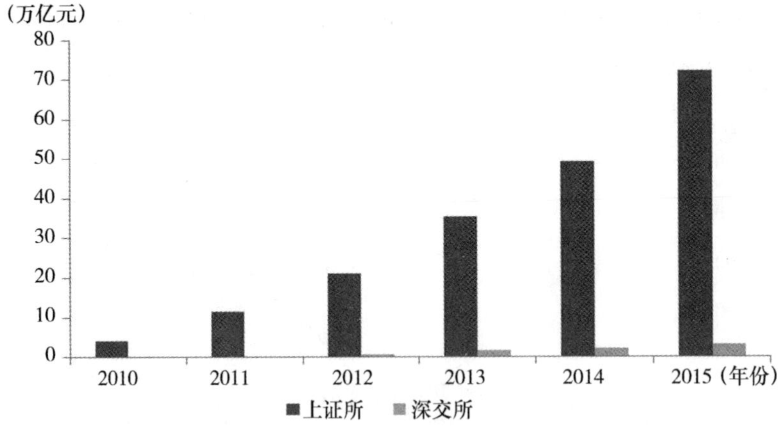

图 1－5 2010—2015 年上交所与深交所债券交易规模

资料来源：Wind 资讯。

2011 年 11 月，地方政府自主发债试点在上海正式启动。上海市政府自主发债是中国地方政府融资机制改革的重要突破，也是我国债券市场的重大创新。发行当日，发行总额为 71 亿元的上海市政府债券进行了市场化招标，获得了 3 倍以上的认购，显示了其被市场认可的程度。

（三）货币市场建设取得的成效

货币市场建设取得的成效主要表现在：上海银行间同业拆借利率（SHIBOR）的基准性进一步增强。2010 年，央行开始实行 SHIBOR 报价行报价质量考核，促进报价行强化对金融形势和市场情况的分析预判能力，并在 2012 年将 SHIBOR 报价团成员由 16 个增加到 18 个。与此同时，SHIBOR 对债券产品定价基准作用不断提升。2010 年以来银行间市场同业存单发行交易全部参照 SHIBOR 定价。同业存单市场的加快发展，对进一步提高中长端 SHIBOR 的基准性发挥了积极作用。2015 年前三季度，发行以 SHIBOR 为基准定价的浮动利率债券和同业存单 46 只，总量为 238 亿元；发行固定利率企业债 214 只，总量为 2307 亿元，全部参照 SHIBOR 定价；发行参照 SHIBOR 定价的固定利率短期融资券 6916 亿元，占固定利率短期融资券发行总量的 92%，相比2010年提高了55%（图1-6）。但是，截至2015年第三季度，人民币利率互换交易的浮动端参考利率与SHIBOR挂钩的利率互换交易名义本金占比仅为7.1%，相比2010年降低了33.2%（图1-7）。

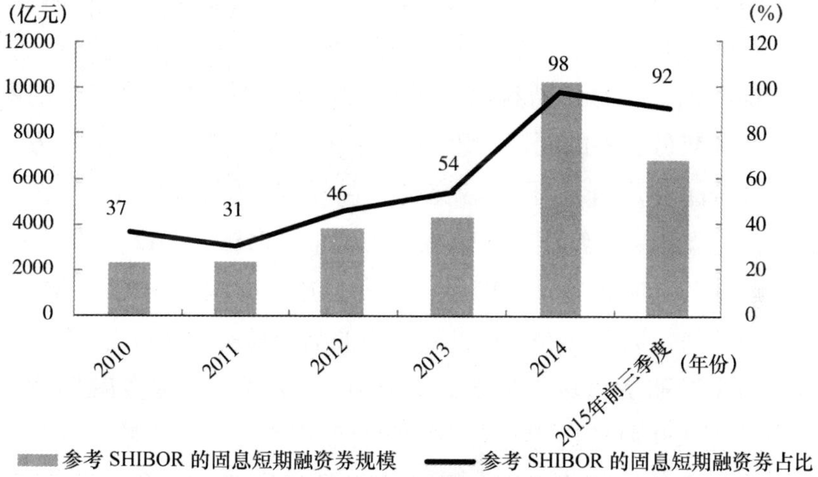

图1-6 参考SHIBOR的固息短融规模

资料来源：中国人民银行。

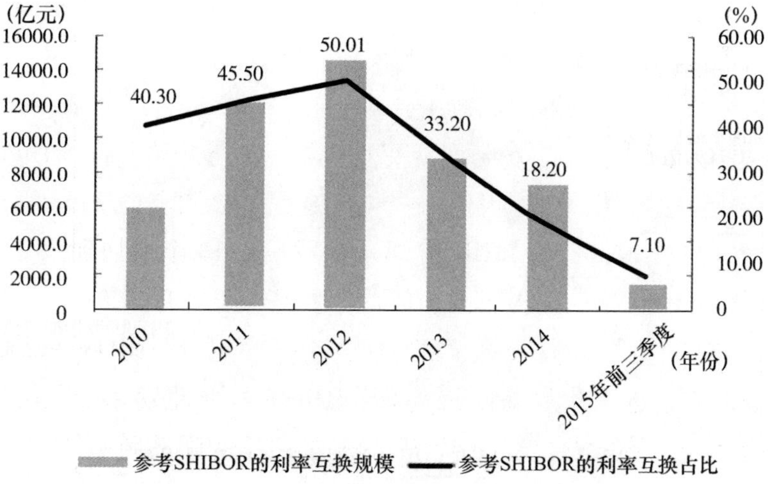

图1-7 参考SHIBOR的利率互换规模

资料来源：中国人民银行。

（四）期货市场建设取得的成效

“十二五”期间，上海商品期货市场在交易种类上有了进一步发展。2011 年上海期货交易所成功推出了铅和白银两个新品种，2013 年推出了沥青，2014 年推出了热轧卷板，2015 年成功推出了镍和锡两个品种，目前已有黄金、白银、铜、铝、锌、铅、锡、镍、沥青、热轧卷板、螺纹钢、线材、燃料油、天然橡胶 14 种期货合约在上期所交易。在增加交易品种的同时，上海期货交易所注意与国际交易方式接轨，大部分品种已开放了夜盘交易，包括镍、铜、铝、铅、锌、锡、沥青、热轧卷板、螺纹钢、天然橡胶、黄金、白银。2012 年，上海 My Steel 钢铁价格指数被芝加哥商品交易所启用，中国公司编制的钢铁及其原材料价格指数第一次获得世界顶级商品交易所的认可。

上海金融期货市场发展迅速，2010 年 4 月，中国金融期货交易所推出沪深 300 股指期货，对中国期货业产生了巨大影响。2013 年 9 月，推出了 5 年期国债期货。2014 年 3 月，分别推出了上证 50 股指期货和中证 500 股指期货。2014 年 9 月，推出了 10 年期国债期货。

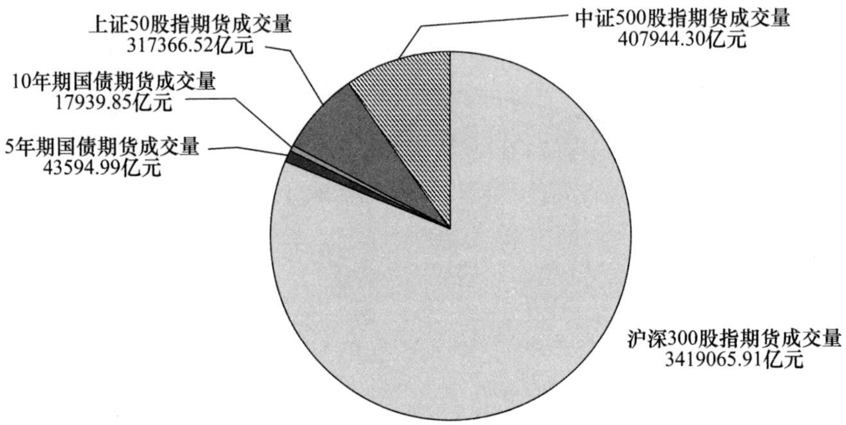

图 1-8　2015 年中国金融期货交易所交易规模

资料来源：Wind 资讯。

截至2015年末，中国金融期货交易所共有沪深300股指期货、上证50股指期货、中证500股指期货、5年期和10年期国债期货5个金融期货品种，其中沪深300股指期货市场规模最大，交易量占所有金融期货市场交易量的81.29%（见图1－8）。

（五）其他市场建设取得的成效

经过几年的酝酿和准备工作，上海保险交易所于2015年11月获国务院批准同意设立，注册资金50亿元，主要发起股东包括上海国际集团，大型或本地保险公司及多家大型非保险类国企参股其中。把“保交所”放在上海试点，是上海建设国际金融中心的“应有之义”。上海保交所由国际再保险平台、国际航运保险平台以及大宗保险项目招投标平台这三大业务平台组成。同时，旨在盘活保险资管产品流动性问题的保险资产集中登记托管系统和交易系统也会成为保交所中的要素之一。上海保交所成立后，将在多个方面深度影响保险市场。立竿见影的是，集聚更多具备相应专业技术特长的新型保险主体，如航运保险、再保险等专业公司及具有高技术含量的中介机构。

上海信托业发展迅速，目前已形成较大规模。上海信托业的发展，一方面得益于十年来我国经济高速增长带来的财富积累，及其形成的高收入人群的信托理财需求；另一方面得益于政策红利，即商业银行面对严格的监管和其信贷扩张冲动之间形成的制度套利机会，银行业的信贷扩张冲动与其所受的严格监管矛盾为信托行业提供了套利空间。此外，信托受益权转让市场也在建立发展过程中。上海自贸区管委会于2014年正式下发《信托登记试行办法》，信托受益权的流转机制正逐渐清晰，对于信托行业而言具有重要意义。上海市是信托流转登记的先行者，上海地区的试点工作进行让全国性信托登记公司的设立又进了一步。

启动于2010年9月25日的全国银行间贷款转让交易，是推进上海国际金融中心建设的又一项重要工作。国家开发银行、中国工商银行、中国农业银行等21家银行业金融机构签署了《贷款转让交易主协议》，获得了参与全国银行间市场贷款转让的交易资格。其中，汇丰银行和德意志银行也在首批行列。

二 金融机构建设成效

“十二五”期间，上海金融机构集聚效应进一步显现，金融机构多样化程度进一步增加，新型金融机构逐渐兴起。

（一）传统机构总部聚集

中国最为传统的金融机构是商业银行，由于计划体制下信贷资金配置是辅助于经济活动的，且国有银行都是从中国人民银行分离出来的，因而大型国有银行总部大都位于北京。目前，国内重要银行只有交通银行总部设在上海。随着上海国际金融中心的大力推进以及银行业混业经营大势所趋，国有银行表现出在上海设立第二总部的意向，其目的在于更加贴近市场。中国银行第二总部于2012年3月率先挂牌，中国建设银行于2013年10月在上海设立第二总部，其余两家国有银行均有意向在上海设立第二总部。银行第二总部的成立将加快上海人民币资产管理中心和跨境投融资中心建设，对提升上海金融市场配置全球资源的能力以及推动上海达到2015年基本确立全球性人民币产品创新、交易、定价和清算中心地位的目标均有一定积极意义。

从资产规模来看，截至2015年12月末，上海银行业资产总额达到12.98万亿元，同比增长15.2%。这是因为上海银行在重点领域业绩完成较好，特别在自贸区业务经营和业务创新方面，上海银行业表现突出。此外，上海浦东发展银行、上海银行（城市商业银行）、上海农商银行等在全国同类银行的排行榜上也都名列前茅，随着跨地区业务的发展，其影响力不断增强（见表1-1）。

表 1－1　　2015 年上海本地银行在全国业绩及吸引海外投资情况

本地银行名称	业绩和规模排名	吸引海外投资情况（按持股比例统计）
交通银行	5	汇丰银行：18.63%
上海浦东发展银行	8	—
上海银行	16	西班牙桑坦德银行有限公司：7.2%
上海农商银行	26	澳大利亚和新西兰银行集团有限公司：20%

资料来源：毕马威 2015 年中国银行业调查报告。

证券基金业方面，截至 2014 年，共 20 家证券公司将总部设在上海，占全部证券公司总数的 18.18%；44 家基金公司总部设在上海，占全部基金公司总数的 46.32%。上海的证券公司数和公募基金公司数量远远超过北京和深圳（见表 1－2），从证券机构总部聚集度上看，上海处在全国第一的地位。上海本地证券公司在国内证券行业举足轻重。国泰君安证券、申万宏源证券、海通证券、东方证券、光大证券等均为我国传统优势券商，从资产规模来看，这五大券商总资产达到 8286 亿元，占全行业总资产的 20.54%（见图 1－9）。

表 1－2　　上海证券、基金公司数量　　单位：家

	上海		北京		深圳	
	证券公司	基金公司	证券公司	基金公司	证券公司	基金公司
2010 年	16	31	17	11	17	16
2011 年	17	34	18	9	17	17
2012 年	20	37	18	15	17	18
2013 年	20	44	18	15	17	20
2014 年	20	44	19	23	17	22

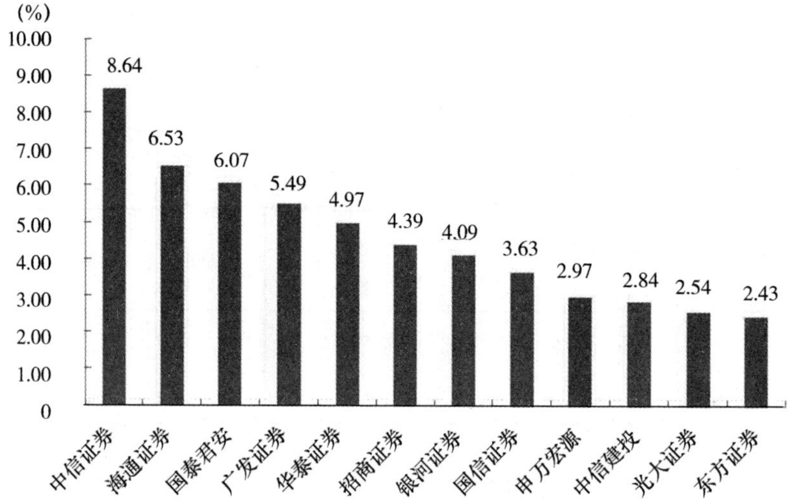

图 1－9 2014 年上海本地券商总资产排名靠前

资料来源：中国证券业协会。

经纪业务是我国券商的传统业务，国泰君安证券、申万宏源证券、海通证券、光大证券这四家老牌券商依然保持了传统优势，2014 年经纪业务收入达到 178 亿元，市场份额为 18.26%（见图 1－10）。随着金融创新的浪潮以及大资管时代的来临，上海本地券商积极拓展新的业务类型，有序推出现金管理类产品、结构化产品、指数挂钩产品、分期产品等创新产品。在资产证券化产品的推行方面，上海也走在全国前列。国泰君安资产管理公司推出国内首单资产证券化项目“国泰君安资管—隧道股份”，东证资产管理公司推出了业内首单小额贷款资产证券化产品；交银国际信托联合邮储银行推出了住房按揭贷款资产证券化产品；平安银行小额消费贷款资产证券化产品成为国内首例突破双审批的跨市场发行的资产证券化产品。图 1－11 反映出上海本地券商在资产管理业务方面名列前茅，2014 年五家本地券商资管业务收入达到 29 亿元，市场份额更是超过传统经纪业务，占比达到 23.69%。这凸显了本地券商的锐意进取精神。

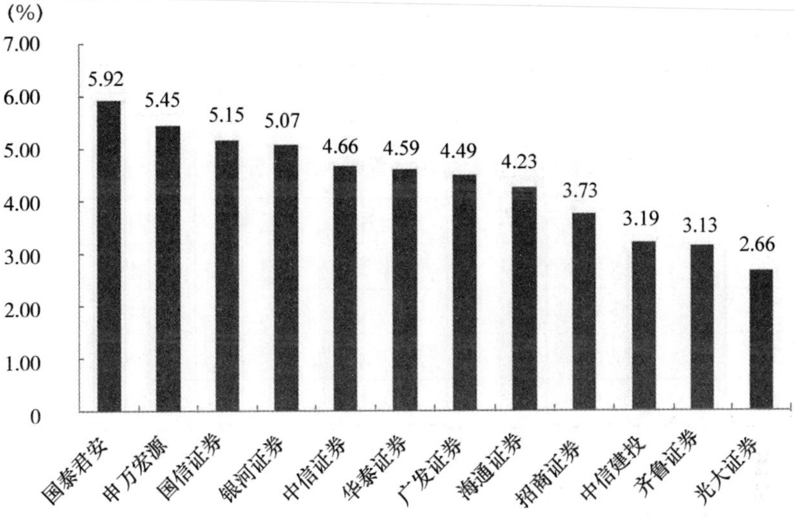

图 1－10 上海本地券商经纪业务靠前

资料来源：中国证券业协会。

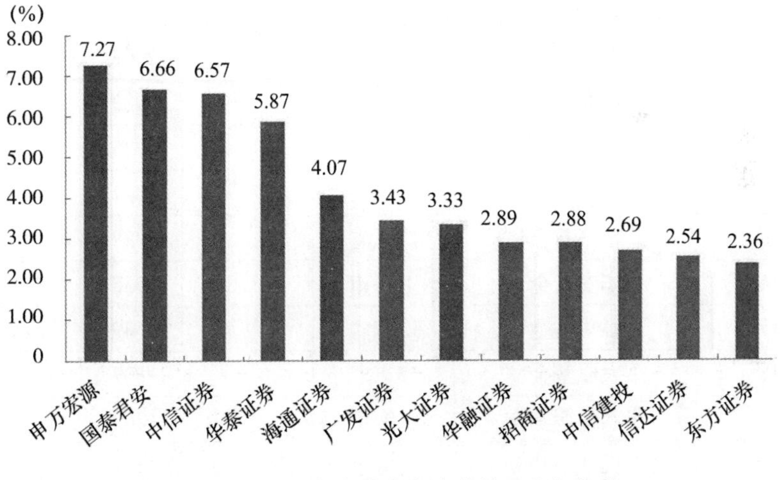

图 1－11 上海本地券商资产管理业务靠前

资料来源：中国证券业协会。

在基金行业中，上海本地有影响力的基金公司包括华安基金、富国基金、上投摩根基金、汇添富基金等。但是从具体公司层面看，基于 2015 年底全国基金资产规模比较，上海基金公司平均市场规模为1864亿元，弱于北京的4242亿元和广东的2683亿元，目前缺乏规模进入前五的国内领军基金公司（见表1－3）。

表1－3 **2015年公募基金管理规模排名**

排名	基金名称	注册地	公募基金管理规模（亿元）
1	天弘基金	天津市	6739
2	华夏基金	北京市	5902
3	易方达基金	广东省	5760
4	工银瑞信基金	北京市	4430
5	嘉实基金	北京市	3488
6	南方基金	广东省	3342
7	广发基金	广东省	3300
8	建信基金	北京市	3147
9	中银基金	上海市	2778
10	汇添富基金	上海市	2525
11	招商基金	广东省	2503
12	博时基金	广东省	1982
13	富国基金	上海市	1925
14	华宝兴业基金	上海市	1827
15	鹏华基金	广东省	1728
16	华安基金	上海市	1558
17	银华基金	广东省	1549
18	大成基金	广东省	1307
18	华泰柏瑞基金	上海市	1269
20	上投摩根基金	上海市	1167

资料来源：中国证券投资基金业协会。

期货业方面，上海一直以来是中国期货公司的聚集地。根据期货业协会的统计，截至2014年，上海拥有期货公司28家，占全部期货公司的18.54%，数量上超过北京、深圳、浙江和江苏（见图1－12）。

近年来，期货业竞争越来越激烈，经纪业务手续费率逐年下降，2014年期货业手续费率不到万分之零点二；在这样的背景下，上海地区期货代理成交额实现大幅增长，市场份额从2013年的26%上升至32%（见图1－13），除深圳以外的其他地区市场市场份额都在下降。这反映了期货业也正向上海这座金融中心集聚。

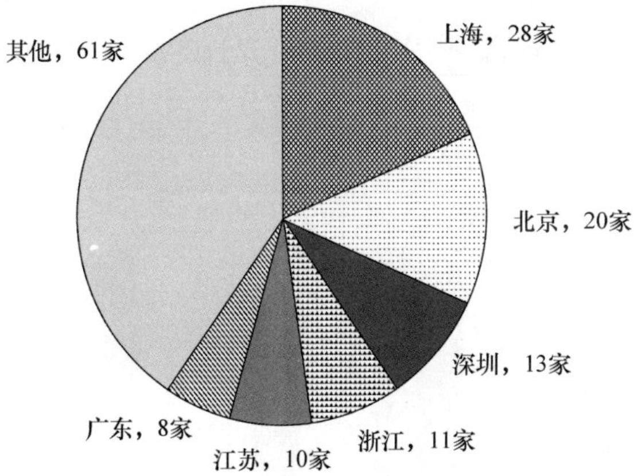

图1－12 期货公司地区分布

资料来源：《中国期货业发展报告（2014年度）》。

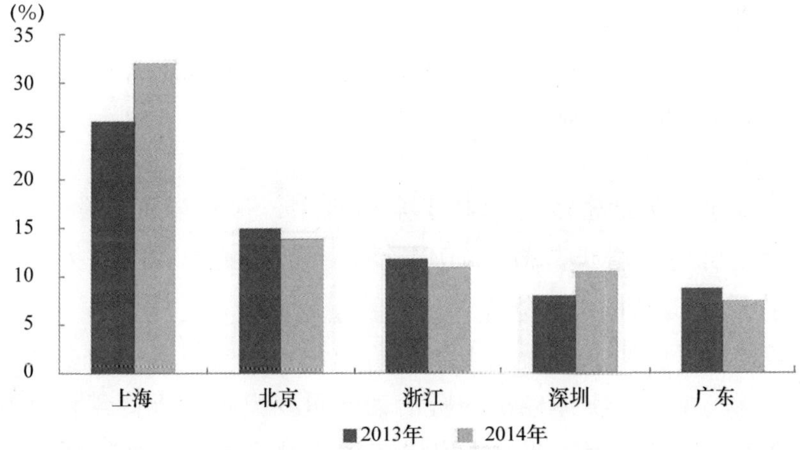

图1－13 期货公司代理成交额地区占比情况

资料来源：《中国期货业发展报告（2014年度）》。

保险业方面，截至2014年末，上海市共有50家法人保险机构，较上年同期新增1家。其中，保险集团公司1家，财产险公司18家，人身险公司22家（12月新增太保安联健康保险股份有限公司，是在上海自由贸易实验区注册的首家专业健康险公司），再保险公司3家，保险资产管理公司6家保险赔付支出增长明显，充分发挥保障民生的能力。截至2014年末，上海市保险业赔付支出累计378.7亿元，同比增长25.4%，相比2010年增长了94.86%。（图1－14）。

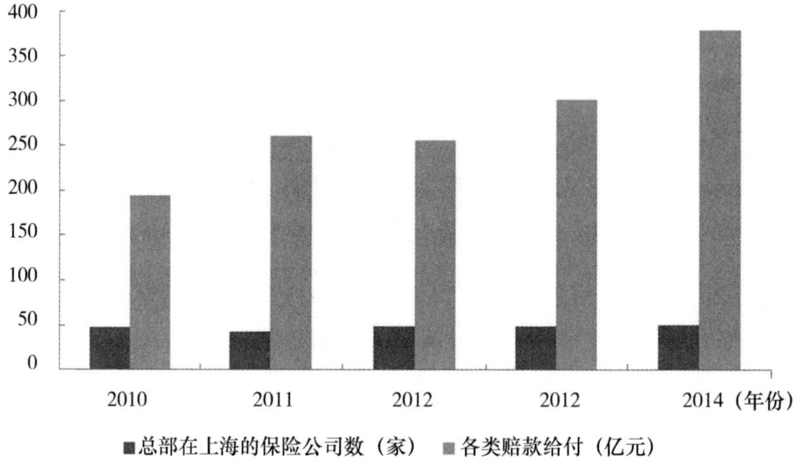

图1－14 上海的保险公司数与保险赔付金额

资料来源：中国人民银行。

上海地区保险密度远远高于全国水平，保险密度在经过2011年骤降之后稳步增长，截至2014年底，已达到4068元/人，同比增长了19.6%（图1－15）。

信托具有"实业投行"之称。信托计划资金投资方向多元，受政府管制较少，是实体经济融资活动的重要渠道。近些年，金融混业发展渐成趋势，信托业呈现出快速增长的势头。上海信托产品投资品种灵活多样，在各领域皆有渗透，表现出较强的创新能力。在信托行业中，上海本地有影响力的信托公司包括上海国信、华宝信

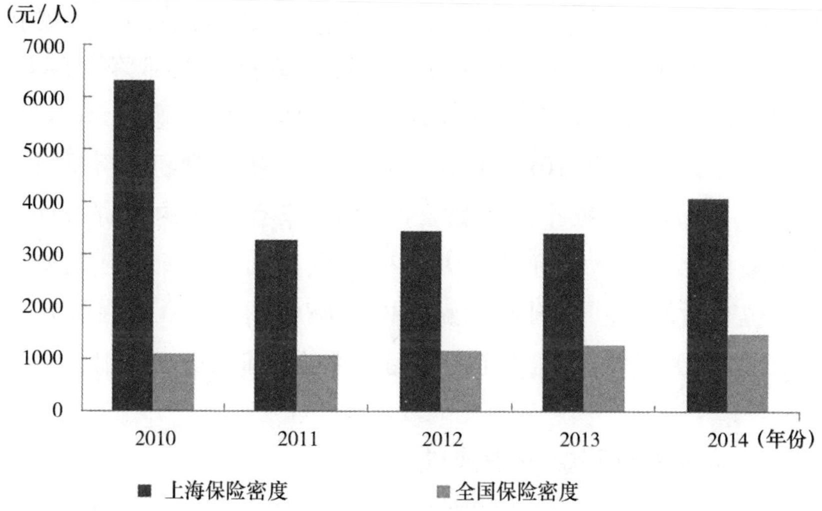

图 1－15 上海与全国保险密度对比

资料来源：中国人民银行，Wind 资讯。

托、中海信托、华澳信托、中泰信托、安信信托、爱建信托 7 家信托公司。2015 年，上海信托公司共发行信托产品 4924 只，总发行规模达到 1047 亿元，在全国位居前列（见表 1－4）。

表 1－4 **2015 年上海信托业发行规模靠前**

城市名称	发行数（只）	总发行规模（亿元）
上海	4924	1047
北京	4300	1776
深圳	2598	39
哈尔滨	2451	6
杭州	1152	509

资料来源：Wind 资讯。

（二）新型机构的兴起

“十二五”期间，上海积极推动新型机构落户。股权投资、小额贷款、融资担保、第三方支付、融资租赁等新兴行业的准金融机构发展良好。2011 年全国最大的股权投资弘毅投资总部落户在上海。融资租赁机构迅猛发展，截至 2014 年，上海市共注册有 540 家融资租赁公司，该数目是 2010 年的 4.4 倍。普惠金融机构不断扩大，2013 年，上海市 56 家小额贷款公司和 18 家有意向的融资担保机构经人民银行批准接入企业和个人信用信息基础数据库。互联网金融在上海也有所发展。全国首家互联网保险公司——众安在线落户上海；引进百度、京东等优质企业参与小额贷款业务试点工作。

三 金融基础设施建设成效

金融基础设施的建设成效表现在以下几个方面。一是推动建立银行间市场债券发行系统和信息披露与报价交易系统，建设完善电子交易系统和托管结算系统，并推出了券款对付（DVP）结算方式，实现前后台数据直通式处理（STP），极大地降低了操作风险。二是顺应金融危机后国际金融监管改革方向，2009 年成立上海清算所，为进一步推动场外市场集中清算奠定了基础。三是推出银行间债券市场现券买卖请求报价功能，丰富了做市商做市方式，有助于进一步提高债券市场流动性。四是银行间外汇市场发布本外币货币掉期曲线，进一步完善银行间外汇市场的基准体系。该曲线的发布有利于促进货币掉期市场流动性，提升市场价格发现功能。五是银行间外汇市场试运行交易确认业务，有效提高了交易效率和直通式处理水平，降低了机构操作风险。

支付清算是金融体系的基本功能，是整个市场发展的基础。2009 年 11 月 28 日，上海清算所正式成立，其主要业务是为银行间市场提供以中央对手净额清算为主的直接和间接的本外币清算服务，其目的在于通过集中清算制度安排，降低对手方风险并为监管提供数据支持。

人民币跨境贸易结算这些年取得较快发展，然而在支付清算的基础设施方面，人民币跨境结算主要通过中银香港或代理行的方式进行，目前没有统一的人民币跨境结算平台。2014 年 10 月 18 日，上海市政府与中国人民银行签订了《关于加快上海金融市场基础设施建设的务实合作备忘录》，正式确定以人民币全球支付清算为主要功能的 CIPS 系统落户上海。这是金融基础设施的一项重要工程，对上海区域性清算中心的建设具有重要意义。

四 金融机构国际化建设情况

（一）海外机构在上海

“十二五”期间，海外机构在上海进一步发展。其中，上海外资银行资产总额从 2010 年的 8657.3 亿元增长到了 2014 年的 13215 亿元，增长了 52.65%；上海外资银行资产总额占全国外资银行资产总额的比例一直保持在 45% 以上，2014 年达到 48.94%（见图 1－16）。“十二五”期间，上海外资银行网点数一直呈增长趋势，2014 年底达到了 219 个；然而其在全国外资银行中的占比有所下降，这可能与上海的外资银行减少零售业务，深度参与金融市场有关（见图 1－17）。

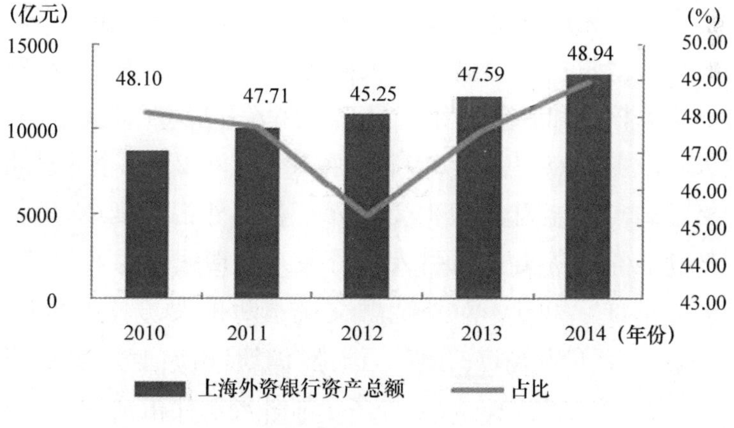

图 1－16 上海外资银行资产总额与占全国比例

资料来源：中国人民银行。

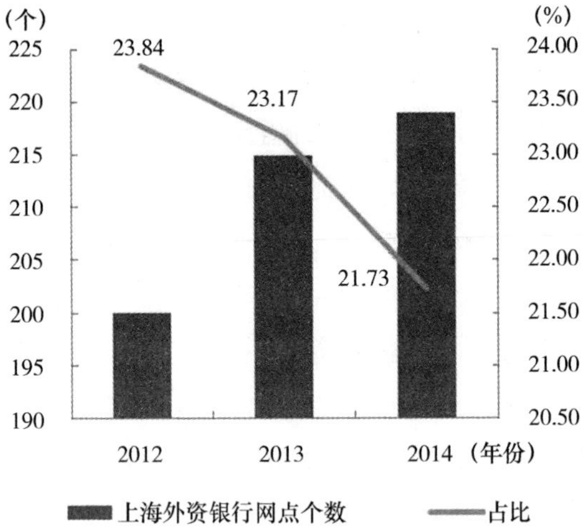

图1－17 上海外资银行网点数与占全国比例

资料来源：中国人民银行。

“十二五”期间，上海还采取了一系列措施推进外资机构在沪发展。具体包括以下内容。第一，台资银行获准扩大经营范围。6家在沪台资银行中已有3家获准经营对中国境内公民人民币以外业务，台湾银行上海分行完成首笔个人新台币现钞与人民币兑换业务。第二，落实两岸货币清算机制。做好对大陆地区新台币清算行台湾银行上海分行的相关核准和服务工作。第三，深入开展QFLP（合格境外有限合伙人）业务试点，截至2013年底共有9批23家企业获得QFLP试点资格，试点基金总规模192亿元，获批外汇额度26.1亿美元。第四，鼓励证券期货类公司引入外资股东。瑞银证券收购普民期货获得证监会批准。第五，对外金融交流不断扩大，召开了上海国际金融顾问委员会（SIFAC）会议、沪港/沪澳（澳门）金融合作工作会议、“上海—悉尼金融论坛”等多个对外经济交流活动。

（二）本地机构走向海外

上海金融业在积极推进对外开放的同时，也大力鼓励金融机构拓展海外业务。2012年，赛领资本管理有限公司成立并成功募资，国内最大规模人民币海外投资基金启航；目前，上海已有5家证券公司、7

家基金公司设立了香港子公司，其中4家证券公司、5家基金公司获准开展RQFII业务。海通国际成为首家取得QFII资格的香港中资券商。此外，上海近年与伦敦、纽约、香港、新加坡、巴黎、悉尼等国际金融中心开展了广泛的交流。

五 金融制度建设成效

“十二五”期间上海金融制度的建设成效可概括为：金融发展环境持续优化，配套服务功能明显改善。具体来讲，金融发展的法治环境不断优化，在全国率先推出《上海国际金融中心法治环境建设》白皮书。中国人民银行金融消费权益保护局在上海正式运作，这是人民银行总行内设司局中唯一设在北京之外的部门。信用体系建设不断推进，落户上海的人民银行征信中心数据覆盖范围不断扩大。支付清算基础设施不断完善，中国银联业务覆盖面不断扩大，人民币跨境支付系统及运营机构落户上海的相关工作积极推进，票据、银行卡、网络支付等非现金支付工具广泛应用。专业服务体系不断健全，与金融相关的会计审计、法律服务、资产评估、信用评级、财经资讯等专业服务加快发展。此外，连续六年成功举办“陆家嘴论坛”，增强了金融中心国际影响力。金融集聚区规划建设成效明显，陆家嘴金融城、外滩金融集聚带等金融集聚区承载服务能力不断提升，硬件和软件建设步伐进一步加快，功能进一步增强。金融稳定工作机制进一步健全，配合国家金融监管部门妥善处置各类金融风险、打击各类非法金融活动，进一步提高了金融风险的处置和防范能力。

第三节 《“十二五”建设规划》主要指标完成情况

一 金融市场规模

“十二五”期间，上海各类金融市场加快发展，服务范围不断扩大，市场功能进一步提升。上海股权托管交易市场正式启动，上海金融市场体系进一步完善。金融市场产品和工具不断丰富，在国家金融监管部门的领导下，成功推出了国债期货、股指期货、股票期权、铅期货、白银期货、外汇期权、黄金 ETF、中小企业私募债券、非公开定向债务融资工具、非金融企业资产支持票据等一批有重要影响的金融产品和工具，显著提升了上海金融市场的交易与定价功能。

金融市场规模快速增长。2015 年，上海金融市场（包括股票、债券、基金、期货、金融衍生品）交易总额 1547 万亿元。在股票市场方面，截至 2015 年末，上交所上市公司总市值 53 万亿元，全年交易额 255 万亿元，共 1081 家上市公司，在 2014 年世界交易所联合会的统计中，上交所市场市值排名第四，交易量排名第三，筹资额排名第四。在债券市场方面，2015 年 12 月底，中国债券市场总托管量达 35 万亿元人民币，成为仅次于美国和日本的全球第三大债券市场。2015 年，银行间市场累计债券成交 605.8 万亿元，上交所债券市场累计成交额 119 万亿元。基金市场方面，2015 年累计基金成交额 10.4 万亿元，交易所交易型基金数量共 479 只，资产净值 9143 亿元，总份额 6581 亿份。期货市场方面，上海期货交易所螺纹钢、铜、天然橡胶、线材、锌、铝、白银等多个品种交易量位居全球前列，2015 年全年累计成交 127 万亿元；上海黄金交易所黄金现货交易量连续多年保持全球第一，2015 年全年累计成交 8 万亿元；中国金融期货交易所 2015 年股指期货和国债期货累计成交 421 万亿元。

受互联网金融等因素的影响，银行卡跨行交易额和交易笔数在“十二五”期间出现了指数级的增长，2014 年全年交易额为 41 万亿元，2015 年前三季度已完成交易 35 万亿元（见图 1－18），银行卡跨行交易额远超过“十二五”规划的目标。

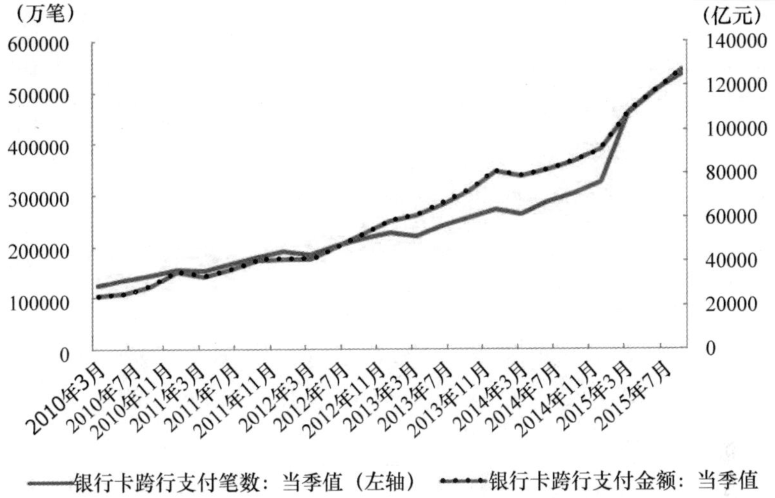

图 1－18 “十二五”期间银行卡跨行支付情况

资料来源：Wind 资讯。

保险市场方面，截至 2015 年 12 月，保险市场原保费收入达 2430 亿元，远超过 1400 亿元的“十二五”目标。总体来说，在金融市场建设方面基本完成“十二五”规划所制定的各项目标。

二 金融国际化程度

“十二五”期间，上海金融市场国际化程度逐步提高。一方面，参与上海市场的境外投资者规模明显扩大，QFII、RQFII 的投资额度不断增长。截至 2015 年底，人民币合格境外机构投资者（RQFII）投资额度为 4365.25 亿元人民币，为 2011 年的 40 倍左右，合格境外机构投资者（QFII）投资额度为 790.99 亿美元，为 2010 年的 8 倍左右（见图 1－19）。另一方面，金融机构对外投资也进一步加大。截至 2015 年底，合格境内机构投资者（QDII）投资额度为 899.93 亿美元，为 2010 年的 1.5 倍左右。

2013 年 9 月 29 日，上海自由贸易试验区正式挂牌成立。自贸区在金融改革方面的核心内容是围绕金融为实体经济服务、促进贸易

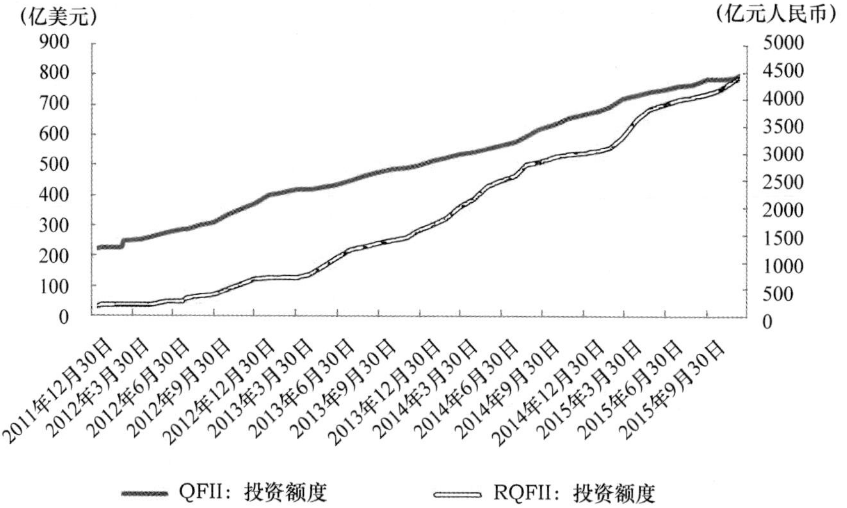

图 1－19 “十二五”期间 QFII、RQFII 增长情况

资料来源：Wind 资讯。

和投资便利化，在风险可控的前提下创造条件、创新金融制度。坚持金融服务实体经济，进一步促进贸易投资便利化，扩大金融对外开放，推动实验区在更高的平台上参与国际竞争。坚持改革创新、先行先试，着力推进人民币跨境使用、人民币资本项目可兑换、利率市场化和外汇管理等领域的改革试点。

2014 年 4 月 10 日，中国证监会和香港证券及期货事务监管委员会发布联合公告启动沪港通试点。沪港通成为国际资金流入中国市场的重要通道，并且决策层还可以沪港通为契机，观察境内外资本流动，有利于我国资本项目开放的进一步部署。截至 2016 年 1 月 22 日，沪股通累计成交 1.68 万亿元人民币，累计成交 4851 万笔，港股通累计成交 8446 亿港元，累计成交 1292 万笔。

2015 年 12 月 1 日凌晨，国际货币基金组织宣布人民币符合 SDR（特别提款权）的所有标准，批准人民币进入 SDR，于 2016 年 10 月 1 日起生效。SDR 在 IMF 成员国之间的结算甚少，尽管如此，加入 SDR 意味着 IMF 对人民币“可自由使用”进行了背书，这对推进人民币国际化进程意义重大。根据 IMF 初审评估报告，人民币在官方外汇资产中的占比从 2013 年的 0.7% 上升到了 2014 年 1.1%，从覆盖 27 个国家增加到覆盖 38 个国家。

三 金融服务功能

上海国际金融中心建设注重金融服务功能的提升。在直接融资占比方面，“十二五”规划提出到 2015 年直接融资占比达到 22% 的目标。根据中国人民银行的统计，2015 年，上海市直接融资规模达 1967 亿元，上海市社会融资规模为 8507 亿元，金融市场直接融资额占社会融资规模的比重为 23.12%，基本完成“十二五”规划的目标。

在资产管理规模方面，2015 年三季度，资产管理规模达 32.68 万亿元，基本完成“十二五”规划中 30 万亿元的目标。其中，公募基金管理规模达 6.69 万亿元，基金子公司管理规模达 10.17 万亿元，证券公司管理资产规模 10.97 万亿元，私募基金管理规模 4.77 万亿元，期货公司管理资产规模 819 亿元。资产规模在实现“十二五”规模的总量目标的同时，其结构也呈现多元化的特征。

四 金融发展环境

在金融人才引进方面，“十二五”期间，上海市金融业从业人员数逐年上升。截至 2014 年，上海市金融从业人员达 33 万人，已完成“十二五”规划提出的 32 万人的人才目标（见图 1－20）。国际化高端金融人才和新兴金融领域的人才明显增加；金融发展环境的国际竞争力明显增强，金融法律、税收、监管等与国际惯例接轨程度明显提高。

金融发展环境持续优化，上海在全国率先推出《上海国际金融中心法治环境建设》白皮书。中国人民银行在上海成立金融消费权益保护局，并将落户上海的征信中心数据覆盖范围扩大。专业服务体系不断健全，与金融相关的会计审计、法律服务、资产评估、信用

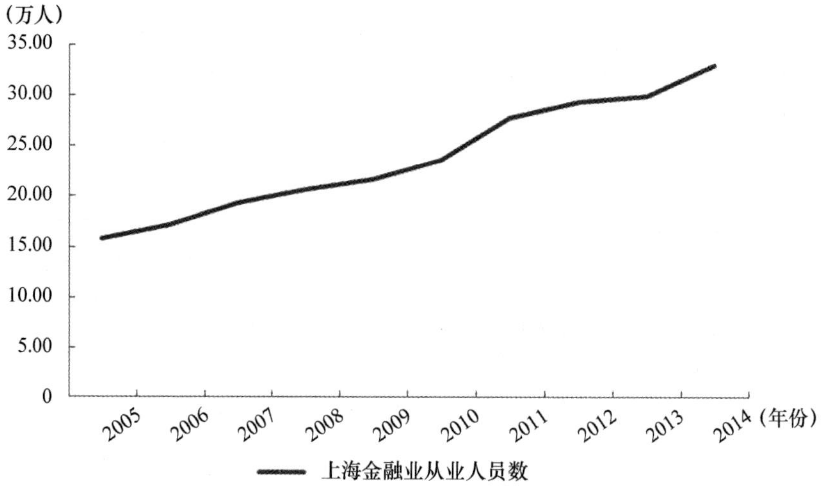

图 1－20 上海金融业就业情况

资料来源：Wind 资讯。

评级、财经资讯等专业服务加快发展。金融人才服务工作力度不断加大，在全国率先建立金融领域紧缺人才开发目录，积极搭建金融人才供需和信息交流平台，市政府牵头各类在沪金融机构赴海外招聘金融人才。加大针对金融人才在住房、户口、医疗等方面的服务，建立金融人才公寓。开展金融人才奖评选，加大对金融人才的激励。公共服务进一步加强，评选颁发金融创新奖，举办上海金融创新论坛。上海金融业联合会规模不断扩大，品牌效应日益增强。金融稳定工作机制进一步健全，配合国家金融监管部门妥善处置各类金融风险、打击各类非法金融活动，进一步提高了金融风险的处置和防范能力。

第四节 结论性评述

“十二五”时期，上海国际金融中心建设在金融市场建设、金融机构集聚、金融基础设施建设、金融市场和机构的国际化以及金融发展环境等方面取得了长足进步，《“十二五”建设规划》中列明的12项指标除金融市场国际影响力完成情况相对较差以外，其他全部达标或超额完成任务（见表1－5）。

表1－5 上海“十二五”规划完成情况

类别	指标	2015年设定目标	完成情况
金融市场规模	金融市场交易总额	1000万亿元	1547万亿元
	债券托管余额	进入全球前3位	35万亿元，全球第3位
	黄金市场现货交易量	保持全球第1位	8万亿元，全球第1位
	金融衍生品交易量	进入全球前5位	中金所421万亿元，未进行全球比较
	保险市场原保费收入	1400亿元左右	2430亿元
	银行卡跨行交易额	25万亿元左右	2015年前三季度35万亿元
金融国际化程度	境外投资者规模	参与上海金融市场的境外投资者规模显著扩大	QFII额度达790.99亿美元，是2010年的8倍左右；RQFII额度4365.25亿元，是2011年的40倍左右
	上海金融市场国际影响力	上海证券市场主要指数、大宗商品期货价格国际影响力显著提升	上证指数试图纳入MSCI指数，“十二”时期没有成功。2018年5月31日，A股被正式纳入MSCI新兴市场指数。上期所钢铁指数被芝交所启用
金融服务功能	金融市场直接融资额占社会融资规模比重	22%左右	23%
	管理资产规模	30万亿元左右	2015年前三季度达到33万亿元
金融发展环境	金融从业人员数	32万人左右	33万人
	金融发展环境的国际竞争力	金融发展环境的国际竞争力有所增强，金融法律、税收、监管等与国际惯例接轨程度有所提高	征信体系覆盖范围扩大，监管体系进一步完善，成立金融消费者保护局，会计、审计、法律等专业服务市场进一步推进，金融集聚区规划更加合理

第二章 “十三五”时期上海国际金融中心建设评估

2016 年 5 月 3 日上海召开市政府常务会议，会议原则同意《“十三五”时期上海国际金融中心建设规划》（简称《规划》）。《规划》后因各种原因未公开发布。2019 年 1 月，经国务院同意，中国人民银行联合发改委、财政部等八部门联合印发了《上海国际金融中心建设行动计划（2018—2020 年）》（简称《行动计划》）。《行动计划》明确了上海国际金融中心建设的目标和战略重点，是“十三五”时期上海国际金融中心建设评估的重要参考。

《行动计划》指出，上海国际金融中心的发展目标是：到 2020 年，上海基本确立以人民币产品为主导、具有较强金融资源配置能力和辐射能力的全球性金融市场地位，基本形成公平法治、创新高效、透明开放的金融服务体系，基本建成与我国经济实力以及人民币国际地位相适应的国际金融中心，迈入全球金融中心前列。具体目标方面，除了上述金融市场和金融机构的目标外，还包括三个：基本形成国内外投资者共同参与的全方位金融开放体系，基本形成以信息化技术为重要特征的金融创新体系，基本形成符合国际惯例、公正透明、规范有序的制度体系。本章将从金融机构、金融市场、金融创新和对外开放等方面对“十三五”时期上海金融中心建设情况进行评估。

第一节 “十三五”时期上海金融机构的发展

一 银行业

截至2019年，上海市共有中资法人银行5家，外资法人银行211家，法人新型农村金融机构160家，财务公司24家，信托公司7家。2019年末上海货币银行类总营业网点数4224家，相比“十三五”初期略有增长，大型商业银行、小型农村金融机构、外资机构的营业网点数都有所下降，这是由于人力成本和网点租金成本上升，而网上银行、移动银行对实体网点形成了一定程度的替代；城市商业银行、股份制商业银行和新型农村金融机构网点数在“十三五”期间有所增加，前两者是由于参与市场竞争的需要，后者网点增加带有政策导向的特点。2019年末，中外资金融机构本外币资产总额达到16.5万亿元，相对于“十三五”初期增长14.7%，年均增长率为4.7%（见表2－1）。

表2－1　“十三五”时期上海银行业机构发展情况　单位：家，亿元

机构类别	2016年		2017年		2018年		2019年	
	机构数	资产总额	机构数	资产总额	机构数	资产总额	机构数	资产总额
大型商业银行	1702	50522	1690	50365	1677	50868	1648	54908
政策性银行	14	4192	14	4816	14	6221	15	4539
股份制商业银行	731	34742	723	32376	701	33351	829	37439
城市商业银行	383	20484	394	20211	409	22600	465	24642
小型农村金融机构	388	6791	377	7720	370	8132	361	8909
财务公司	20	4126	22	5112	24	5954	24	6886
信托公司	7	622	7	766	7	739	7	753
邮政储蓄	484	1893	485	1881	483	2028	482	2230
外资银行	213	13824	213	15626	206	14843	211	14478
新型农村金融机构	27	253	154	273	160	276	160	301

续表

机构类别	2016 年		2017 年		2018 年		2019 年	
	机构数	资产总额	机构数	资产总额	机构数	资产总额	机构数	资产总额
其他	25	6447	20	7928	21	9230	22	10025
合计	3994	143896	4099	147074	4072	154242	4224	165110

资料来源：中国人民银行上海总部。

注：机构数指营业网点；大型商业银行包括中国工商银行、中国农业银行、中国银行、中国建设银行和交通银行；小型农村金融机构包括农村商业银行、农村合作银行和农村信用社；新型农村金融机构包括村镇银行、贷款公司和农村资金互助社；“其他”包含金融租赁公司、汽车金融公司、货币经纪公司、消费金融公司。

二 证券基金业

截至 2019 年，上海市共有证券公司 27 家，占全国 133 家的 20.3%；总资产 17032 亿元，占全国证券公司总资产的 23.7%。“十三五”时期，受金融去杠杆的影响，2018 年以前上海证券行业的营业收入和净利润增长有所下降，与此同时净资产和净资本有所上升，这是防风险的内在要求。进入 2019 年各项指标均有所好转，新设机构增加，资产规模以及营业业绩指标有力反弹，并且上海在证券业的集中度进一步提升（见表 2－2）。

表 2－2 **“十三五”时期上海证券公司经营情况** 单位：家，亿元，%

	2016 年	2017 年	2018 年	2019 年	总增长率	年均增长率
证券公司家数	25	25	25	27	8.00	2.60
在全国占比	19.4	19.1	19.1	20.3	—	—
总资产	13119	14060	14033	17032	29.83	9.09
在全国占比	22.7	22.9	22.4	23.7	—	—
净资产	3859	4452	4523	4958	28.48	8.71
净资本	3607	3929	3740	3952	9.56	3.09

续表

	2016年	2017年	2018年	2019年	总增长率	年均增长率
营业收入	717	709	647	817	13.95	4.45
净利润	302	294	152	296	-1.99	-0.67

资料来源：上海证监局，证券业协会。

截至2019年，上海市共有61家公募基金管理公司和4家取得公募资格的资产管理机构，占全国140家的46.4%；管理总资产148081亿元，相比“十三五”期初增长61.7%，年均增长率17.4%；2019年末，上海市公募基金总净值56364亿元，占全国的38.17%（见表2-3）。

表2-3 **“十三五”时期上海基金公司经营情况**

	2016年	2017年	2018年	2019年	总增长率（%）	年均增长率（%）
基金公司家数（家）	46	51	59	65	41.30	12.22
在全国占比（%）	42.6	45.1	49.2	46.4	—	—
公募基金数量（只）	1405	1772	1984	3792	169.89	39.21
基金公司资产管理总规模（亿元）	45409	55515	59794	56364	24.13	7.47
在全国占比（%）	49.58	47.86	45.87	38.17	—	—

资料来源：上海证监局，基金业协会。

截至2018年，上海市共有33家期货公司，占全国149家的22.1%；2018年客户权益达1273.7亿元，占全国的32.7%；实现净利润20.7亿元，占全国的32.8%（见表2-4）。

表 2－4　　　　“十三五”时期上海期货公司经营情况　　单位：亿元，家，%

	2016	2017	2018	总增长率	年均增长率
期货公司家数	33	33	33	0	0
在全国占比	22.1	22.1	22.1	—	—
客户权益	1329.3	1172.5	1273.7	－4.2	－2.1
在全国占比	30.6	29.3	32.7	—	—
净利润	18.3	21.8	20.7	13.1	6.4
在全国占比	27.9	33.2	32.8	—	—

资料来源：上海证监局，2017—2019 年《上海金融运行报告》。

三　保险业

截至 2019 年末，上海市共有 57 家法人保险机构，较上年增加 4 家。其中，财产险公司 20 家，人身险公司 22 家。“十三五”期间，上海保险公司数量略有上升，由 55 家增加至 57 家；保险公司分支机构由 99 家增加至 108 家；保险赔付支出在 2019 年达 655 亿元，保障民生能力提升，保险密度由 2016 年的 6320 元/人上升至 2019 年的 7084 元/人，累计增长 12.09%，保费收入由 1529 亿元上升至 1720 亿元，累计增长率为 12.47%（见表 2－5）。保险深度这一指标上海不升反降，有待进一步提升。

表 2－5　　　　“十三五”时期上海保险业基本情况

	2016 年	2017 年	2018 年	2019 年	累计增长（%）
保险公司数（家）	55	55	53	57	3.64
保险公司分支机构数（家）	99	101	105	108	9.09
保险赔付支出（亿元）	529	549	582	655	23.82
保险赔付支出：同比（%）	12	4	6	13	—
保险深度（%）	6	5	4	5	－16.67
保险密度（元/人）	6320	6563	5802	7084	12.09
保费收入（亿元）	1529	1587	1406	1720	12.49

资料来源：上海银保监局，Wind。

第二节 “十三五”时期上海金融市场的发展

一 货币市场

2019 年，银行间市场拆借、回购交易总成交量 971.2 万亿元，同比增长 12.7%。其中，同业拆借累计成交 151.6 万亿元，同比增长 8.8%；质押式回购累计成交 810.1 万亿元，同比增长 14.3%；买断式回购累计成交 9.5 万亿元，同比下降 32.1%（见表 2－6）。

表 2－6　　2016—2019 年货币市场概况　　单位：万亿元

	2016 年	2017 年	2018 年	2019 年
同业拆借	95.9	78.9	139.3	151.6
质押式回购	568.3	588.3	708.7	810.1
买断式回购	33	28.1	14	9.5

资料来源：中国货币网，www.chinamoney.com.cn。

票据市场方面，票据市场在经历去杠杆和脱虚向实后，各类业务取得明显增长。票据贴现 12.46 万亿元，同比增长 25.35%；票据交易 50.94 万亿元，同比增长 22.01%（见表 2－7）。

表 2－7　　2016—2019 年票据市场概况　　单位：万亿元

票据		2016 年	2017 年	2018 年	2019 年
承兑	电票	8.58	13.02	17.19	17.36
	纸票	9.52	1.61	1.08	3.02
	小计	18.1	14.63	18.27	20.38

续表

票据		2016 年	2017 年	2018 年	2019 年
贴现	电票	5.77	6.95	9.73	11.52
	纸票	0.21	0.21	0.21	0.94
	小计	5.98	7.16	9.94	12.46
交易		—	52.18	41.75	50.94

资料来源：《2017 年票据市场运行分析报告》、《2018 年票据市场运行分析报告》、上海票据交易所。

二 债券市场

2019 年，债券市场发行各类债券 45.19 万亿元，同比增长 3.08%，增速较上年同期放缓 4.13 个百分点。截至年末，债券托管余额为 64.98 万亿元，同比增长 12.77%，其中，银行间债券市场托管余额 62.25 万亿元，占比 95.80%，交易所债券市场托管余额 1.87 万亿元。债券市场发行规模保持增长，增速有所放缓。

银行间债券市场 2019 年发行量为 402544.52 亿元，较 2016 年增长了 24.72%，增长较为平稳；交易量方面，2019 年银行间市场交易量为 2106336.82 亿元，较 2016 年增长了 69.88%，增长迅速（见表 2－8）。

表 2－8 **银行间债券市场情况统计** 单位：亿元

	2016 年	2017 年	2018 年	2019 年
发行量	322749.30	376397.82	402762.71	402544.52
交易量	1239861.93	977260.24	1481290.18	2106336.82

资料来源：Wind 资讯。

2019 年上交所债券市场融资额达 5.50 万亿元，同比增长 27.85%。其中，地方政府债券发行 1.95 万亿元，同比增长 8.39%；公司债券发行 2.77 万亿元（含一般公司债、私募债、可交换债、证券公司债、可转债），同比增长 53.38%；资产支持证券发行 0.72 万亿元，同比增长 5.08%。债券总成交 1.44 万亿元，同比增长 51.57%。截至 2019 年底，上交所市场债券托管量 10.14 万亿元、15368 只，托管量同比增长 20.86%（见表 2－9）。

表 2－9 上交所债券市场概况 单位：万亿元

	2016 年	2017 年	2018 年	2019 年
发行量	2.73	2.97	4.27	5.5
成交量	0.86	0.85	0.95	1.44
托管市值	6.2	7.4	8.39	10.14

资料来源：上海证券交易所，Wind。

三 股票市场

2019 年末，在上海交易所上市的公司达到 1572 家，较 2018 年末增加 122 家，上市证券共 17623 只，上市股票数共 1615 只。沪市股票总股本 40199 亿股，总市值达 35.55 万亿元，其中流通股本为 35170 亿股，流通市值达 30.13 万亿元，A 股市价总值为 35.47 万亿元。成交金额方面，A 股成交金额 2019 年累计达 54.34 万亿元，B 股为 380 亿元，基金成交金额为 6.86 万亿元。股票总成交笔数达 32.35 亿笔，总成交量为 53899.2 亿股，总成交金额为 54.42 万亿元（见表 2－10）。相较于“十三五”初期，各类指标取得明显进步。

表 2－10 “十三五”时期上海股票市场发展情况

指标名称	2016 年	2017 年	2018 年	2019 年
上市公司总数（家）	1182	1396	1450	1572
上市证券总数（只）	9647	12219	14069	17623
上市股票总数（只）	1226	1440	1494	1615
股票总股本（亿股）	32708	35288	37709	40199
股票总市值（亿元）	284608	331325	269515	355520
股票流通股本（亿股）	29372	31119	33497	35170

续表

指标名称	2016 年	2017 年	2018 年	2019 年
股票流通市值（亿元）	240006	281366	232699	301255
A 股市价总值（亿元）	283555	330327	268691	354732
A 股成交金额（亿元）	496880	507215	401575	543464
B 股成交金额（亿元）	985	555	390	380
基金成交金额（亿元）	89360	78170	71652	68590
股票累计交易日（天）	244	244	243	244
股票总成交笔数：年度（万笔）	238319	240178	224331	323496
股票总成交量（万股）	457186236	445002388	375463123	538992012
股票总成交金额（亿元）	501700	511243	403184	544238

资料来源：上海证券交易所。

四 外汇市场

“十三五”期间，上海银行间外汇市场保持快速增长，由 2016 年的 20.30 万亿美元上升至 2019 年的 29.12 万亿美元（见图 2-1）。从交易品种来看，外汇和货币掉期的交易量最高，为 16.53 万亿美元，占比为 57%；其次是即期，交易量为 11.36 万亿美元，占比 39%（见图 2-2）。

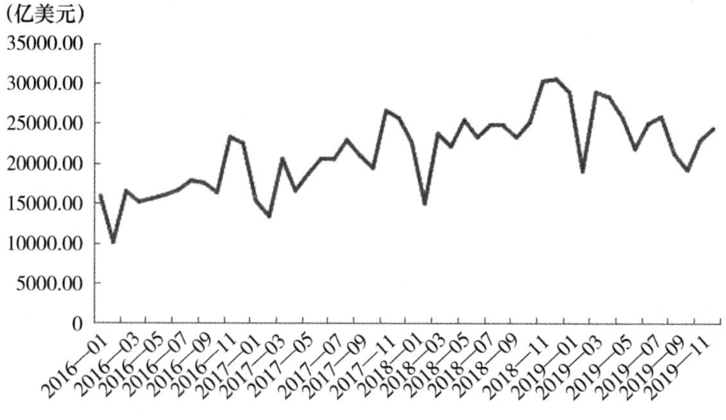

图 2-1 “十三五”期间银行间外汇市场月成交量

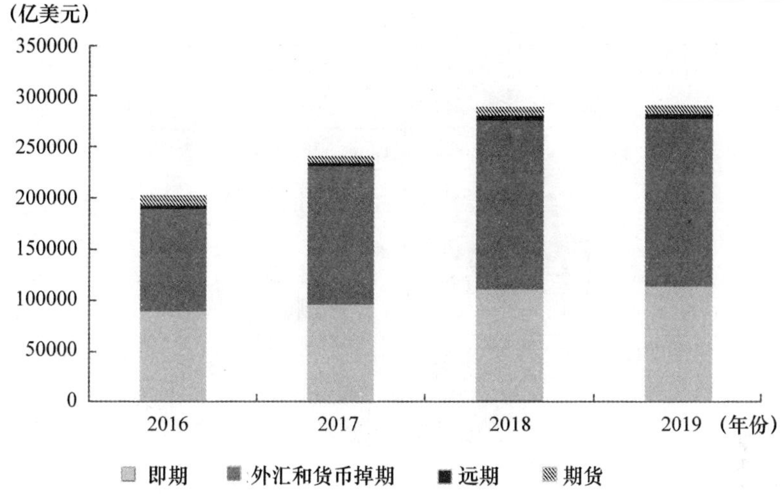

图 2-2 银行间外汇市场品种结构

资料来源：国家外汇管理局。

五 期货市场

2019 年上海期货成交额为 96.95 万亿元，占全国的 33.36%，“十三五”时期累计增长达 14.09%（见表 2-11）。从交易品种的结构来看，排名前五名的分别是：螺纹钢（33%）、燃料油（13%）、镍（11%）、白银（10%）、石油沥青（7%）（见图 2-3）。

表 2-11　　2016—2019 年上海期货交易情况

	2016 年	2017 年	2018 年	2019 年	累计增长率（%）
上海期货成交额（万亿元）	84.98	89.93	81.54	96.95	14.09
在全国的占比（%）	43.44	47.86	38.68	33.36	—
上海期货成交手数（万手）	168071.18	136424.35	117538.87	141200.96	-15.99
在全国的占比（%）	40.62	44.35	38.81	35.64	—

资料来源：上海期货交易所、中国期货业协会。

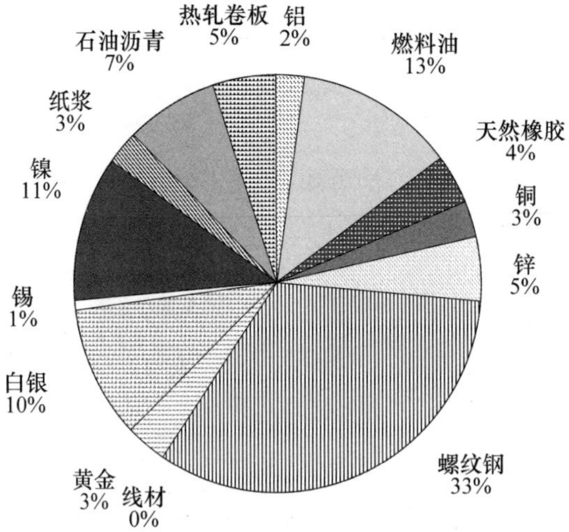

图 2－3 2019 年上海期货交易所产品成交结构

资料来源：上海期货交易所、中国期货业协会。

六 金融衍生品市场

2019 年，国债期货共成交 1303.21 万手，日均成交 5.34 万手，较 2018 年增加 19.46%；成交金额合计为 14.82 万亿元，日均成交金额为 607 亿元，较 2018 年增加 42.07%。从持仓量来看，截至 2019 年末，国债期货总持仓量为 13.12 亿手，较 2018 年末增加 63.88%（见表 2－12）。分期限看，10 年期国债期货成交份额最大，2019 年达到 9.04 万亿元，占比 61%；两年期国债期货自 2018 年推出以来快速成长，目前占比达到 27%；五年期国债期货成交额为 1.79 万亿元，占比为 12%（见图 2－4）。

表 2－12 **“十三五”时期国债期货交易情况**

	2016 年	2017 年	2018 年	2019 年	累计增长率
成交量（万手）	893.4	1477.03	1086.57	1303.21	
增长率（%）	46.76	65.33	－26.44	19.94	45.87
成交额（万亿元）	8.9	14.09	10.38	14.82	

续表

	2016 年	2017 年	2018 年	2019 年	累计增长率
增长率（%）	48.09	58.23	-26.29	42.77	66.52
持仓量（年末，手）	80298	107403	80060	131200	
增长率（%）	37.04	33.76	-25.46	63.88	63.39
日均成交量（万手）	3.66	6.05	4.47	5.34	
增长率（%）	46.99	65.30	-26.12	19.45	45.90
日均成交额（亿元）	364.81	577.25	427.24	607	
增长率（%）	48.09	58.23	-25.99	42.07	66.39

资料来源：中国期货行业协会。

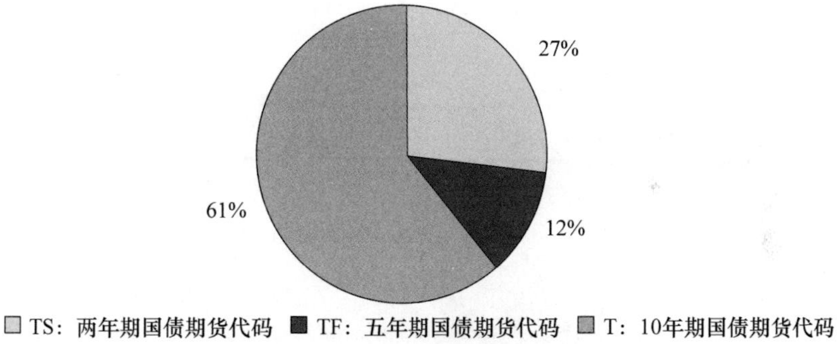

图 2-4　2019 年国债期货成交额构成情况

资料来源：中国金融期货交易所。

2019 年中国股指期货总成交量 5325.13 万手，增长了 225.81%，总成交额为 54.80 万亿元，增长了 248.16%（见表 2-13）。其中沪深 300 股指期货增长了 215.73%，占总成交额的比例为 49%；中证 500 股指期货增长了 359.51%，占总成交额的比例为 36%；上证 50 股指期货增长了 114.05%，占总成交额的比例为 15%（见图 2-5）。

表 2-13 **中国股指期货市场**

	2016	2017	2018	2019	累计增长率
成交量（万手）	940.18	982.56	1634.43	5325.13	
增长率（%）	-94.62	4.51	66.34	225.83	466.39
成交额（万亿元）	9.32	10.51	15.74	54.8	
增长率（%）	-95.64	12.77	49.81	248.16	487.98
持仓量（年末，手）	99127	87712	178625	349263	
增长率（%）	38.42	-11.52	103.65	95.53	252.34
日均成交量（万手）	3.85	4.03	6.73	21.82	
增长率（%）	-97.19	4.68	67.00	224.22	466.75
日均成交额（亿元）	381.87	430.62	647.75	2246.06	
增长率（%）	-97.74	12.77	50.42	246.75	488.17

资料来源：中国期货行业协会。

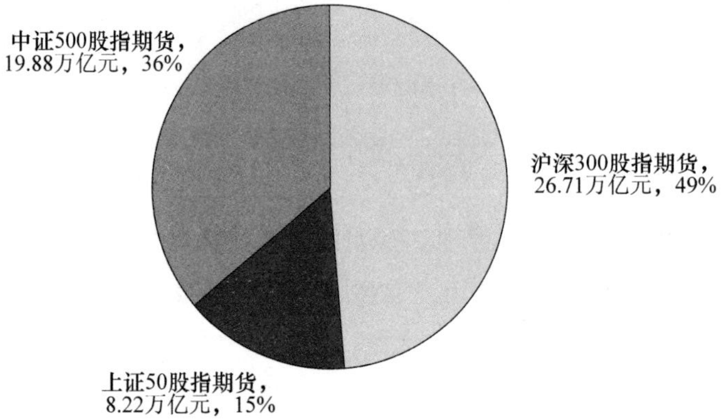

图 2-5 2019 年股指期货成交额构成情况

资料来源：中国期货行业协会。

2019 年，银行间人民币利率衍生品市场累计成交 18.6 万亿元，同比下降 13.4%。其中，利率互换名义本金总额 18.2 万亿元，同比下降 14.63%（见表 2-14）；标准债券远期成交 4368.0 亿元，信用风险缓释凭证创设名义本金 133.5 亿元，信用违约互换名义本金 2.8 亿元。

表 2－14 利率互换市场名义本金成交额增长率

	2016 年	2017 年	2018 年	2019 年	累计增长率
总计（万亿元）	9.92	14.41	21.32	18.2	
增速（%）		45.26	48.05	－14.63	83.47

资料来源：历年中国人民银行年报。

第三节 “十三五”时期上海的金融创新和对外开放

一 金融基础设施的创新

（一）人民币跨境支付系统一期成功上线

2015 年 10 月 8 日，人民币跨境支付系统（CIPS）成功上线运行。CIPS 为境内外金融机构人民币跨境和离岸业务提供资金清算、结算服务，是重要的金融基础设施，该系统按计划分两期建设，一期工程便利跨境人民币业务处理，支持跨境货物贸易和服务贸易结算、跨境直接投资、跨境融资和跨境个人汇款等业务，其主要功能特点包括，一是采用实时全额结算方式处理客户汇款和金融机构汇款业务。二是各直接参与者一点接入，集中清算业务，缩短清算路径，提高清算效率。三是采用国际通用 ISO20022 报文标准，便于参与者跨境业务直通处理。四是运行时间覆盖欧洲、亚洲、非洲、大洋洲等人民币业务主要时区。五是为境内直接参与者提供专线接入方式。

CIPS 的建成运行是我国金融市场基础设施建设的里程碑事件，标志着人民币国际支付和国际支付统筹兼顾的现代化支付体系建设取得重要进展。作为重要的金融基础设施，CIPS 符合《金融市场技术设施原则》等国际监管要求，对促进人民币国际化进程和上海国际金融中心建设将起到重要支撑作用。

（二）人民币大宗商品金融衍生品中央对手方机制安排

人民币大宗商品金融衍生品是实体经济用于对冲铁矿石、动力煤等大宗商品现货价格风险的基本套保工具。该业务可以帮助实体企业锁定大宗商品价格波动带来的风险。在人民币大宗商品金融衍生品交易中，需要有中央对手方清算机制的安排。所谓中央对手方（Central Counterparty，CCP）清算机制，是指清算机构通过承担CCP职责，提供专业化、集中化的金融市场清算服务。2014年8月，上海清算所的人民币大宗商品金融衍生品中央对手清算业务正式上线。

人民币大宗商品金融衍生品中央对手清算这一创新得到了社会各界的高度评价和普遍认可，实现了经济效益和社会效益的双丰收。一方面紧密结合实体经济的现货贸易和套保需求，将金融服务实体经济落到实处，有效规避市场风险、对手方信用风险等；另一方面为相关市场提供统一清算服务，提高资金使用效率资金，资金轧差率高达98%，在有效防范风险的同时降低了交易资金成本。在此创新的基础上，更多金融机构更进一步的产品及增值服务创新也成为可能。如上海清算所清算会员，上海浦东发展银行将该项业务与传统金融服务相结合，创新性地为产业链客户提供一站式的综合性服务方案，切实提升了金融机构服务实体经济的能力。

（三）上海票据交易所成立

2016年12月8日，上海票据交易所开业。中国票据交易系统试运行，开启我国票据业务电子化交易时代。票交所是由中国人民银行推动筹建的集登记托管、交易、清算、信息于一体的专业化票据交易所，依托现代化信息技术搭建起的全国统一、安全、高效的票据电子化交易平台。票交所的成立具有三个方面的重大意义。

第一，票交所的所有交易标的物将以电子票据为介质，纸质票据必须经过登记托管才能进入电子票据系统。纸质票据退市已进入真正的倒计时，以往因纸质票据而出现的变造票、伪造票和克隆票等风险将被彻底遏制。

第二，票据交易不管是直贴环节还是转贴环节，贴现都不再需要提供贸易背景。贸易背景的监管套利终于在制度的设计下不复存在，这对实体经济是一大福音，不仅能降低其融资成本，也能大大降低融资过程中的通道风险。

第三，票交所的登记托管职能要求，所有票据都要在票交所先进行登记托管。票交所是票据登记托管的唯一中心，所有票据的签发与交易信息都可以在票交所进行快速的无缝对接的查询，能极大化解交易对手因交易信息不明的尴尬与纠结，极大降低票据交易的欺诈风险，提高交易诚信度。

（四）保险交易资产平台上线

2016 年 11 月 10 日，上海保险交易所股份有限公司（以下简称“保交所”）保险资产登记交易平台首批产品顺利上线。这不仅标志着该平台业务系统开始试运行，而且标志着上海保交所建设迈出重要一步。

保交所保险资产登记交易平台致力于为保险资管行业建设规范化、创新型的信息化基础设施，为保险资产管理产品的发行、登记、交易资金结算和信息披露等提供专业服务和技术支持，该平台不仅面向业内机构，其他金融同业及一般法人机构等合格投资人均可在平台上参与投资，在增强产品流动性，提高行业投融资效率的同时，为监管机构测量和防范风险提供重要辅助和支持。

（五）“中国信托登记有限责任公司”信托登记系统上线

2017 年 9 月 1 日，中国信托登记有限责任公司（以下简称“中国信登”）信托登记系统上线运行，全面提供信托登记服务。中国信登于 2016 年 12 月 19 日在中国（上海）自由贸易试验区注册成立，是经国务院同意、由中国银监会批准设立并实施监督管理的非银行金融机构。中国信登的职能定位为三大平台，即信托产品及其信托受益权登记与信息统计平台、信托产品发行与交易平台以及信托业监管信息服务平台。

信托登记系统的上线，能够实现《信托登记管理办法》规定的信托产品及其受益权信息的预登记、初始登记、变更登记、终止登记、更正登记功能以及集合信托产品在中国信登官网同步公示的功能，成为信托产品及其信托受益权登记与信息统计平台、信托业监管信息服务平台的重要依托，不仅有利于规范和完善信托产品统计和信息披露，提升信托业运行透明度，助力形成权威的信托业数据中心，为信托业发展转型提供信息支持，还有利于进一步规范信托产品的发行行为和运营管理，保护信托当事人的合法权益，此外还有利于提升监管的针对性、及时性、有效性，为监管部门及时、准确、全面掌握信托业风险状况和发展动态及适时出台相应监管措施奠定良好基础。

二 重要金融产品的创新

（一）10年期国债期货挂牌交易

2015年3月20日，10年期国债期货合约在中国金融期货交易所挂牌，交易代码为T，标的为面值100万元人民币，票面利率3%的名义长期国债，实际到期实物交割，挂牌合约为最近的三个季月，最低保证金为2%，每日最大波动幅度为前一交易日结算价的上下2%。10年期国债期货是关键期限国债衍生产品，其上市交易将有助于完善国债期货产品序列，进一步健全反映市场供求关系的国债收益率曲线，也有利于丰富投资者的交易策略，满足金融机构对不同期限国债期货产品的避险和投机需求。

10年期国债期货上市是我国多层次资本市场建设取得的一大重要成果，是继5年期国债期货之后，场内利率衍生品市场创新发展的又一突破，对于稳步推进利率市场化进程、健全国债收益率曲线以及推动上海国际金融中心建设具有重要意义。

（二）“上海金”人民币交易业务挂牌

2016年4月19日，“上海金”集中定价合约在上海黄金交易所正式挂牌交易，这是我国首次面向市场推出以人民币计价、交易和结算的黄金集中竞价交易业务。“上海金”定价业务是指在上海黄金交易所的平台上，以 1 公斤、成色不低于 99.99% 的标准金锭为交易对象，以元人民币/克为交易单位，通过多轮次“以价询量”集中交易的方式，在达到市场量价相对平衡后，最终形成“上海金”人民币基准价格。

我国是世界第一大黄金生产国与消费国，但长期以来一直游离于国际定价体系之外。此前黄金定价权的争夺战主要在伦敦和纽约之间展开，这两大市场都是以美元定价，定价单位是盎司。此次“上海金”面世，人们购买黄金时将可以直接以人民币进行计价交易，告别币种转换等烦恼。人民币黄金定盘价的推出，有助于“上海金”、“伦敦金”和“纽约金”三足鼎立格局的形成。

三 金融对外开放和国际化重要事件

（一）“债券通”开通

2017 年 5 月 16 日，中国人民银行与香港金管局联合公布开展香港与内地债券市场互联互通合作的计划，即“债券通”。“债券通”是指境内外投资者通过香港与内地债券市场基础设施机构连接，买卖两个市场交易流通债券的机制安排。2017 年 7 月 2 日，中国人民银行通过官网发布《中国人民银行香港金融管理局联合公告》，根据公告，“债券通”“北向通”于 2017 年 7 月 3 日上线试运行。

对于投资者而言，随着债券市场对外开放程度的进一步提高，境外投资者参与范围逐步扩大，国内债券市场将加快融入全球金融市场，进而通过开放倒逼债券市场，加快改革创新，健全相关体制机制、完善基础设施建设、推动提升评级承销等配套服务水平。长期来讲，这也会拓宽投资者的投资渠道，因此“债券通”的开通将使债市参与者更广、资金更多、市场更活跃。

（二）A 股被纳入 MSCI 新兴市场指数

2018 年 5 月 31 日，A 股被正式纳入 MSCI 新兴市场指数。这是自 2013 年 6 月 MSCI 启动 A 股纳入 MSCI 新兴市场指数全球征询后的首次正式纳入。MSCI 是美国著名指数编制公司——美国明晟公司的简称，是一家股权、固定资产、对冲基金、股票市场指数的供应商，其旗下编制了多种指数。MSCI 指数是全球投资组合经理最多采用的基准指数。据 MSCI 估计，在北美洲及亚洲，超过 90% 的机构性国际股本资产以 MSCI 指数为基准。追踪 MSCI 指数的基金公司多达 5719 家，资金总额达到 3.7 万亿美元。

A 股成功纳入 MSCI 意味着 A 股正式走上了面向国际投资者的平台，全球大部分跟踪 MSCI 指数的基金必须按权重加大对 A 股的配置。MSCI 此次决定是国际主流机构投资者投票的结果，说明投资者对中国未来长期经济增长仍抱有信心。这也是中国金融开放、资本市场与国际资本市场融合的里程碑事件，有利于提高我国金融市场效率。

第四节 结论性评述

“十三五”时期，上海的金融机构取得了长足发展：银行业总资产保持年均 4.7% 的增长，2019 年达到 16.5 万亿元人民币；证券公司总资产保持年均 9.1% 的增长，2019 年达到 1.7 万亿元人民币，上海证券公司的集中度进一步提升，2019 年其资产占全国的比例达到 23.7%；基金公司管理总资产规模保持 7.5% 的增长，2019 年达到 5.6 万亿元人民币；保险公司数量和收入进一步增长，但保险深度这一指标上海不升反降，有待进一步提升。

金融市场方面，货币市场成交额由 2016 年的 697.2 万亿元上升至 2019 年的 971.2 万亿元，累计增长 39.3%；债券市场发行量由 2016 年的 32.3 万亿元上升至 2019 年的 40.25 万亿元，累计增长 24.61%；上交所上市公司总数由 2016 年的 1182 家上升至 2019 年的 1572 家，股票市场总市值由 2016 年的 28.5 万亿元上升至 2019 年的 35.6 万亿元，累计增长 24.9%；外汇市场成交额由 2016 年的 16.8 万亿美元上升至 2019 年的 29.1 万亿美元，累计增长 73.2%；商品期货和金融衍生品市场也取得长足发展。

“十三五”时期上海在金融创新和对外开放方面还取得诸多优异成绩：人民币跨境支付系统一期成功上线，标志着人民币国际支付体系建设取得重要进展，对促进人民币国际化进程和上海国际金融中心建设起到重要支撑作用；人民币大宗商品金融衍生品中央对手清算业务正式上线，极大地提高了资金使用效率，为金融机构进一步提升产品及增值服务创新提供可能；10 年期国债期货挂牌和“上海金”上线成为典型的金融产品创新案例；“债券通”的开通以及 A 股被纳入 MSCI 指数成为资本市场开放和国际化的里程碑事件。

中　篇

上海国际金融中心基本建成评估

第三章　国际金融中心评估理论研究

国际金融中心是否建成需要一套衡量标准，目前关于国际金融中心的评价主要来自第三方，其中最著名的包括新华·道琼斯推出的国际金融中心发展指数（International Financial Centers Development，以下简称 IFCD 指数）和伦敦金融城与 Z/Yen 集团推出的全球金融中心指数（Global Financial Center Index，以下简称 GFCI 指数）。本章以 IFCD 和 GFCI 指数为研究对象，深入分析指标体系、评价方法以及样本采集等各个方面，通过这种打开“黑匣子”的研究方式，以期达到科学评估目的，进而为上海国际金融中心建设找准具体差距。

第一节　IFCD 指数（新华·道琼斯）

IFCD 指数（新华·道琼斯）由新华社联合芝加哥商业交易所集团（拥有原道琼斯指数，现为标普·道琼斯指数）共同推出。它将发展和成长性作为指数研发的重要维度，采取了以客观指标体系和主观问卷调查信息相结合的指数编制方式。自 2010 年以来每年正式推出一期评价报告，目前得到了市场一定程度的好评，为国际金融中心城市建设提供了一定的参照。

一　IFCD 指数的模型架构及指标体系

IFCD 指数认为：“伴随着全球科技创新繁荣发展，互联网等新技术在以多种方式改变着经济金融运行规律，给传统金融中心城市也带来新型挑战。以往国际金融中心城市间竞相争抢金融资源的发展模式，正在被更加可持续的融合竞争法则所影响，一种创新性‘金融中心生态系统’理念正在主导未来金融世界发展。”① 因而，IFCD指数的模型架构以创新金融中心生态系统理念为指导，构建了“圈核支点生态响应模型”。即国际金融中心是以服务实体经济、实现产业支撑的“成长发展”为“核心”，以“金融市场”“服务水平”“产业支撑”为“支点”，以“国家环境”为圈层环境的生态循环系统（见图3－1）。

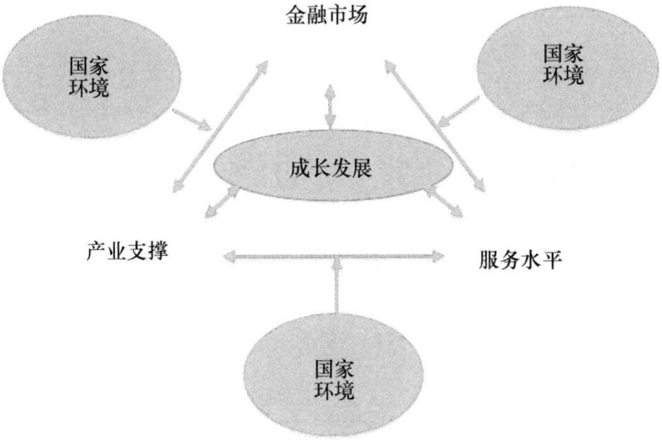

图3－1　IFCD指数“圈核支点”生态评价模型

资料来源：《新华·道琼斯国际金融中心发展指数报告（2014）》，2014年11月，第2页。

尽管IFCD指数建模理念是“圈核支点”的生态模型，但在实际评价操作中并没有体现出“核心”与“支点”的差异。一方面，生态系统的核心应是相对稳定的，然而2014年IFCD指数的

① 国家金融信息中心指数研究院、标普·道琼斯指数有限公司：《新华·道琼斯国际金融中心发展指数报告（2014）》，2014年11月，第2页。

模型核心是“成长发展”，而在往年的评价模型中，“产业支撑”居于核心；另一方面，整个评价模型的一级指标几乎是等权重的，也就意味着“核心”与“支点”没有差别。此外，IFCD 指数各年报告并没有说明如何选取金融中心生态系统的“核心”。总的来看，IFCD 指数是一个层次分析法结合专家打分的评价体系。

IFCD 指数的评价体系包括金融市场、成长发展、产业支撑、服务水平和国家环境五个一级指标，这五个指标每年的评价基本保持稳定。二级指标方面：金融市场包括资本市场、外汇市场、银保市场；成长发展包括市场成长、经济成长和创新成长；产业支撑包括产业关联、产业人才和产业景气三个方面；服务水平包括基础设施、社会管理和工作生活；国家环境包括经济环境、政治环境、社会环境三个方面。三级指标方面共包含 46 个指标，完全客观指标为 24 个，占比 52.2%；第三方评价数据为 15 个，占比 32.6%，其中来自国内评价机构中国社会科学院城市与竞争力研究中心的指标为 7 个，大约占第三方评价指标的一半；来自新华社调查问卷的指标为 7 个，占比 15.2%。从指标来源来看，客观指标相对较少，第三方评价指标中国际机构的相对较少（见表 3－1）。

IFCD 评价体系的赋权方法在两个维度展开：一个维度是针对调查问卷展开，另一个维度针对客观指标展开，这两个维度指标各占 0.5 的权重，这意味着主观评价占有很大分量。对于第一个维度，不再细分指标和确定权重。对于第二个维度（即客观指标）还要继续细分和赋权，五个一级指标的权重分别为 0.21、0.21、0.19、0.20 和 0.20，二级指标和三级指标内部都采用等权重的方式赋权，即如果有 n 个指标，那么每个指标的权重是 1/n（见图 3－2）。

表 3－1　　　　IFCD 指数的评价指标

一级指标	二级指标	三级指标	指标特性
金融市场	资本市场	股票交易额	客观指标
		债券交易额	客观指标
		商品期货交易量	客观指标
		证券市场国际化程度	客观指标
	外汇市场	远期外汇交易额占世界的比例	客观指标
		外汇储备	客观指标
		汇率波动	客观指标
	银保市场	大型银行总部数量	客观指标
		保费总额	客观指标
		保险服务	调查问卷
成长发展	市场成长	新上市债券增长率	客观指标
		上市公司数量增长率	客观指标
		股票交易额增长率	客观指标
	经济成长	GDP 五年年均增长率	客观指标
		国内购买力近三年增速	客观指标
		税收和社会保障金额增长率	客观指标
	创新成长	科技创新	调查问卷
		近五年政府研发支出年均增长率	客观指标
		近五年每百万人研发人员增长率	客观指标
产业支撑	产业关联	外贸进出口总额	客观指标
		全球金融服务供应商实力	第三方评价数据
		跨国公司指数	第三方评价数据
	产业人才	人才聚集	调查问卷
		高等教育投入	客观指标
		受教育水平	客观指标
	产业景气	制造业景气	调查问卷
		服务业景气	调查问卷
		高技术产业景气	调查问卷

续表

一级指标	二级指标	三级指标	指标特性
服务水平	基础设施	货物吞吐量	第三方评价数据
		机场客运量	客观指标
		信息设施建设	客观指标
	社会管理	服务业就业比例	第三方评价数据
		监管质量	第三方评价数据（世界银行）
		政府数字化管理程度	第三方评价数据（联合国电子政务调查）
	工作生活	失业率	客观指标
		生活成本	第三方评价数据（瑞银集团）
		适宜人居程度	第三方评价数据（Mercer HR）
		工作环境	调查问卷
国家环境	经济环境	营商便利指数	第三方评价数据（世界银行）
		物价指数	客观指标
		经济自由度	第三方评价数据（Fraser Institute）
	政治环境	政治稳定度	第三方评价数据（世界银行）
		廉洁指数	第三方评价数据（Transparency International）
	社会环境	社会国际化程度	第三方评价数据
		信息化普及程度	第三方评价数据
		幸福指数	第三方评价数据

资料来源：根据《新华·道琼斯国际金融中心发展指数报告（2014）》整理。

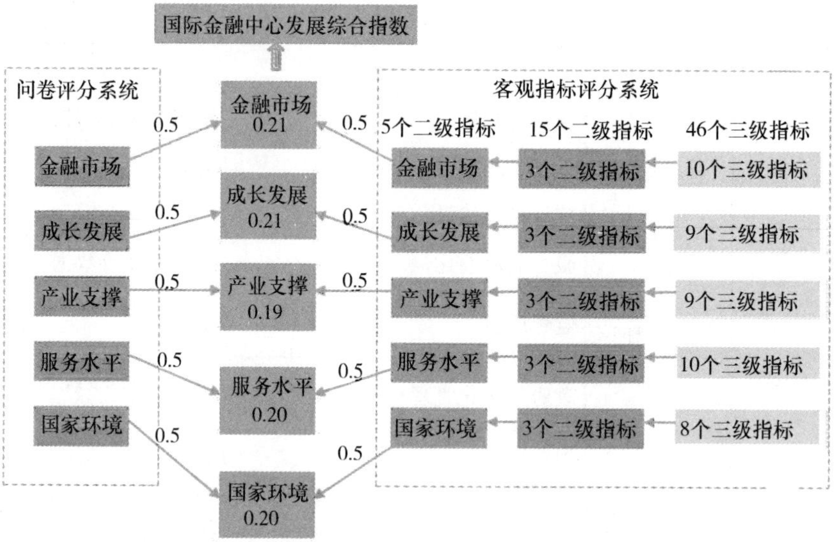

图 3－2 IFCD 指数的指标权重

资料来源：《新华·道琼斯国际金融中心发展指数报告（2014）》，2014 年 11 月，第 2 页。

二 IFCD 指数的调查问卷

由于 IFCD 评价涉及调查问卷，因而有必要对调查问卷的情况进行介绍。IFCD 的调查问卷大体包含三个方面的内容：一是被调查者基本信息，二是国际金融中心的主观评价，三是对金砖国家是否有城市成为国际金融中心的信息调查。设置被调查者基本信息，是为了防止抽样有偏产生不良影响。如被调查者过多集中于银行业，那么金融中心的评价结果可能更多反映了这座城市银行业的情况。IFCD 指数的被调查者基本信息包括以下内容：第一，被调查者所在城市；第二，被调查者职位和所在行业；第三，被调查者所在机构的总部所在地及机构规模。

IFCD 的调查问卷对国际金融中心的评价主要包括三个方面。第一，您对 45 个金融中心最了解哪些城市（选择 5—9 个城市），这主要作为评价的参考。第二，对上述五个一级指标的主观评价（即

图3－2左侧部分)，包括五个题目，但五个题目与一级指标并非完全对应，如成长发展只针对金融市场、产业支撑只针对基础产业。第三，针对评价指标体系中三级指标进行调查，包括7个问题（即表3－1中第四列标注“调查问卷”的指标)，但每个问题提问相对简单，如针对创新潜力的提问如下：“这些城市中，哪些城市科技创新潜力表现优秀”；针对制造业的提问如下：“这些城市中，哪些城市制造业活动表现优秀”。

IFCD调查问卷针对金砖国家的调查构成金砖国家金融中心发展专题的基本信息，与主体报告关联度不大，这里不做评述。

第二节　Z/Yen集团GFCI指数

GFCI（Global Financial Center Index）指数由Z/Yen集团与伦敦金融城联合推出，也被称为伦敦金融城指数。GFCI指数于2007年3月首次发布，此后每六个月更新一次，至2020年9月已连续发布27期。相对于IFCD指数，GFCI是发布更早、全球影响范围更大、全球关注度更高的指数。

一　GFCI指数的评价方法及指标体系

GFCI指数通过“因素评估模型”计算国际金融中心的排名，此模型是两大部分输入的集合。第一部分为工具因子，这部分指标又称为竞争力因子。Z/Yen首先大体将竞争力因子分为五大类，具体包括商业环境、金融部门发展、基础设施、人力资本以及声誉和其他一般因素；其次寻找对应这五类因素的子指标。这些工具因子在保持一定延续性的基础上每半年更新一次。注意，这些指标无须设定权重，由支持向量机（SVM）方法一次性进入模型计算。第二部分主要来自国际金融中心的在线调查，调查内容主要是受访者在开展业务过程中对各个金融中心的评价。评价结果保持一定的延续性：最近的评价被赋予最高的权重，时间越早权重越低，24个月以前的评价权重为0。两部分的数据通过 SVM 直接得出评价结果，最后再经过一定的微调得出最终结果，整个评价流程参见图 3 -3。

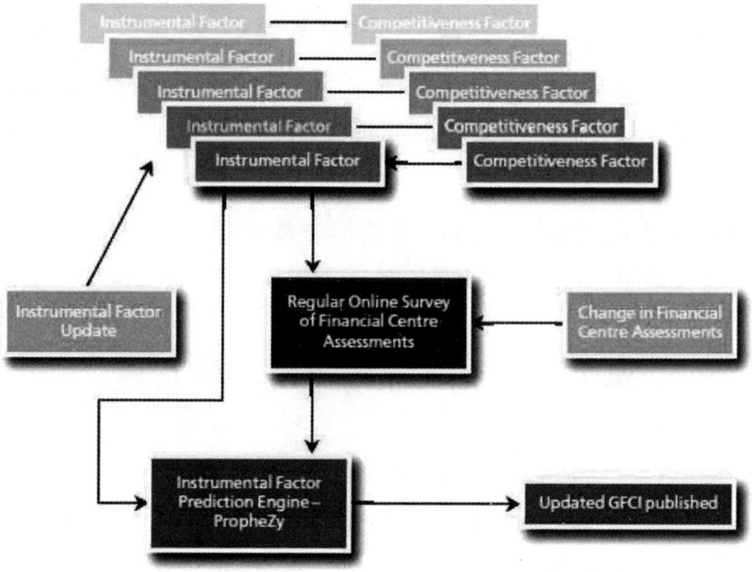

图 3 -3 GFCI 的评价流程

资料来源：The Global Financial Centres Index 16，p. 45。

图 3 -4 展示了五大类竞争力因素以及更细分子类的情况。从图中反映的信息来看，GFCI 指数与 IFCD 指数既有共同点也存在差异。共同点表现在都强调了对金融部门（市场）的评估，差异性表现在其他因素的组合和强调重点不同，如 GFCI 重点强调商业环境，而商业环境在 IFCD 中只是国家环境下经济环境的一个子项；GFCI 强调的人力资本和基础设施分别是 IFCD 中产业支撑和服务水平的子项；GFCI 强调产业集聚，而非产业支撑，并且仅仅将其作为金融部门发展的一个子项。从具体的指标来看，GFCI 的指标要远远超过 IFCD，以 2014 年 9 月（GFCI 第 16 期）为例，指标数量高达 102 项，其中完全客观指标 26 项，其他全部为第三方评估数据。

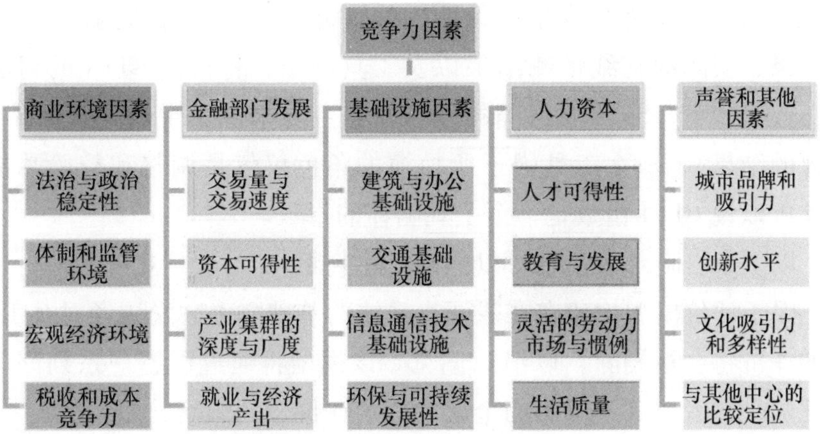

图 3－4　GFCI 竞争力要素划分

资料来源：The Global Financial Centres Index 16，p. 35。

由于 GFCI 指数采用了 SVM 的评价方法[①]，这里有必要进行简单的说明。SVM 是一种基于统计学习理论框架的通用机器学习方法。其核心思想是：对于 n 维实空间中的点，我们希望能够把这些点通过一个 n－1 维的超平面分开。如对于企业是否信用违约（1 个平面上的样本），我们希望通过一系列财务指标（n－1 个）将其区分开。使属于两个不同类的数据点间隔最大的那个面被称为最大间隔超平面。所谓支持向量是指那些在间隔区边缘的训练样本点。这里的"机"（machine，机器）实际上是一个算法，也即赋权的机制。上述 SVM 实际上是分类 SVM，那么对于排序问题，应用的则是排序 SVM。实际上，SVM 在 GFCI 指数评价中就是一种机器自动赋权的方法。

构造 GFCI 需要两种数据，工具因子和在线评测，在线评测结果会剔除受访者对其工作地的评价，以消除偏见，这将大大减少在线评测的样本数量。PropheZy 系统首先选取部分城市的工具因子和在线评测结果作为训练样本，利用 SVM 原理构造权重模型；接下来通过

① 这一方法内嵌于 PropheZy 预测系统中，Z/Yen 集团为此申请了知识产权。

输入工具因子作为自变量以估测在线评测结果；结合估测的在线评测结果、实际的在线评测结果以及工具因子，将得到 GFCI 的得分。在上述机制下，SVM 要区隔的样本信息主要来源于主观评价（在线测评的结果），那么工具因子所扮演的角色仅仅是调整和校验功能，因此可以说 GFCI 指数是一个主观测评的指数。

以下来自附录的信息可以佐证上述判断。

因子评价模型构建在在线调查系统的基础之上。受访者对其工作地的评价将会被剔除，以消除偏见。该模型将通过回答一系列问题，来评测受访者对其不熟悉的金融中心的评价。具体问题如：

> 如果某投资银行家给新加坡某评价，那么，基于新加坡和巴黎的工具因素，他会给巴黎什么样的评价呢？（这实际上就是 SVM 计算得出的答案）①

由于 SVM 固有的评估机制，在工具因子的指标选取上，无论分类学上如何规范或合乎逻辑，其最后的评价结果与指标分类方法无关。因为各指标的权重是机器依照特定方法训练后自动确定的，而训练目标是指向主观评分结果。这种评估机制使各工具因子对模型的贡献不具稳健性和一致性。表 3－2 列出了与 GFCI 各期评分结果相关度最高的两个工具因子及相关度。从表中可以看出，各期报告前两位相关性因子都在变化，且相关系数也每年不同。对于 SVM 评价方法存在的缺陷，GFCI 指数采取两个方法应对：第一，工具因子尽可能涵盖足够多的指标，使评价成为一种综合实力的竞争，这是

① 附录内容参见“The Global Financial Centres Index 16”第 45 页，以上两段内容来自原文的直接翻译。英文原文为：“A factor assessment model is built using the centre assessments from responses to the online questionnaire. Assessments from respondents’ home centres are excluded from the factor assessment model to remove home bias. The model then predicts how respondents would have assessed centres they are not familiar with, by answering questions such as: If an investment banker gives Singapore and Sydney certain assessments then, based on the relevant data for Singapore, Sydney and Paris, how would that person assess Paris?”

相当明智的做法；第二，向报告受众展示哪些城市对工具因子的变动是敏感的，那些高度敏感的城市，其金融中心的地位是不稳固的。此外，报告还统计在线主观测评的方差，方差较大的城市说明受访者的分歧较大。通过这些方法的修正以及更多信息的反映，GFCI 指数的可信度提高了。

表 3－2　　GFCI 各期报告与评分结果高度相关的前两个工具因子

报告期	相关性最高指标	系数	相关性第二高指标	系数
GFCI 16	城市国际形象	0.395	银行业风险评估	0.391
GFCI 15	全球城市实力指数	0.436	城市国际形象	0.396
GFCI 14	全球城市竞争力	0.524	银行业风险评估	0.464
GFCI 13	全球城市实力指数	0.509	世界竞争力计分板	0.491
GFCI 12	全球城市竞争力	0.595	世界竞争力计分板	0.553
GFCI 11	商业中心指数	0.599	世界竞争力计分板	0.562
GFCI 10	商业中心指数	0.627	信用评级	0.507
GFCI 9	商业中心指数	0.592	世界竞争力计分板	0.507

注：商业中心指数和信用评级并没有出现在 CFCI 16 的工具因子之中。

资料来源：根据“The Global Financial Centres Index”各期整理。

二　GFCI 指数的调查问卷

GFCI 评价体系的调查问卷大体包含三个方面的内容：一是受访者基本信息，二是受访者对国际金融中心的主观评价，三是受访者对影响金融中心竞争力因素的评价。

GFCI 指数的受访者基本信息大体与 IFCD 类似，同样包括三个方面的内容：第一，受访者所在城市；第二，受访者职位和所在行业；第三，受访者所在机构的总部所在地及机构规模。相对于 IFCD 指数，GFCI 指数较好地利用了受访者的基本信息：第一，如果受访者所在城市不在候选城市列表中，该城市如果获得 5 个以上的提名，且预计在未来 2—3 年内其地位会显著提升（通过问卷显示），那么受访者所在城市就会进入候选城市，这就提供了样本的滚动评价机制；第二，根据受访者所在行业，GFCI 提供了针对不同行业的金融中心评价指数；第三，根据受访者所在机构规模，GFCI 还提供了不同规模机构对各金融中心的看法。

GFCI 指数对金融中心的主观评价相对于 IFCD 指数的方法更加直观简洁：GFCI 让受访者对候选城市在 1—10 之间直接打分，而 IFCD 是让受访者在 45 个候选城市中选择 5—9 个。从决策论的角度来讲，IFCD 方法仅仅显示了候选城市的出现频率，而 GFCI 方法实际上加入了权重影响，更容易拉开不同城市之间的距离。此外，GFCI 指数很好地利用了这一打分机制：如果一个金融中心的加权平均评分中 70% 以上来自其他金融中心，那么这个金融中心就是“全球性”（Global）的；如果 50% 以上来自其他金融中心，那么这个金融中心就是“跨国性”（Transnational）的；否则就是“地区性”（Local）的。我们认为这种做法是十分恰当的，因为得分的高低不仅反映了地区间的业务往来的频繁程度，也反映了这种业务往来的质量。

第三部分内容是受访者对影响金融中心竞争力因素的评价，采取完全开放式的问答方式，这么做的目的实际上是为工具因子的调整替换提供有效支撑。

第三节 IFCD 和 GFCI 评价体系评述

一 关于指标体系的评述

IFCD 指数和 GFCI 指数都包括庞大丰富的指标体系，IFCD 指数所含具体指标达 46 个，GFCI 所含指标更多。总体而言，两者都将指标分为五大类，前者包括金融市场、成长发展、产业支撑、服务水平和国家环境，后者分别为商业环境、金融部门发展、基础设施、人力资本以及声誉和其他一般因素。

两者的共同点是都包含金融市场（发展），其他都可归为影响金融发展的环境因素。我们认为包含环境因素的评估是合理的，因为它在一定程度上预示着未来的走向。具体来看，IFCD 指数可能存在对现实金融运行强调过少以及环境因素关联不大两个问题。第一，IFCD 指数中 2011 年之后上海就一直排在第 6 位，但从分项指标来看，上海在服务水平和国家环境方面一直是落后的，但使总排名靠前的最主要因素就是成长发展，上海在这项排名中一直处于第 1 位。再观察成长发展的二级指标，其中最重要的两项是市场成长和经济成长。一般而言，后发城市和后发国家，其金融和经济的增长率往往较快；发达金融中心和发达国家，其金融和经济的体量本身已经很大，正处于收敛的过程中。前者的增长速率明显高于后者，但从规模上根本不可能说前者已经大于后者，对金融中心的评价很大程度上是考察市场的规模、广度和深度。因此，IFCD 指数有用未来评估代替现在之嫌疑，不过正如 IFCD 的名称一样，它本身强调了发展（Development）。第二，IFCD 指数环境因素关联不大表现在多个方面：如产业景气，其中的制造业景气与金融中心评估关联不大，美国在很长一段时间已经出现制造业空心化现象，但其金融市场一直非常活跃，中国香港也是类似的例子。再如税收和社会保障金额增长率，与金融中心评价之间似乎很难有逻辑上的关联。我们无意于以个别案例形式推翻整个指标体系的合理性，但整体评估下来关联不大。

此外，两个评价体系都存在不知是负向指标还是正向指标的情况①。如 IFCD 指数中包含汇率波动，如果是波动较小的软盯住制度，可能存在制度套利的可能；如果波动较大，可能不利于 FDI 这类长期资金的进入。GFCI 指数包含城市平均降水天数这一指标，不知道金融中心的人们是更喜欢湿润的地方还是喜欢干燥的地方，这确实是一个有意思、有待研究的问题。整体而言，GFCI 指数这方面的问题更多一些。

---

① 如果是中间值指标，两个评价体系都未做说明。

二 关于方法论的评述

IFCD 指数采用层次分析法和打分板技术对金融中心进行评估，这种方法的优势是简单易行，但指标选择和权重确定可能存在人为操控的因素。从 IFCD 指数的评价方法来看，第一，指标权重中一半来自主观调查，且主观调查中没有剔除受访者对本地区评价的影响；第二，46 个客观指标中来自新华社调查问卷的指标为 7 个，占比为 15.2%，这意味着所谓“客观”数据也可能受到人为因素影响；第三，指标选择方面存在与金融中心评估不太关联的现象，且这些被选择的指标有提升后发城市的倾向。

GFCI 指数认为层次分析法除了涉及权重问题外，指标标准化也存在人为干扰的因素，如一个指标采取最小最大值方法，另一个采取 Z 值方法，这就会使指标对整个评估体系产生影响。因子评估中的客观指标是通过 SVM 方法进入评估的，它所起到的作用主要是辅助性的，而且各客观指标的权重配比完全是由算法自动给出的，这就避免了人为干扰权重的可能。此外只要指标足够多，上文提及的环境因素与金融中心评价不相关的问题也可能缓解，因为 SVM 方法可能会给予不相关的环境因素较小的权重。然而，从历年展示的因子相关性结果来看，GFCI 指数更像一个城市综合竞争力的比较，因为与评分结果高度相关的是诸如城市形象、城市实力指数这类指标。

GFCI 指数最主要的还是依靠受访者对候选城市的评分，因而这种方法的最大缺陷是主观性，诚如 GFCI 报告所言：“利用工具因子和在线问卷调查来构建 GFCI 指数存在若干影响值得我们注意：随着 GFCI 的发展，可能会出现一个庞大的‘评估人（raters）’的国际团体。”① 这句话的含义就是：只要雇用足够多的在线受访者，让他们在位于亚太之外的地区给上海评高分，上海的名次就会上升。不过

① 参见“The Global Financial Centers Index 16”，第 46 页。英文原文为：“It is worth drawing attention to a few consequences of basing the GFCI on instrumental factors and questionnaire responses：A Strong international group of ‘raters’ has developed as the GFCI progresses.”

GFCI 指数值得肯定的一点是：它还会根据得分来自区域外的比例确定其是全球性、跨国性还是地域性的金融中心。这使得评价具有一定的科学性，因为对受访者所处城市之外的评价反映了其所在城市与被评价城市的业务往来频繁程度、重要性、服务质量等多方面的信息。

三　关于受访者样本的评述

国际金融中心作为一项全球性的调查，受访者的样本是否相对均匀合理，这对最后的评价结果有很大影响。从样本总量来看，IFCD 指数这两年的样本总量上升较快，2014 年受访者达到 6607 人；GFCI 指数受访样本基本保持在 1500—2000 人之间。然而，IFCD 指数要求每一个受访者选出 5—9 个熟悉的国际金融中心城市，GFCI 则要求对所有候选城市都在 1—10 分中进行打分。这意味着对于每一个受访者 GFCI 指数给出的信息量要远远高于 IFCD 指数，因此综合来看，GFCI 指数的样本并不显得少。

下面我们分别从受访者的行业和地域分布情况进行考察。表 3 – 3 和表 3 – 4 分别是两个指数的行业分布情况。大体上行业被分为专业机构、中介服务机构、政府部门、科研机构和其他五类，GFCI 指数没有单独的科研机构分类。我们认为科研机构的调研，其范围是相对模糊的。如果科研机构主要涵盖中国社会科学院核能研究所这类的机构，则完全不相关；如果包含中国社会科学院、上海社会科学院或者上海交通大学高级金融学院，尽管受访者对象可能拥有专业知识，但切身感受并不强烈。政府部门在金融中心建设中的作用主要表现为制定政策、完善环境等，因此过多地采纳政府部门受访者意见，仅仅意味着是金融中心环境的评价，而非金融中心本身。总的来讲，我们认为银证保等专业机构以及围绕其周边的会计、税务等中介服务机构应该构成受访者主体。GFCI 指数这部分受访者大约占 80%（GFCI 第 12 期和第 13 期大约占 70%）；在 IFCD 指数中约占 65%，如果剔除专业机构中包含的央行和监管部门，比例可能下降至 50%。

表 3－3　　IFCD 指数受访者行业分布情况　　单位：个，%

报告期	样本总数	专业机构	中介服务机构	政府部门	科研机构	其他
2014 年	6607	35.7	30.0	23.9	10.4	0.0
2013 年	4856	36.6	30.0	23.4	10.0	0.0
2012 年	3016	38.3	29.8	22.6	9.3	0.0
2011 年	2073	48.9	24.3	15.2	7.7	3.9
2010 年	2386	36.7	18.3	6.2	4.1	34.7

注：专业机构除包括银证保、资产管理机构外，还包括央行和监管机构。

资料来源：根据《新华·道琼斯国际金融中心发展指数报告》各期整理。

表 3－4　　GFCI 指数受访者行业分布情况　　单位：个，%

报告期	样本总数	专业机构	中介服务机构	政府部门	其他
GFCI 16	2211	60.6	26.5	4.9	8.0
GFCI 15	1931	58.9	24.4	5.2	11.4
GFCI 14	1592	53.2	24.8	5.5	16.5
GFCI 13	1581	51.0	18.7	5.6	24.7
GFCI 12	1513	51.7	19.8	7.5	21.0
GFCI 11	1778	56.1	17.2	5.1	21.7
GFCI 10	1950	64.4	15.2	4.0	16.5
GFCI 9	1970	75.8	17.4	5.5	1.3

注：政府部门包括监管机构。

资料来源：根据“The Global Financial Centres Index”各期整理。

表 3－5 和表 3－6 分别是 IFCD 指数和 GFCI 指数受访者地域分布的情况。大体上包括亚太、欧洲、北美、南美、中东非洲以及其他地区，GFCI 指数还单列了离岸金融中心，这主要包括英属维尔京群岛、开曼群岛、巴哈马群岛、塞浦路斯等。IFCD 指数地域分布一直保持稳定，亚太、欧洲、美洲（包括北美、南美）基本三分天下，

分布相对均匀。GFCI 指数样本分布存在动态变化：2011 年和 2012 年离岸中心占比较高，北美地区占比较低；2013 年和 2014 年北美地区占比整体上升，离岸中心占比下降。欧洲所占比例基本上一直上升，这与项目执行机构所在地可能存在一定关联，但主要还是与项目的动态评价机制有关：受访者所在城市如果获得 5 个以上的提名，且预计在未来 2—3 年内其地位会显著提升，那么该城市才会进入候选城市。从行业和地域两个角度来看，GFCI 指数相对于 IFCD 指数在采样方面更加客观，也更接近当下的情况。

表 3－5　**IFCD 指数受访者地域分布情况**　单位：个，%

报告期	样本总数	亚太	欧洲	北美	拉美	中东非洲	其他
2014 年	6607	35.4	32.3	24.7	3.5	4.2	0
2013 年	4856	34.4	37.3	21.2	3.8	3.3	0
2012 年	3016	24.4	37.0	13.4	3.3	0.5	21.5
2011 年	2073	32.2	31.1	14.2	2.7	—	19.9
2010 年	2386	24.6	34.8	12.3	5.9	—	22.0

资料来源：根据《新华·道琼斯国际金融中心发展指数报告》各期整理。

表 3－6　**GFCI 指数受访者地域分布情况**　单位：个，%

报告期	样本总数	亚太	欧洲	北美	离岸	拉美	中东非洲	其他
GFCI 16	2211	28.3	42.1	11.7	7.7	0.9	6.3	3.0
GFCI 15	1931	27.4	43.0	10.5	9.8	0.9	6.4	2.1
GFCI 14	1592	23.4	41.4	14.9	15.3	0.7	4.3	0.0
GFCI 13	1513	22.1	36.4	17.3	20.0	0.6	3.6	0.0
GFCI 12	1581	24.6	35.4	12.7	24.9	0.3	2.2	0.0
GFCI 11	1778	34.0	29.6	11.0	23.6	0.3	1.5	0.0
GFCI 10	1887	37.2	25.9	2.8	28.1	—	—	6.0
GFCI 9	1970	42.5	26.9	1.9	24.5	—	—	4.1

资料来源：根据“The Global Financial Centres Index”各期整理。

第四节 构建新的国际金融中心评价框架

上文我们从指标体系、方法论以及受访者样本三个方面对IFCD和GFCI评价体系进行了评述。它们的评价体系表现出各自的优劣势：如IFCD指数是一个以客观指标为基础的评价体系，GFCI指数则是以主观测评为主的评价体系；IFCD指数的赋权方法具有一定的主观性，GFCI指数的辅助修正方法因使用SVM方法具有较强的客观性。此外，两个评价体系都关注了金融部门（市场）发展，在指标选取上也都存在指标与金融中心内涵不相关的缺陷。本节结合上述两种方法的共性和优点，提出一套新的国际金融中心评价框架。

一 国际金融中心的三大核心要素

国际金融中心拥有广度和深度的资本市场，是银行、保险等各类金融机构的总部所在地，也是金融人才的聚集地。从这一概念出发，我们认为国际金融中心包括三大核心要素：市场性、机构聚集地以及国际性，这三大要素构成了后续评价的逻辑起点。

市场性是国际金融中心的第一核心要素。一座城市之所以成为资金融通的聚集地和资金输送的辐射源，是因为其提供了标准化的产品（如股票、债券）并制定了标准的交易规则，这使得其相对于其他城市交易成本更低。市场性即是金融中心城市提供标准化产品能力的外在表现：一座城市越是能够提供丰富多样的标准化金融产品，就越容易对接不同投资目的、不同风险偏好的投资者，这表现为金融市场的广度。金融市场的另一重要维度是市场深度，这主要取决于市场规模，一座城市提供的标准化金融产品的规模越大，就越有利于提升交易活跃程度，从而不会使市场快速失去流动性，也有利于增强市场应对突发事件的能力。

机构聚集地是国际金融中心的第二核心要素。金融中心集聚了众多金融机构，这在微观上产生了两个效应：一是激烈的竞争可以通过降低成本提高资源配置效率，二是分工协作有利于创新从而形成新的产品。就宏观而言，根据系统论的观点，这些机构构成一个开放式的耗散结构，机构越多越有利于系统的稳定和向前发展。

国际性是国际金融中心的第三核心要素。国际性反映了一国为世界其他国家提供本国金融产品的能力，也反映了他国在本国筹措金融资源的便利程度。国际化程度越高，意味着这种能力越强、金融市场制度越完善（与第一要素相辅相成）。进一步地，从网络理论的视角考虑跨国资本流动，国际化程度高不仅意味着提供金融产品能力强，还意味着本国金融中心与众多国家的金融中心相联系，是资本流动网络图中的重要节点，也即辐射范围广。

二　国际金融中心评价的覆盖范围

评价项目应尽量满足系统性原则，它指各类指标尽可能全面地反映评价对象的特征。落实到国际金融中心评价，除了要反映国际金融中心的市场性、机构聚集地和国际性这三个核心要素外，还应包括影响核心要素的环境特征。我们认为具体的环境特征应包括三个方面：基础设施因素、人力资本因素以及其他一般因素。

就金融部门市场性而言，在评价过程中应注意以下几点：第一，注重对标准化产品市场的评估，如股票市场、债券市场；第二，注重从市场广度和市场深度两个维度进行测度；第三，适度考虑衍生品市场的影响，衍生品的出现提供了有效的风险管理工具并进一步降低了对冲风险的交易成本，但一些研究和事实表明，过度使用衍生品会加剧市场波动；第四，对于那些不存在标准化产品市场的城市，重点考虑机构的种类和数量，因为机构是投资者参与市场的载体，它的类型和数量从一个侧面反映了市场的广度。

就金融机构聚集地而言，我们重点关注两类机构：一是大企业和传统金融机构，资本和财富的分布遵循“二八定律”，即少部分人和机构掌握大部分的资本，因此金融中心能够吸引越多的头部企业和机构它的集聚越有效率；二是创新公司和风险投资家，尽管这些公司处于财富分布的尾部区间，对一座金融中心而言可能微不足道，但随着移动互联时代的到来，新技术和新商业模式使创新公司迅速集聚客户资源（即所谓的流量经济），从而实现倍速于以往的增长。

就金融部门国际性而言，首先，应考虑一国的金融开放度，可使用一国扣除外汇储备的对外金融资产、金融负债之和与 GDP 的比值；其次，应考虑一国资本项目的开放程度，具体可根据国际货币基金组织发布的《汇兑安排与汇兑限制年报》采用中国人民大学国际货币研究所的“四档约束式”进行测度；最后，应重点考察国际金融中心城市资本市场的国际化程度，如股票市场国外上市公司数量及交易量占比、债券市场中国际机构债存量占比等。此外，对于那些没有场内证券市场的候选城市，应重点考察外资机构在数量和规模上的比例。

就基础设施因素而言，评价指标体系至少应该覆盖三个方面。第一，与电子信息技术有关的基础设施评价，电子信息技术具有极强的网络外部效应，对降低交易成本和形成资金集聚有重要影响。19 世纪电报的发明对强化纽交所的中心地位以及边缘化其他地区交易所发挥了重要作用；1997 年法兰克福证券交易所引入 Xetra 网络交易系统这一事件与其日后成为德国最大的交易所有密切关联。第二，涵盖交通基础设施各方面的评价，一方面，评价应包括城市内部交通网络的质量，如地铁密度以及道路交通网密度；另一方面，金融中心城市意味着它的交通系统能够容纳较大规模的商务往来，因而重点考察航空港旅客吞吐量和铁路交通网密度。第三，涵盖办公条件和居住条件的评估，一方面，较高的房价可能是经济均衡的结果，即金融业的高利润可以覆盖高房价成本；另一方面，对于政策推动的金融中心，较低的办公和居住成本可能意味着后发优势。至于这类指标与国际金融中心表现出正向还是负向的关系，还应在评价过程中仔细考证。

就人力资本因素而言，评价体系应着重于与金融业密切相关的人力资源的评估。一方面，考察商学、经济学以及法学这类学科高层次人才的数量，这直接形成了金融及外围行业人才的潜在供给；另一方面，考察高净值居民的规模，这直接构成了金融及外围行业服务的潜在需求。此外，还可设置一些共同影响两类人群定居的因素，如城市的治安环境、生活品质调查、城市居民购买力等。

就其他一般因素而言，评价体系至少应涵盖三个方面：第一，税收环境，实践表明税收优惠政策是离岸金融中心形成的主要基石，它也会通过影响金融机构选址以及高收入人才的流动对实体型金融中心的竞争力产生重要影响；第二，商业环境，上文已经阐明金融中心的第一核心要素是市场性，如果一座城市的经济运行具有良好的市场契约精神、较为便利的营商环境，那么这些要素会相对容易地映射到金融市场发展上；第三，政府政策环境，作为市场的另一面，政府如果能够较好地履行守夜人角色，那么这种市场精神就能得到充分保护。具体而言，政府首先应保持较低政治风险，其次应保证法治的公平、有效，最后政府政策应该具有透明度和一致性。

三　国际金融中心评价的方法及指标

评价项目的另两个原则是客观性和可操作性，客观性是指尽可能使用经济运行的真实数据进行评价，可操作性强调客观数据的可得性。根据上文关于两个指数的评述，我们并不倾向于使用 GFCI 指数以主观测评为主的方法，而是倾向于使用 IFCD的层次分析法。层次分析法的一个劣势是赋权过程中存在主观性[①]，但我们相信国际金融中心排名靠前的城市，一定在市场性、国际性及其他环境因素方面都相对优秀，因而权重对那些全球性金融中心和跨国性金融中心的

① 尽管层次分析法会对专家意见进行一致性检验，但也存在专家意见出现系统性偏差的可能。

影响会相对较小。对于那些并非各个方面都突出的候选城市，我们在专家赋权过程中将建议增加金融部门市场性和国际性方面的权重，因为这两方面是对候选城市金融发展水平的当下描述，而环境因素可能更多地预示未来。

表3-7根据国际金融中心评价的六个方面列出了具体的评价指标，所有数据来自金融市场运行的客观数据或相对权威的第三方评价，表中还列示了数据来源，从而保证了数据可得性。值得注意的是，表中所列指标有的是针对一国的市场运行或调查的情况，而项目评价针对的是城市。对此，在实际评价中的处理方法是：对全国性的市场规模数据，可使用其他经济变量的份额进行估算；对一国环境因素的评价，可采用覆盖一国各个城市的相关指标或调查问卷的方式，结合 SVM 方法给出一国内各城市某一分项指标的得分和排序。

表3-7 **国际金融中心评价客观指标体系**

六个方面	具体指标	数据来源
金融部门市场性	股票交易价值	世界证券交易所联合会
	股票交易量	世界证券交易所联合会
	股票交易周转率	世界证券交易所联合会
	债券存量	国际清算银行
	非金融企业债券存量	国际清算银行
	证券监管的效率	世界经济论坛
	股票期权交易量	世界证券交易所联合会
	股票期货交易量	世界证券交易所联合会
	商品期权名义流通量	世界证券交易所联合会
	商品期货名义流通量	世界证券交易所联合会
	利率衍生品交易额	国际清算银行
	共同基金的总资产净值	美国投资公司协会

续表

六个方面	具体指标	数据来源
金融部门机构聚集度	福布斯 2000 家非金融企业数量	福布斯
	福布斯 2000 家非金融企业资产占比	福布斯
	福布斯 2000 家金融企业数量	福布斯
	福布斯 2000 家金融企业资产占比	福布斯
	福布斯富豪榜数量	福布斯
	福布斯富豪榜总财富占比	福布斯
	100 强风险投资家拥有数量	福布斯
金融部门国际性	金融开放度	国际金融统计数据库
	资本账户开放程度	汇兑安排与汇兑限制年报（AREAER）
	外汇衍生品交易额	国际清算银行
	证券市场国际化程度	世界证券交易所联合会
	外国上市公司数量占比	世界证券交易所联合会
	外国上市公司交易量占比	世界证券交易所联合会
基础设施	数字经济排名	经济学人智库
	电信基础设施指数	联合国
	信息化普及程度	世界经济论坛
	网络指数	万维网基金会
	地铁网络长度	Metro Bits
	地面交通网络的质量	世界经济论坛
	道路质量	世界经济论坛
	航空客运量	世界银行、全球主要国家航空业协会
	铁路密度	中央情报局世界时事报告
	办公楼租用成本	戴德梁行
	世界各地的办公空间	高纬环球
	全球房地产指数	英国房地产投资数据库

续表

六个方面	具体指标	数据来源
人力资本	社会科学、商学和法学研究生数量	世界银行
	总高等教育比例	世界银行
	高财富净值居民数量	城市银行和莱坊
	人身安全指数	美世咨询
	居民购买力	瑞士联合银行
	生活品质调查	美世咨询
	幸福指数	新经济基金会（NEF）
其他一般因素	公司所得税税率	普华永道
	员工有效税率	普华永道
	个人税率	经济合作与发展组织
	总税收收入（占 GDP 的百分比）	经济合作与发展组织
	商业环境	经济学人智库
	营商便利指数	世界银行
	经济自由度指数	菲沙研究所
	政治风险指数	国家风险指南
	清廉指数	透明国际
	政府透明度	世界正义工程
	监管执法	世界正义工程

资料来源：笔者查询及整理。

第五节 总结及进一步研究方向

本章对两个著名的国际金融中心评价体系进行了深入的比较分析，结果表明，在指标体系方面，IFCD 指数存在以未来增长代替当下金融水平的嫌疑，以及指标设置与金融中心评价不相关的情况；GFCI 指数尽管也存在更多的指标不相关的情况，但由于采取的 SVM 调整方法，这一问题对整个评价的影响不大。在方法论方面，IFCD 指数采取的是层次分析法赋权的方法，其中调查问卷评分结果占据一半权重，主观性较强；GFCI 指数尽管采取了主观测评为主的评价方式，但其通过展示主观测评的方差以及主观测评对工具因子变动的敏感性来提高评价的可信度。从评价结果来看，GFCI 指数相对于 IFCD 指数更接近真实感受。在受访者样本分布方面，无论是从行业角度还是从地区角度来看，GFCI 指数的分布都更为合理。

遵循项目评价科学性、系统性、客观性和可操作性四大原则，本章结合上述两种方法的共性和优点，提出一套新的国际金融中心评价体系。首先，本章提出国际金融中心的核心要素包括中心城市的金融市场发达程度、机构聚集地和国际化程度，一座城市如果能够提供丰富多样的标准化金融产品，那么将有利于交易成本降低和金融中心城市的巩固，其外在表现即是金融市场的发达程度；金融机构集聚有利于提高资源配置效率和产品创新，机构越多越有利于系统的稳定和向前发展；金融市场的国际化程度在金融中心评价中往往被忽视，IFCD 指数表现得更为明显，缺乏跨国资本流动的金融中心即使规模再大，恐怕也难以背负“国际”金融中心的盛名。其次，除了上述三个核心要素外，国际金融中心评价包含的环境因素有基础设施、人力资本以及其他一般因素。基础设施考虑电信基础设施、交通基础设施以及房地产三个方面；人力资本重在考察经济、商科以及法律人才的储备以及高净值财富人群的规模；其他一般因素主要包括税收环境、商业环境以及政府在维护商业秩序方面的角色。最后，本章进行了大量的数据搜寻查证工作，确保上述六个方面的指标完全来源于客观数据或相对权威的第三方调查评价。此外，针对一些客观数据描述的是国家而非城市的情况，本章给出了相应的调整方法。

总体来讲，本章提出的方法依然是一个静态匀质结构的分析框架。近年来，社会网络分析与经济学的结合成为新的研究热点，如系统重要性机构的研究、借贷关系中的社会网络资本等。关于国际金融中心的核心要素的分析已经表明：金融市场的广度和深度是造就资本洼地和机构集聚的原因，它将成为分析跨境资本网络“度的分布”的逻辑起点；金融市场的国际性反映了各个节点的对外联系，通过“度、距离”等特征的测度可以反映出节点的重要性。如果将两者结合起来，可以探索性地回答“金融市场建设如何促进国际金融中心的形成”以及“跨境资本流动如何规范金融市场交易”这样的问题。

如果将研究视角从网络节点拓展到整个网络，那么还将产生许多值得期待的研究课题。第一，如果能够绘制出这张跨境资本流动的网络图谱，我们猜测其网络结构会表现出小世界网络的特征，那么资本如何在局部聚集最后再汇集中心我们将会有清晰的认识。第二，这张网络图谱中会不会存在结构洞？这个结构洞会不会是上海？中国要不要以及如何填补这个结构洞？在填补这个结构洞的过程中中国会从周边获取什么利益？填补结构洞的路径是什么（香港的位置怎么放）？第三，以上绘制的是证券项下资本流动的网络图谱，如果还能绘制一张直接投资项和贸易项的资本流动的图谱，或许能够更好地理解全球失衡问题。

总之，我们相信加入社会网络分析的国际金融中心评价将更贴近现实，也会衍生出更多激动人心的研究课题。

第四章　人民币国际化地位评估及国际化新机遇

上海国际金融中心建设的目标是“2020年，基本建成与我国经济实力以及人民币国际地位相适应的国际金融中心”，因而为了确定上海国际金融中心基本建成的标准，首先须确定人民币的国际地位。由于国际货币在金融资源配置方面表现出能级特点，本章阐明导致能级特点的原因从而指出人民币国际地位评估的三个方面，在完成评估后分析美元的衰落以及人民币国际化的新机遇。

第一节　国际货币在金融资源配置方面表现出能级特点

能级是由玻尔的理论发展而来的现代量子物理学的概念。原子核外电子的可能状态是不连续的，因此各状态对应能量也是不连续的，这些能量值就是能级。能级理论应用到社会科学中所产生的重大理论创新成果就是社会能级论，社会能级论一般被用以分析嵌入在宏观社会网络之中的组织或者个人的社会地位变动问题。社会能级论的主要内容包括：宏观社会网络是一个金字塔型的能级结构，在其中的每个组织或者个人，或高或低，都必定有一个属于其自身的网络位置，而决定一个组织或者个人在社会网络之中位置高低的根本因素，就是组织或者个人的总资源存量的多寡。

国际货币在金融资源配置方面表现出能级特点，导致能级特点的原因包括两点：一是支付中介具有强的外部网络效应，二是不同金融功能或货币职能表现出相互叠加效应。

在国际贸易和投资中，货币能否广泛得到使用既与一国的政治、军事和经济实力密切相关，也是各种货币相互竞争的结果。由于支付中介的竞争具有很强的网络外部性，市场会内生地选择少量的货币作为媒介货币，这些媒介货币是在国际市场中被广泛用于双边交换的货币。例如，在外汇市场中马来西亚的林吉特很难直接兑换为墨西哥的比索，但是美元可以充当中间媒介，通过将林吉特兑换成美元，再将美元兑换成墨西哥比索。双边汇率尽管使得三角套利成为可能，但由于林吉特和比索本身很难交易，较大的交易摩擦阻止了套利可能。目前，涉及美元的更具流动性的双边市场才被用来进行交易，因此国际货币的使用就表现出能级特点。根据 BIS 的最近三年的调查显示，2019 年美元作为最主要的媒介货币占外汇市场交易总额的 88.3%（由于是双边交易，交易总额为 200%）。第二多的是欧元，为 32.3%。

国际货币的能级特点不仅因为支付中介的网络外部性产生，而且通过国际货币的不同角色的叠加效应进一步加强。被选中作为支付中介的国际货币，其在时态中介和规模中介中也被选中；也即支付功能越强的国际货币，其投融资功能越强。媒介货币的角色与流动性和安全性紧密相关。流动性，即在不引起价格大幅下跌的情况下进行大量交易的能力，是交易媒介的核心；安全性则意味货币保持购买力的能力，它与对发行者的信任、伪造货币的难度以及货币所在国整体宏观经济稳定性密切相关。当一国宏观政策不稳定时，民众愿意持有美元债券或美元存款，即国际货币发挥出价值贮藏功能。20 世纪 70 年代至 80 年代拉美国家国内货币不稳定后出现的美元化潮流，即是美元发挥国际货币价值贮藏的表现。至此，我们讨论了国际货币交易媒介和价值贮藏角色之间的协同效应。交易媒介与记账单位之间也存在协同效应：如果商品价格是灵活的，那么货币的计价单位就无关紧要了，但事实上商品价格通常是刚性的，这就使得商品出口方往往选择中心货币作为计价单位。另外，货币作为记账单位和价值贮藏手段之间存在着重要的互补性。例如，以一种主要货币进行的贸易结算越多，企业就越有可能倾向于持有该种货币的流动资金，并以这种货币发行债务。Gopinath 和 Stein（2020）讨论了贸易结算货币与债务货币之间的互补性。

以上从私人部门角度考察了国际货币不同角色之间的协同效应，从官方部门来看也存在这种协同效应：当某种货币在国际市场中流通广泛并容易获得紧急融资时，央行在对外汇市场进行干预时就需要使用该种货币，因此媒介货币就扮演着干预货币的角色。自然地，干预货币也将是储备最多的货币。干预货币或储备货币的角色还会因货币钉住策略加强（无论是名义钉住还是事实钉住），因为中央银行为了稳定住本国货币币值，需要更主动地买卖锚定货币。Ilzetzki、Reinhart 和 Rogoff（2017）发现美元目前仍是占据世界主导地位的锚定货币。

以上从国际货币职能（也即金融功能的前三项功能）角度阐述了国际货币在金融资源配置方面的能级特点，再回到金融的另两项功能——信息生产和风险管理，它们同样加强了资源配置的能级特点。由于国际中心货币交易的规模极大，因此相应的以该货币发行的证券规模也极大，而证券发行和认购需要相应中介服务商提供相应的信息服务。因就近服务的原则，美国信用评级行业因美国金融市场的强大也在全球处于绝对优势：全球三大评级公司两家是美资机构，另一家惠誉国际尽管是欧资机构，但在纽约和伦敦同时设立总部。由于美国的金融市场具有很强的广度和深度，因此二级市场交易活跃；二级市场的活跃必然衍生出风险管理的诉求，这也是美国拥有产品最丰富、规模最大的衍生品市场的原因。

全球金融资源配置的能级可以分为三个层次。第一层次是货币以美元为中心，金融地理的中心是纽约。第二层次的货币包括欧元和日元，尽管日元和欧元都位于第二层次，但日元在交易媒介、支付手段和储备职能方面都与欧元存在较大差距，这主要是亚洲货币普遍锚定美元的结果；欧洲的金融地理中心并不在欧元区内，而是在伦敦，这是因为第一能级美元的能量太强，而伦敦是最大的欧洲美元市场。第三层次即世界其他货币，这些货币在配置全球金融资源方面的能力非常微弱。从以上分析可以看出，尽管国际货币体系网络表现出三个重要节点，但实际上从能级来看并不像标准的金字塔结构，而是顶端急剧收窄为美元的倒丁字形金字塔。

根据上文对国际货币能级特点的分析，结合张光平[①]、涂永红[②]以及彭红枫和谭小玉[③]的研究经验，本章从三个方面考察人民币国际化的程度（见表4－1）。

表4－1 **人民币国际地位测度的三个方面**

所属职能	指标	数据来源和处理方法
交易媒介	全球外汇交易的货币份额	BIS
	世界贸易总额中主要货币结算比重	Wind
支付手段	国际支付中的货币份额	SWIFT
	全球对外信贷的份额	BIS、中国人民银行、香港金融管理局
	全球国际债券和票据发行的货币份额	BIS
	全球国际债券和票据余额的货币份额	BIS
国际储备功能	官方外汇储备	IMF
	SDR 份额	IMF

① 张光平：《货币国际化程度度量的简单方法和人民币国际化水平的提升》，《金融评论》2011 年第 3 期。

② 涂永红：《RII——衡量人民币国际化真实水平的新指标》，《国际货币评论》2014 年第 7 期。

③ 彭红枫、谭小玉：《人民币国际化研究：程度测算与影响因素分析》，《经济研究》2017 年第 2 期。

第二节　人民币交易媒介职能评估

一　全球外汇交易市场人民币份额及地位

国际外汇交易市场是衡量一国货币在世界范围内被认可程度，以及货币国际化程度的重要标准。从图 4－1 中可以看出，在国际外汇交易市场中，美元仍然保持着一家独大的地位，占据外汇交易市场份额的45%左右（按单边计算）。欧元居于次位，近年来受到欧债危机以及英国脱欧因素的影响，欧元在外汇市场的交易份额表现出走低的趋势，由 2010 年最高点的 19.5%下降至 2019 年的 16.2%。英镑的地位也逐年下降，其市场份额由 2004 年的 8.2%下降至 2019 年的 6.4%。日元外汇交易的市场份额有所波动，但基本保持在 8%—10%。人民币相对于其他主要的国际货币尽管外汇交易市场份额占比较低，但近年来保持了快速增长势头，其市场份额由 2004 年的 0.05%上升至 2019 年的 2.16%。目前人民币在外汇市场的交易份额还远远低于世界主要货币，这是由美元主导的单一国际货币体系决

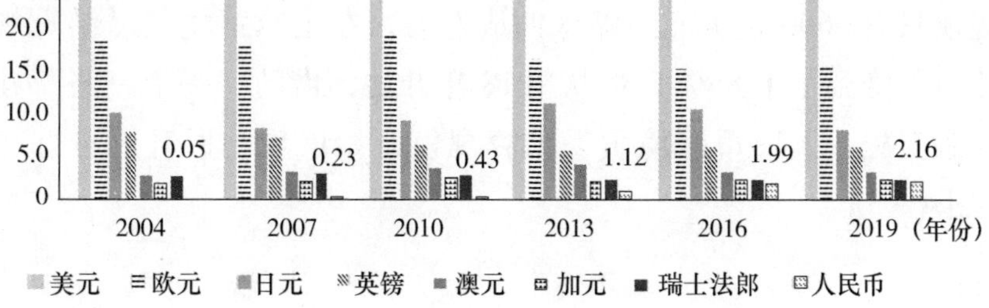

图 4－1　外汇交易市场（按币种）份额情况

资料来源：BIS。

定的；然而人民币在外汇交易市场的排名由2004年的第29位上升至2019年的第8位（见图4-2），在亚洲地区已经稳居第2位，已形成打破单一美元网络结构，产生新网络节点的重要力量。

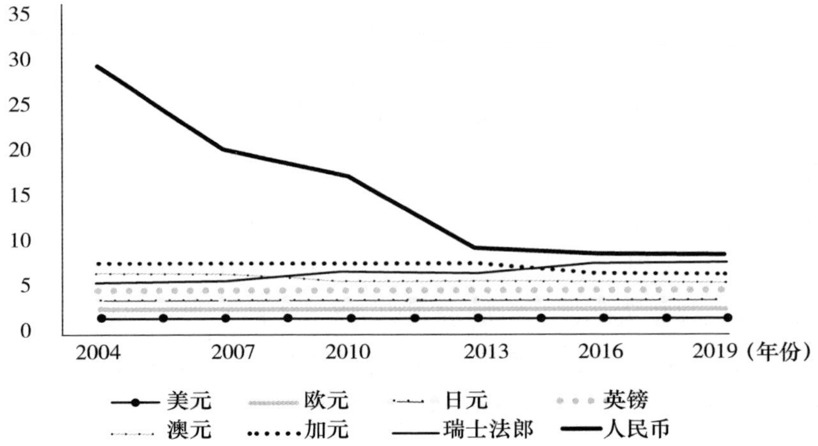

图4-2 外汇交易市场币种排名情况

资料来源：BIS。

二 国际贸易结算中人民币份额及地位

国际贸易中货币结算占比越高，意味着货币在贸易中就越被承认，则货币在全球范围内的影响力就越高。跨境贸易中人民币结算规模在2015年达到高峰值，约为1.1万亿美元，在全球跨境贸易结算规模占比也达到了3.29%，但自此开始下降，至2017年人民币结算规模只有6600亿美元，缩水四成左右，在全球跨境贸易结算规模占比也下降到了1.85%，但从2018年开始，借助“一带一路”建设的顺利实施，人民币跨境贸易结算规模开始展现出回升的良好势头（见图4-3）。

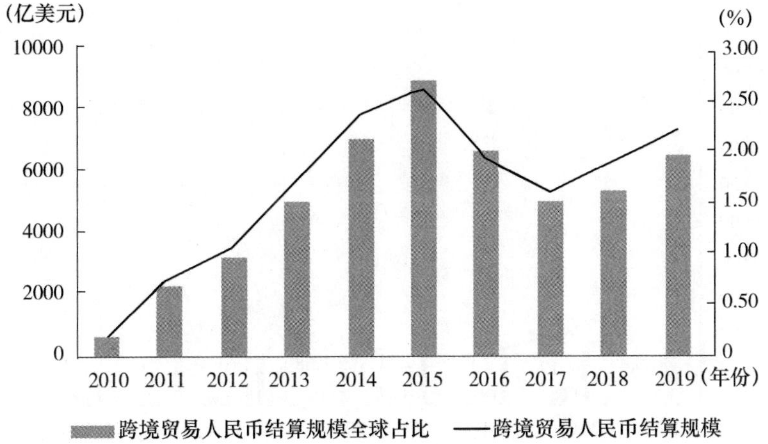

图 4－3　跨境贸易人民币结算规模及全球占比

资料来源：Wind 资讯。

第三节　人民币支付手段职能评估

一　国际支付中人民币份额及地位

支付手段是交易媒介职能的自然延伸，在国际贸易领域体现为结算货币，在国际金融市场中体现为发行货币，因此支付手段直接体现了一国货币在国际市场的活跃程度。近年来人民币在国际支付市场的份额逐渐上升，由 2012 年的 0.57% 上升至 2019 年的 1.94%（见图 4－4），但和国际主要货币美元、欧元、英镑还有相当大的差距。从国际支付市场的排名上来看，人民币的地位有较大幅度提升，从 2012 年的 14 名上升到 2019 年的第 6 名（见图 4－5），整体来看与日元、加元处于同一梯队。

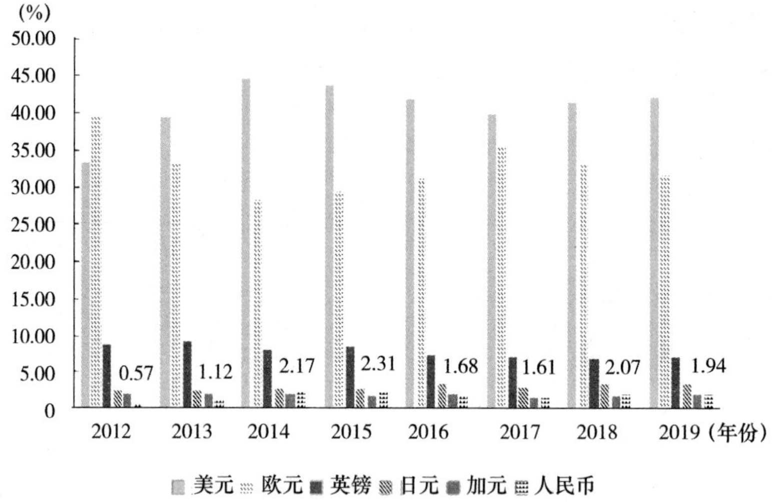

图 4-4 国际支付市场份额

资料来源：SWIFT。

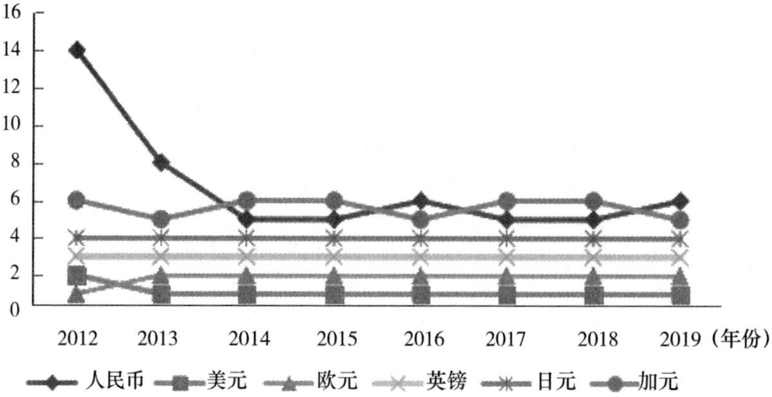

图 4-5 国际支付全球排名

资料来源：SWIFT。

二 全球对外信贷中人民币份额及地位

当今世界国际金融市场的交易额远远超过国际贸易的交易额，因此考察国际金融市场的货币支付更具典型性。全球对外信贷资产额中，美元和欧元始终保持较高水平，远远高于其他货币，2019 年第四季度人民币对外信贷 2220.3 亿美元，目前还低于日元、英镑、瑞士法郎（见图4－6）。尽管人民币对外信贷资产在全球占比仅为1%（见图4－7），但按货币排名来看这一指标的排名已经位于第6。

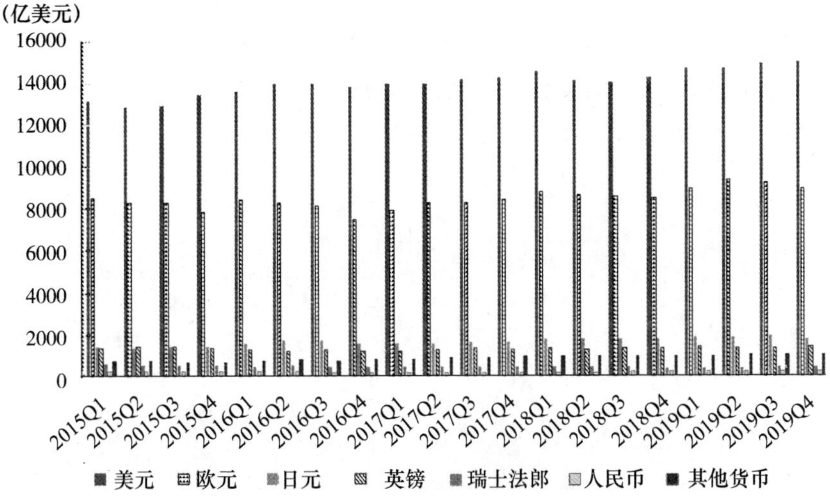

图4－6　全球对外信贷主要货币资产额

注：人民币对外信贷数据为中国人民银行公布的对外人民币贷款＋香港金融管理局公布的香港人民币存款数。

资料来源：BIS、中国人民银行、香港金融管理局。

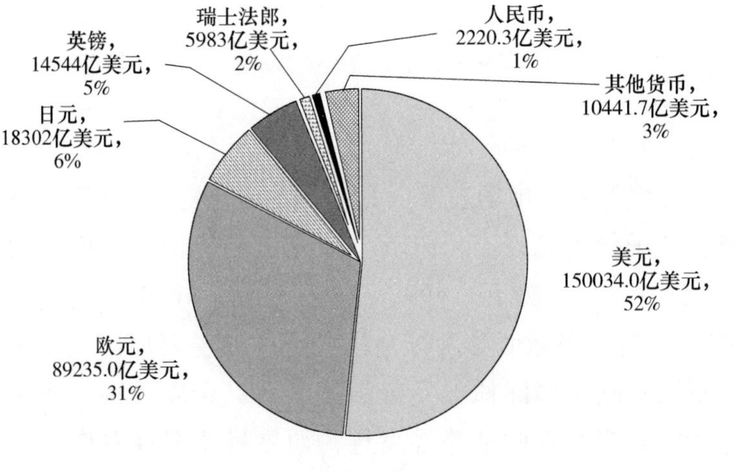

图4－7　2019Q4 全球对外信贷份额及占比

资料来源：BIS、中国人民银行、香港金融管理局。

三 国际债券和票据中人民币份额及地位

债券是标准化的产品，相比信贷更容易被投资者接受，因而国际债券市场规模更能反映一国货币的国际化程度。就余额而言，2020年第一季度人民币国际债券余额为1009.96亿美元，在全球占比仅为0.40%，目前排名第9（见图4-8）。

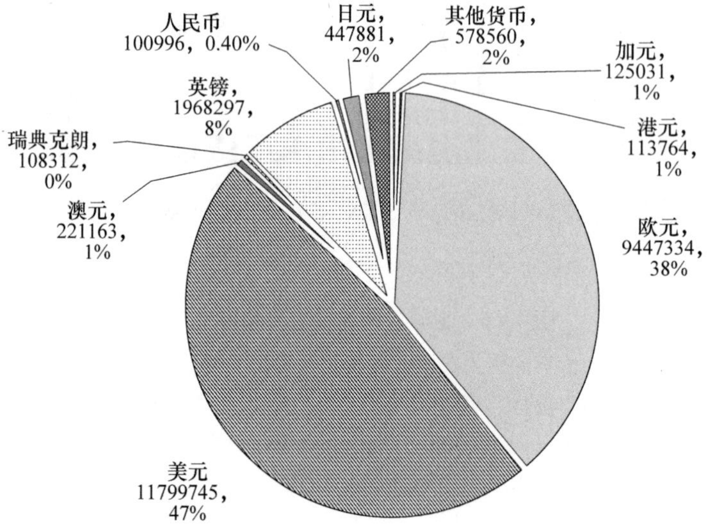

图4-8 2020年第一季度全球国际债券余额（单位：百万美元）

资料来源：BIS。

从国际债券发行市场来看，美元、欧元、英镑属于第一梯队，季度发行额在千亿美元以上，2015年以来三种货币的季度平均发行额分别为7314.39亿美元、4998.11亿美元、1606.96亿美元（见图4-9a）。美元国际债券发行额排名第一的主要原因是，美元是国际中心货币；欧元国际债券发行额排名第二主要是因为，使用欧元的主权国家较多且在欧洲跨境发行，如果将欧元区看作一个整体其国际债券的规模将下降；英镑国际债券发行较高的原因是，伦敦是仅次于纽约的国际金融中心。人民币国际债券的发行量处于第二梯队，

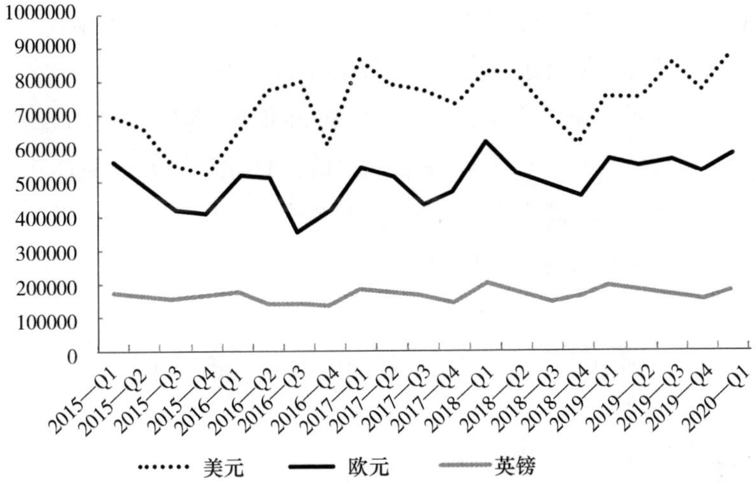

图 4－9a 美元、欧元、英镑国际债券发行额 单位：百万美元

资料来源：BIS。

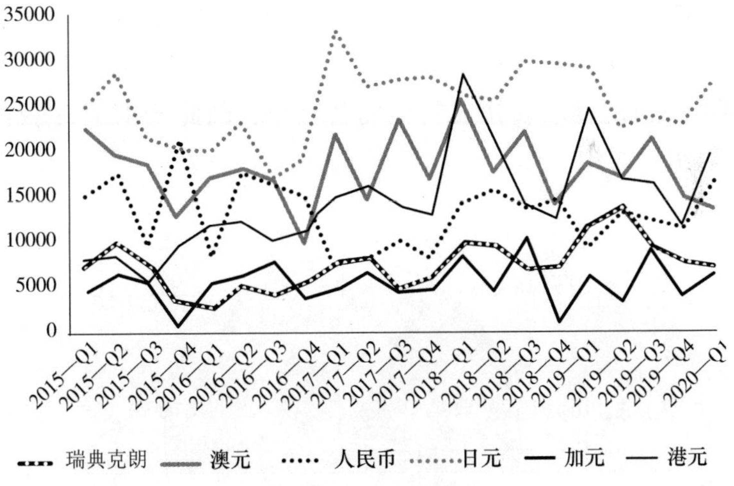

图 4－9b 其他货币国际债券发行额 单位：百万美元

资料来源：BIS。

即季度平均发行额在千亿美元以下。目前人民币国际债券发行与第一梯队还存在比较大的差距，其原因包括两个方面：其一，国际市场对国内发行主体认识度不足，导致人民币离岸债券的发行规模不大；其二，熊猫债方面，尽管境外主体存在较强的发行意愿，但国内债券市场的一些规则与国际不接轨，一定程度上影响了熊猫债的发行。然而在第二梯队内部，2015 年以来人民币国际债券的季度平均发行额为 130.32 亿美元，与港币处于同一水平，低于日元和澳元（见图 4 - 9b）。随着伦敦成为最大的离岸人民币中心以及国内债券市场的进一步开放，人民币国际债券市场的发行规模有望进一步扩大。

第四节 人民币储备职能评估

一 人民币的 SDR 份额

2016 年 10 月，人民币正式纳入特别货币提款权（SDR）且初始权重达到了 10.92%（见图 4 - 10），一举成为 SDR 中第三大储备货币，这意味着人民币的国际地位越来越受到国际关注，成为人民币国际化道路上的重要里程碑事件。虽然人民币在 SDR 中的份额达到第三的位置，但更多是象征意义。因为 SDR 只是记账单位，在真正动用 SDR 额度时需要转换成其他储备货币，因此 SDR 在主权国家之间的结算很少应用。

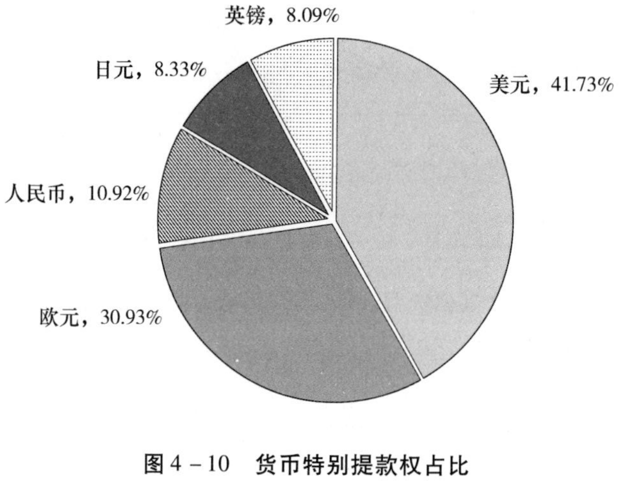

图 4 - 10 货币特别提款权占比

资料来源：IMF。

二　人民币在各国官方储备中的份额

虽然人民币在SDR中的份额达到第三的位置，但在货币的官方储备方面仍然处于较落后的地位。货币的官方储备主要反映了官方政府对该种货币的认可度，认可度越高，官方愿意持有的该种货币也越多。2019年第四季度，人民币被全球货币当局持有的储备份额仅占2.02%，远低于美元的62.59%、欧元的21.12%、英镑的4.75%、日元的5.86%，已经超过澳元和加元，处于第五的位置（见图4－11）。一般而言，一国货币的国际化进程遵循贸易结算货币到投资货币再到储备货币的进程，但人民币作为储备货币的排名甚至高于其作为投资货币的排名，这一方面反映了国际社会持有人民币作为储备货币的意愿，另一方面反映了债券市场的开放度不够。

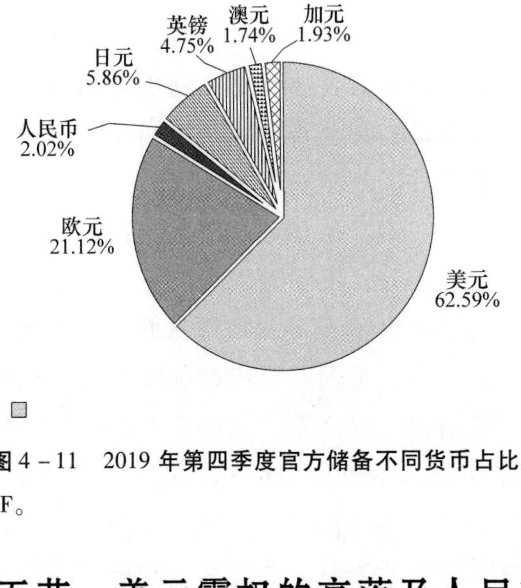

图4－11　2019年第四季度官方储备不同货币占比

资料来源：IMF。

第五节　美元霸权的衰落及人民币国际化的机会窗口

美元是当今世界的关键货币，位于国际货币体系的顶端；人民币的国际地位近些年随着中国经济发展和金融体系完善有了大幅提升，但根据上文国际货币能级特征的分析，人民币实际上依然处于第三层次。本节指出国际货币的能级结构的变迁并非渐进式的，货币权力结构的坍塌可能是突变的，结合新特里芬难题阐明美元霸权衰落的原因，分析人民币国际化的新机遇。

一 美元是如何享有“货币特权”的

二战后召开的布雷顿森林会议确立了美元与黄金以固定比率挂钩、其他国家货币与美元挂钩的新国际货币制度。至此，美元确立了国际货币的主导地位，也获得了国际主导货币的特权。对此戴高乐将军不无担忧地表示：“许多国家原则上接受美元和黄金同等重要的地位，这意味着美国可以自由地发行外债以弥补美国国际收支中的赤字。事实上，当美国有负债时，他们可以发行美元来无风险或无损失地进行偿还，至少是部分偿还，而不是支付具有真实价值的黄金，也不需要像支付黄金一般为获取黄金而付出努力。这也意味着美国所拥有的这种单边便利表明美元不是一种公正的国际兑付手段，因为其本质上是一个国家发放信贷的手段。”① 这一特权本身面临着不可调和的内在矛盾，这一矛盾被特里芬（1960）所洞见。即美国以外的成员国必须依靠美国国际收支持续保持逆差，不断输入美元来增加它们的国际清偿能力（即国际储备），这势必会危及美元信用从而动摇美元作为最主要国际储备资产的地位；反之，美国若要维持国际收支平衡稳定美元，则其他成员国国际储备增长又成问题，从而会发生国际清偿能力不足进而影响到国际贸易与经济的增长。这一矛盾本身也制约着美国“货币特权”的发挥。例如，在20世纪60年代，美国采取了扩张性的货币政策，导致美国通胀率不断攀升，面对日本和德国在战后的兴起，美国的出口又失去了价格竞争力；然而布雷顿森林体系的固定汇率安排，

---

① 翻译自 P. Gourinchas et al. , The International Monetary and Financial System, NBER Working Paper 25782. 法语原版参见 https://fresques. ina. fr/de－gaulle/_ chemedia/Gaulle00105/conference－de－presse－du－4－fevrier－1965. html.

却使得美国无法利用汇率机制来调整国际经济关系。摆脱美元与其他国家货币之间的固定汇率安排，也就成了美国为获得更大货币强权的另一必要选择。1971 年尼克松政府宣布关闭“黄金窗口”，拒绝国外美元储备与美国黄金储备之间的可兑换性。

而随着美元与黄金脱钩，美元不再像过去那样拥有稳定的价值。对此，美国通过与当时世界第一大石油出口国沙特阿拉伯签订了一系列协议，让其同意继续将美元作为出口石油唯一的计价货币，随后欧派克其他成员国也不得不接受这样的规定。从而美元与石油“挂钩”成为国际的共识，由于结算货币与计价货币保持一致可以避免汇率波动，任何需要“工业的血液”——石油的国家，都不得不将美元作为储备。这一方面使得美国甚至可以通过其国内的货币政策来操纵国际油价，另一方面即使美元出现汇率波动也不可能发生突然的崩溃从而保证了其货币的稳定性。总之，石油美元机制的本质在于在布雷顿森林体系崩溃以后，美国通过美元垄断石油等大宗商品的交易媒介地位来维系与巩固美元的“货币特权”。

国际货币基金组织成员国召开了 1976 年的牙买加会议，确立了所谓的牙买加体系。牙买加体系实现了浮动汇率的合法化、黄金非货币化，还主张以特别提款权作为主要储备资产等。尽管牙买加体系允许各国选择浮动汇率，但更多的国家（尤其是亚洲国家）采取了钉住美元的汇率机制，试图让美元发挥国内反通胀或货币稳定的名义锚功能。牙买加体系下美元不再与黄金挂钩，使得美元发行不再有约束机制美国的货币强权得到了进一步增加，美国的“汇率武器”在处理国际关系时，便有了随美国之心而发挥的更大空间和余地。

作为主要储备货币的发行国和全球流动性的提供者，美国的外部资产负债表表现出非常具体的特征，Gourinchas 和 Rey（2007）及 Gourinchas 和 Rey（2014）对此进行了详细描述。第一，跨境头寸总额庞大，反映出美元在国际投资组合和国际交易中的重要作用。第二，美国在风险证券上持有多头头寸，以外国直接投资和股票的形式在海外投资。美国在安全资产上持有空头头寸，即发行大量债券，尤其是美国国债；这些债券被世界其他地区作为“安全资产”持有，以满足它们的外汇储备需求，一方面用以应对危机，另一方面用以钉住美元汇率。由于“持有风险资产、负债安全债券”，美国实际上扮演着世界银行家的角色。第三，美国几乎所有的外债都以美元计价，而它的大部分（约三分之二）外部资产以外币计价。这就可以使得美国应用“汇率武器”获取估值效应，在其他条件不变的情况下，美元贬值会增加美国外部资产的价值，而其负债的美元价值则保持不变。自2005年人民币汇改以来，美元就一直享有这种估值效应。

对于亚洲而言，由于数十年来美国在世界产业链中长期占据顶端位置，不论是20世纪90年代以前以日本为中心的亚洲产业链，还是2000年后以中国为核心的亚洲产业链，亚洲国家的出口在长期以来一直高度依赖美国市场。其后果就是在“原罪”论（脆弱的国内金融市场无法对冲外汇风险）及“美德冲突”论（高储蓄率的国家往往具有经常项目顺差）的双重影响下，亚洲国家（尤其是东亚国家）积累了大量的美元外汇储备，从而成为美元资产的最大持有者。在亚洲金融危机后，亚洲国家对于亚洲美元的态度开始逐渐进退两难，在美元本位之下，拥有巨量美元外汇储备的亚洲债权国不得不与美元保持一定联系；但在资本项目逐渐开放的条件下，对美元过度的依赖则意味着货币当局将会逐渐失去货币政策的独立性，从而陷入资本项目开放、货币政策独立性、汇率稳定的“三元悖论”难题，最终甚至丧失对国内经济的调控能力。尽管亚洲国家也曾为减少对美元的过度依赖，试图通过诸如发行亚洲债券基金、发展区域债券市场、达成《清迈倡议》共识、建立“储备池”等方式加强亚洲区域内的货币合作，但由于亚洲国家间的政治问题及在亚洲区域内缺乏可靠的“锚”货币以供区域内国家钉住，没有改变大部分亚洲国家或“软”或“硬”地钉住美元的局面，从而并未改变美元在亚洲货币格局中的主导地位。

尽管钉住美元的汇率机制有利于发挥反通胀和稳定锚的作用，但钉住汇率不能随经济基本面进行及时调整，这就给大规模国际资本流动的冲击留下了空间。在国际资本的冲击下，钉住汇率不仅没有守住，新兴市场国家的外汇储备也很快耗尽，最终演变成一次次货币危机。自 1997 年亚洲金融危机以来，世界其他地区（尤其是亚洲地区）吸取了危机中的教训，其持有的外汇储备远远高于拇指规则的要求，其目的就在于拥有充足弹药库以防范危机。这就表现为美国净安全负债（其他国家对美国国债有特殊需求）的增长（见图 4－12）。另一方面，金融自由化已使美国能够投资于海外直接投资和证券投资股票，2000 年后美国信息技术革命的成功，并依托全球化以及贸易服务化，美国又在产业链顶端收割了不菲利润。美国作为世界银行家，它赚取中介利润的形式是其资产相对于负债的超额回报。我们称这种超额回报为过度特权。据 Gourinchas 等（2019）估计，在 1952 年至 2016 年，这一过度特权的收益按实际值计算约为 2%，这使得美国平均拥有更高的外部赤字。

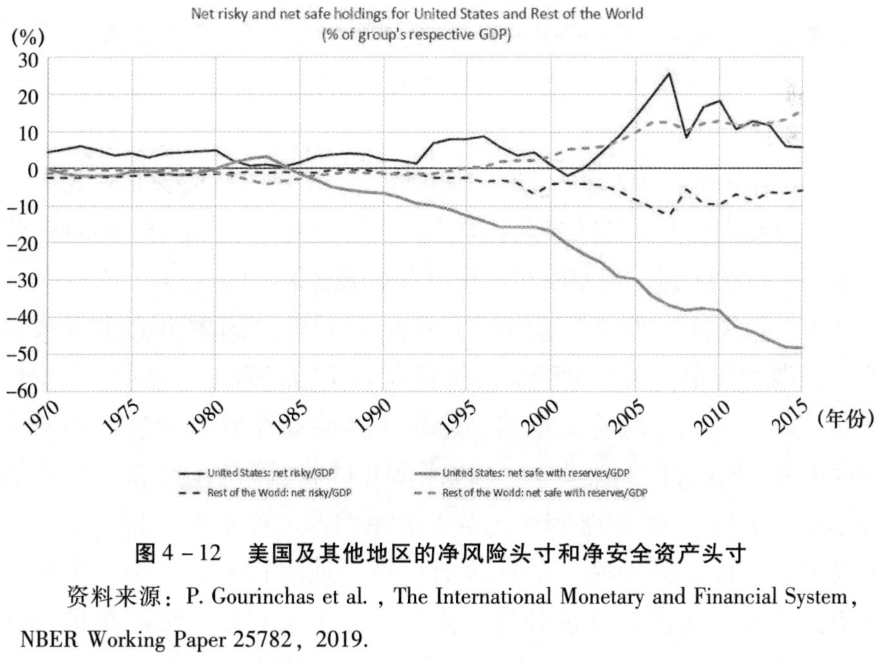

图 4－12　美国及其他地区的净风险头寸和净安全资产头寸

资料来源：P. Gourinchas et al.，The International Monetary and Financial System，NBER Working Paper 25782，2019.

二 新特里芬难题及美元霸权的衰落

特里芬难题的困境在于：世界其他地区持有的美元流动性需求终将超过美联储的黄金储备。在牙买加体系下美元不再与黄金挂钩，那么是否就不存在特里芬难题了呢？Despres、Kindleberger 和 Salant（1966）认为本身就不存在“特里芬难题”，即美国作为金融中介的角色在这个世界上，美国市场比欧洲更有广度和流动性。他们认为，美国的国际收支赤字并没有什么不祥之处，因为这反映了“世界银行家”向美国其他地区发放长期贷款和发放短期贷款的活动，就像纽约的银行向美国其他地区发放贷款一样。他们排除了美元遭到抛售的可能性，认为这纯粹反映了一些央行官员和学院派经济学家的紧张情绪。

Portes（2012）和 Bordo 和 McCauley（2018）指出，“特里芬难题”的根本在于，国外所持有巨大的美元流动负债储备与外国投资者可能对美元丧失信心的矛盾，这种信心的丧失可能来源于政策、市场情绪或基本面（例如霸权国家在世界经济的相对大小）。这就是新“特里芬难题”与旧“特里芬难题”没有丧失相关性的原因，即使在缺乏正式锚的国际货币体系中也是如此。

美国作为世界银行家，图 4－12 那张外部资产负债表是否还能玩得转？美元霸权还能持续多久？我们认为至少有三个原因表明图 4－12 面临不可持续问题，美元已经表现出衰落的迹象。

第一，要使得美国外部资产负债表可持续，则资产端的收益要超过负债端的成本。美国资产端的投资以 FDI 形式为主，然而全球 FDI 收益率表现为收敛趋势。危机前全球 FDI 收益率达到峰值，相对于 1990 年有显著增长，但 2016 年以来 FDI 的收益率稳定在 6.5% 左右（见表 4－2）。导致全球 FDI 收益率递减的原因是：一方面，全球价值链参与度已达到顶峰，全球价值链增长放缓；另一方面，全球化导致资本和劳动力收益再分配，使得民粹主义崛起。美国负债端的利率尽管一直在下降，但目前近乎零利率，已无下降空间。

表 4-2　　　　**全球 FDI 存量和收益率**　　　　单位：亿美元,%

	1990 年	2005—2007 年（危机前平均值）	2016 年	2017 年	2018 年
内向 FDI 收益率	5.3	8.6	6.8	6.8	6.8
外向 FDI 收益率	8.0	9.6	6.1	6.3	6.4

注：FDI 收益率的计算只针对同时有 FDI 收入和存量的国家，2018 年有 165 个国家有内向 FDI 数据，144 个国家有外向 FDI 数据。

资料来源：贸发会议《世界投资报告 2019》。

第二，美国要兑付负债面的安全证券，除了依靠资产端的存量和收益外，还可依靠国内的财政收入。自牙买加体系建立后美国财政一直处于赤字状态，这实际上反映了世界其他国家对国际中心货币的需求。克林顿政府时期美国的财政还有些许盈余，此后出现了大幅度的下降（见图 4-13 上图），这其中既有外围世界流动性需求的因素，也有美国财政自身不可持续的问题。从美国财政的支出结构来看，法定支出约占总支出的三分之二，而法定支出中的社会保障支出和医疗保险支出一直呈趋势性增长，这与美国整个社会的老龄化较大关系（见图 4-13 下图[①]）。这说明美国以自身财力支撑美元国债兑付存在不可持续风险。

第三，美国这张外部资产负债表能否安全运转，还取决于负债持有人的信心，也即是否会出现类似银行挤兑（bank runs）的现象，我们认为目前存在对美元失去信心的苗头。受 1997 年金融危机影响，全球经济体为预防国际汇率变动对国内经济产生负面冲击，纷纷加大对外汇储备的持有，其后果是自 1997 年后全球外汇储备总量大幅增长，从 1999 年的 17817 亿美元上升至 2020 年的 118295 亿美元，全球外汇储备占 GDP 的百分比也从 1999 年的 5.48% 上升至 2018 年的 13.31%。在全球上升的外汇储备总额币种分布上，美元尽管占据

① 图 4-13 下图给出了美国法定支出中的社会保障支出、医疗保险支出和收入保障支出情况，作为对比，前两者呈趋势性增长，后者有所回落。

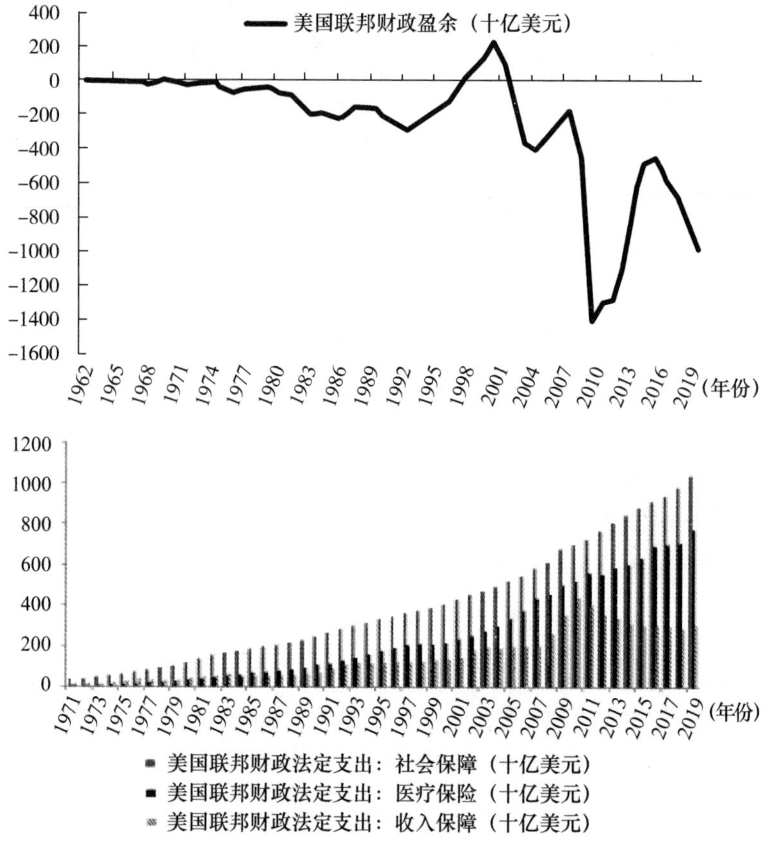

图 4－13 美国财政赤字以财政法定支出的主要项目

资料来源：Wind 资讯。

着核心地位，但东南亚金融风暴过后出现了一定程度的下降，从趋势上来看美元在外汇储备中占比份额由 1999 年的 71% 下降到 2019 年的 62%（见图 4－14）。一个值得注意的现象是，2008 年国际金融危机后储备货币多元化的苗头出现，加元和澳元于 2011 年在全球储备份额中的比例达到 1%，人民币于 2016 年达到 1%（见图 4－14），这反映了各国对单一国际货币内在不稳定性的担忧。另一个值得注意的现象是，除图例中的 8 种货币，世界其他货币在官方储备中的份额并没有显著增加，这反映了国际货币格局正向着多节点的小世界网络方向迈进，尽管力量很微弱，却是星星之火。

美元衰落给国际货币体系的倒丁字形金字塔结构的冲击可能是非线性的。这是因为倒丁字形一旦塌陷在短时期内难以形成稳定结构，可能表现为沙盘状的零星联系。以亚洲为例，亚洲地区的繁荣，除了因为在贸易方面满足美国需求、汇率方面钉住美元外，更重要的是美国提供了地区安全的保障。然而经过40多年的改革开放，中国的经济和技术能力成倍增长，中国在亚洲地区的影响力也逐渐壮大，如果美元出现坍塌，亚洲国家将不得不面对选边站的格局。欧洲方面，英国脱欧已经助长了欧盟其他国家的疑欧情绪、贸易保护主义盛行，并使得民粹主义政党发展壮大；在新冠肺炎疫情影响下，欧洲脆弱的公共医疗卫生体系叠加旧有的老龄化问题，使得债务负担不均衡与统一货币的矛盾更加凸显。如果欧元坍塌，那么全球储备中20%左右的份额由什么货币来填满？这至少为人民币留下了广阔空间。

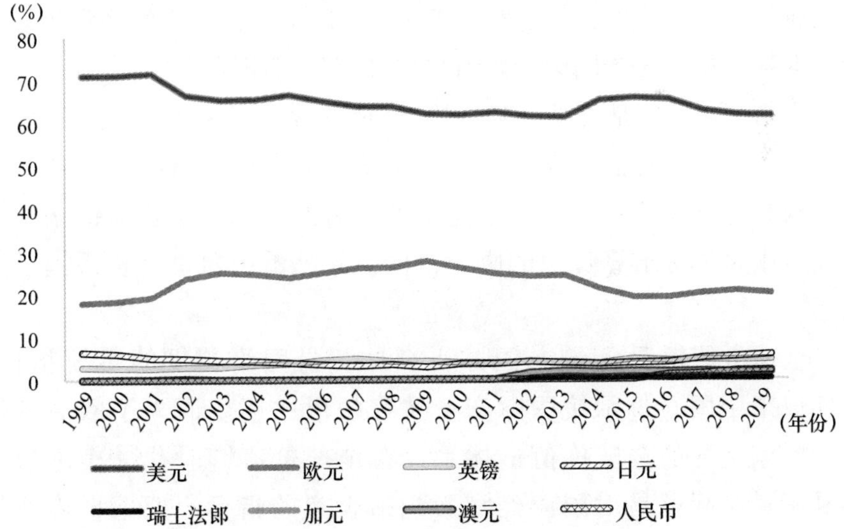

图4－14　全球官方储备币种分布情况

资料来源：BIS。

三 人民币国际化的机会窗口

任何一种货币的崛起离不开其经济实力的强大，2018 年中国 GDP 占全球的份额达到 15.8%，美国的占比为 23.9%，尽管两者还存在一定差距，但中国对全球 GDP 的贡献率远远超过美国，如果按购买力平价计算，两者差距更大。一国货币之所以成为国际货币，无疑是在国际贸易中发挥了媒介、结算、记账单位等基本职能，从这个角度讲，贸易大国是货币国际化的必要条件。从具体数据来看，Eichengreen（2005）研究表明，英镑之所以能够在 19 世纪成为全球主导的储备货币，根本原因就在于英国当时主导全球的贸易体系。从具体数据来看，2019 年中国出口占全球的比例达到 13.23%，美国占比为 8.81%，2007 年中国的出口份额已经超过美国（见图 4－15 上图）；进口方面，2019 年中国进口占全球比例为 10.80%，美国为 13.35%（见图 4－15 下图），中国与美国依然存在一定差距，这与美国作为货币中心国需要输入商品满足世界其他地区美元流动性的需求有关。从经济和贸易总量上来看，人民币登上国际舞台已展现出明显的机会窗口。

这一机会窗口是否具有坚实的结构性基础？这也涉及人民币国际化的路径问题。我们从全球产业链角度切入。后疫情时代全球产业链重构成为必然趋势，人民币完全可以借助区域产业贸易链条踏实人民币作为贸易结算货币的脚印，也为人民币迈向投资货币提供了机遇。

全球价值链是衡量一国嵌入全球贸易网络程度的重要指标，长期以来中国通过承接国际产业转移的形式逐步嵌入了欧美日等发达国家主导的全球价值链体系。在全球价值链时代，净进口不再是衡量国际贸易对国内经济影响最合意的指标。根据世界贸易组织的新会计方法，可以将生产活动分解为纯国内生产、传统贸易、简单和复杂的全球价值链活动，如图 4－16。根据生产活动是否涉及两个或多个国家之间的生产共享，可以将生产活动分为 4 大类。第一类是国内生产的增加值，由国内最终需求吸收，不涉

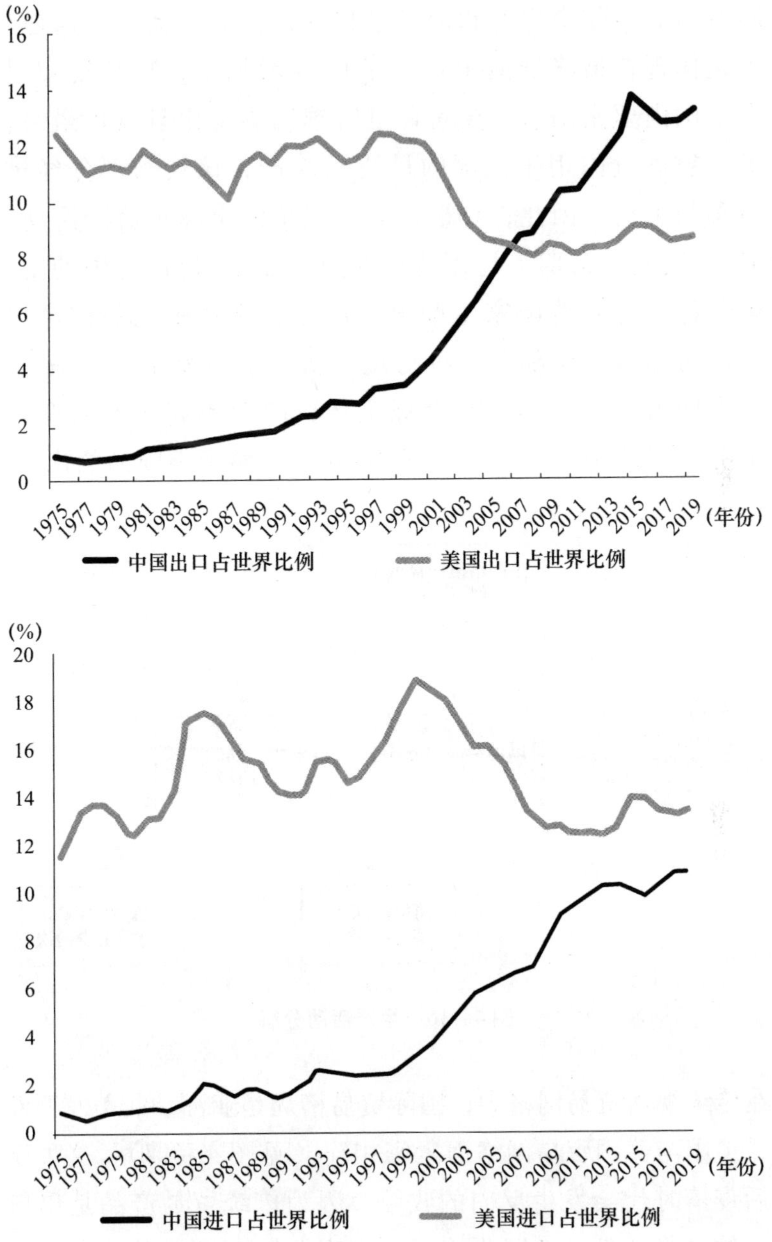

图4－15　中美两国在全球贸易中的份额

资料来源：Wind 资讯。

及国际贸易。在整个生产和消费过程中，没有任何要素跨越国界。第二类是体现在最终产品出口中的国内增加值，即传统贸易，产品完全由国内要素制造，要素含量跨越国界一次且仅供最终消费。第三类是被进口国用于该国的最终品生产，该要素部分经过跨境一次后参与生产。因此，它被称为“简单的全球价值链活动”，即简单 GVC 嵌入。第四类是体现在中间产品出口/进口中的附加值，由一个伙伴国为其他国家生产出口产品，这些中间品被进口国用于生产后再出口，该部分至少跨境 2 次，也叫复杂 GVC 嵌入。前两类只在国内生产而不参与全球生产，因而不属于嵌入全球价值链的部分。后两类是嵌入 GVC 的部分，都属于中间品的出口。

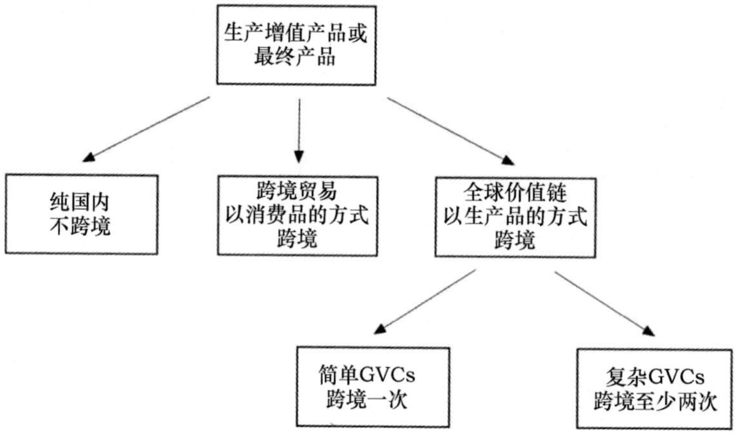

图 4 - 16 生产活动分解

在传统视角贸易网格中，国际贸易格局是亚洲、北美及西欧借助中国、美国与德国贸易网络而紧密相连（见图 4 - 17），这种密切联系在后疫情时代会发生反向的收缩。因为传统贸易产品是出口国直接生产的最终产品，各国收缩不存在产业链断裂风险，在民粹主义思潮的影响下政府干预可能导致收缩。我们预估这种收缩发生的步伐不会很快，毕竟跨国企业还要基于比较优势考虑成本问题。

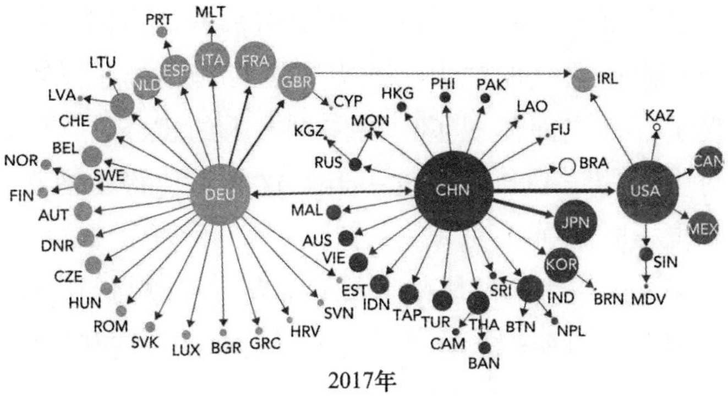

2017年

图 4 – 17　传统的贸易网络

资料来源：世界银行。

从全球价值产业链视角来看，全球网络并非如此紧密，而是以德国、中国、美国为世界三极形成的全球价值产业链网络。贸易在区域贸易伙伴之间十分集中，但区域中心之间则并没有重要的直接联系。从图 4 – 18 来看，全球产业链生产区域化趋势明显，因为产业链断裂存在风险，因此“中心国家 + 周边发展中国家”将可能会是未

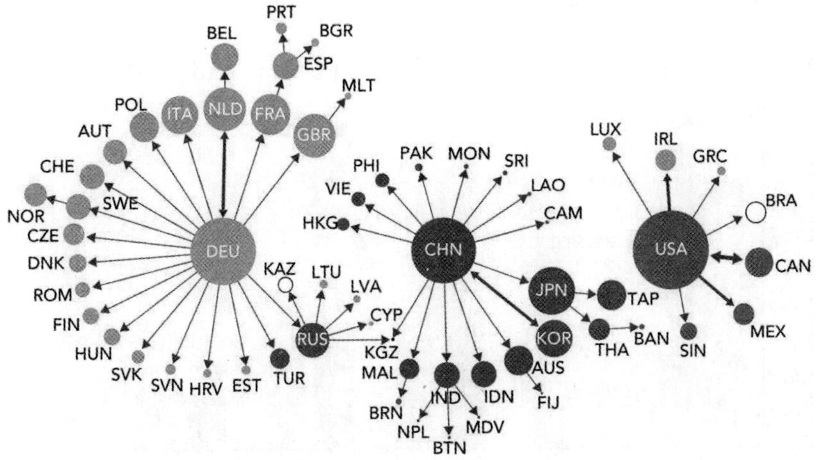

2017年

图 4 – 18　复杂 GVC 网络

资料来源：世界银行。

来全球产业链发展的新模式。从疫情影响来看，中国产业链的抗冲击能力很强，而产业链的强大，使得中国可以腾出手来为亚洲其他国家予以援手，一方面体现了中国作为大国的担当，另一方面也让众多国家对中国的信心与好感度上升。这终将使得中国在亚洲产业链的中心地位不断增强。

一般而言，区域生产网络的经济一体化程度越高，区域内的全球价值链活动越高。图4－19给出了亚洲制造业区域内和区域间全球价

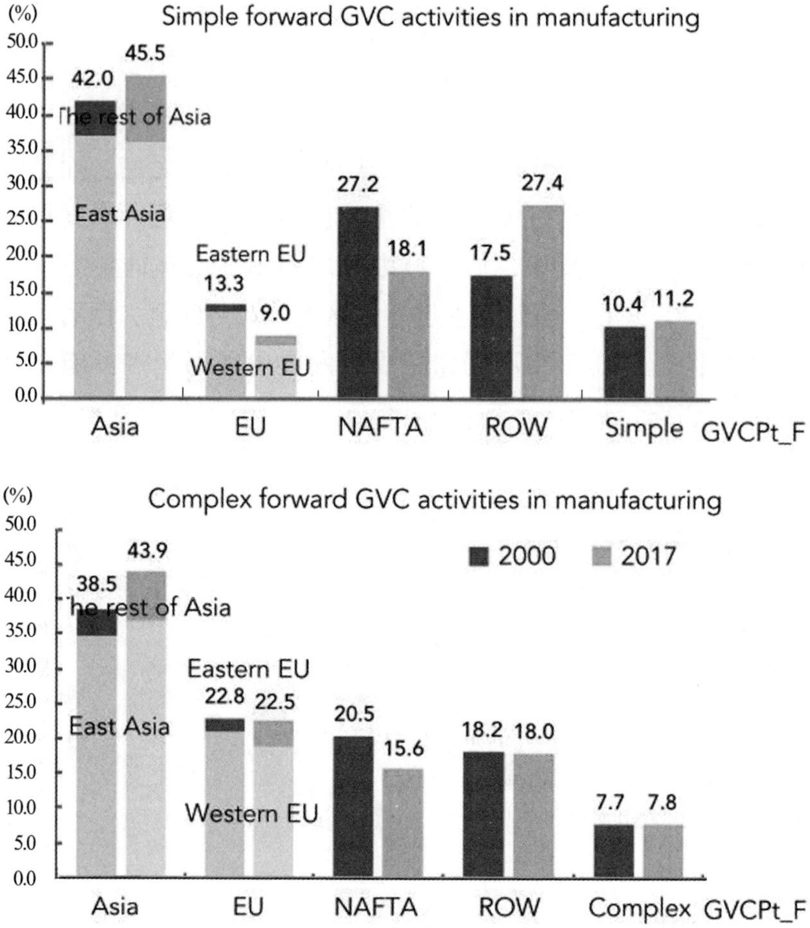

图4－19 亚洲制造业区域内和区域间全球价值链参与活动的份额

资料来源：世界银行。

值链参与度的情况，国际金融危机后亚洲区域内经济的紧密度正不断上升，简单价值链区域参与度所占份额从2000年的42%上升到2017年的45.5%，复杂价值链区域参与度从38.5%上升到43.9%，生产区域化集中现象显著，而这个区域的中心就是中国。

对于人民币而言，人民币国际化是从结算货币到投资货币和储备货币过渡的渐进过程，其发展战略也将是从货币周边化到货币区域化最终到货币全球化。在全球价值产业链重构的趋势下，生产区域化会不断加强，而中国作为亚洲价值产业链的中心将迎来新的机遇，人民币国际化也将迎来机会窗口。未来通过“一带一路”倡议，建立健全以中国为核心的亚洲贸易网络，将会增加以人民币作为“一带一路”沿线国家间贸易结算货币的份额，使得人民币完成从周边化向货币区域化的发展过渡，踏实人民币作为国际贸易结算货币的脚印。并借助增加对“一带一路”沿线国家的互助投资，提升人民币作为区域货币的投资回报水平，促进人民币由结算货币向投资货币迈进。

总体而言，人民币借助以中国为核心的世界范围内（特别是亚洲区域内）价值链的发展，逐渐加大了跨境贸易和直接投资中人民币结算的份额，建立了香港离岸人民币金融中心以扩大人民币在国际投资领域的影响力，通过与多国央行签订双边货币互换以降低人民币在国际市场的汇率波动，提升了人民币的币值稳定。对于人民币的未来发展，从前面所分析的美元霸权的确立过程看来，大致可以在以下几个方面发力：第一，拓展人民币作为计价货币的功能，通过大力发展人民币在全球或区域性大宗商品交易中的定价功能，以提升人民币在国际贸易中的货币地位；第二，完善并扩大本国金融市场，为国外机构投资者提供更优质、更全面、更充足的人民币金融资产，以提升人民币在国际投资领域内的吸引力；第三，未来通过“一带一路”倡议，建立健全以中国为核心的亚洲贸易网络，寻找区域内国家对人民币的真实需求，以发掘人民币在亚洲区域内作为“锚”货币的潜力。

总之，人民币国际化的机会窗口正悄然来临！

四 国际收支新格局视角下人民币国际化的路径

改革开放以来，我国国际收支格局经历了三个阶段：1978—2000年为第一阶段，是由政府主导的管理平衡阶段；2001—2014年为第二阶段，是由返销式直接投资主导的非均衡扩张阶段，这一阶段的特点是外商直接投资的增加带动贸易出口增加，形成了“双顺差模式”；2015—2019年为第三阶段，是由市场主导的再平衡阶段，这一阶段的特点是经常项顺差收窄，并伴随着非储备金融账户的双向波动。

国际收支格局的演变是整个宏观经济的对外表现，有深刻的内在根源：改革开放初期，农村剩余劳动力大量释放，为劳动密集型加工产业奠定了人力基础；加入世贸组织不仅有利于引入外商直接投资，也进一步打开了国际市场；廉价劳动力与丰裕资本的结合造就了“双顺差模式”，实际上也对应着高储蓄高投资的国内模式。然而，随着人口老龄化进程加速以及资本回报率的逐渐下降，旧有的国际收支格局难以为继；加之环境成本提升、中美贸易战等外部因素，探索新的国际收支格局的任务更加迫切。

国际收支格局的转变方向应是“资本与金融项目逆差＋经常项目顺差”，这一方向的确定是与人民币国际化的进程紧密联系在一起的。经过若干年的发展人民币的国际地位已显著提升，目前人民币在全球外汇交易市场的使用排名第八，在国际支付市场的份额排名第六，在全球对外信贷市场的存量排名第六，在特别提款权的份额排名第三，在全球官方储备中排名第五。当前人民币的国际地位为国际收支格局的转变提供了条件，尤其是为对外直接投资提供了条件。结合美元和日元国际化的经验，“马歇尔计划”“黑字还流计划”等主动性政策在促进资本输出和推进货币国际化方面发挥了积极作用。具体措施包括以下内容。首先，可采取鼓励性政策增加国内企业“走出去”的积极性。通过政府营造有利于企业对外投资的外部环境，使得企业主动走出国门，使用人民币对国际企业注资，从而扩大人民币输出。其次，创造有吸引力的人民币贷款条件，增加人民币贷款对国外投资者的吸引力，最大限度地扩大海外市场，鼓励海外主体进行人民币债券融资或股权融资。最后，对他国政府在资金紧张时采取人民币援助政策，将更多人民币注入海外市场，从而扩大人民币在国际市场的交易与流通。

经常项目采取顺差策略的原因是：货物贸易受到“格拉斯曼法则”约束，即贸易双方的计价和结算货币以产品有竞争力一方的货币为基准，由于国外产品整体技术含量较高，因此很难通过逆差方式输出人民币；相反，对外投资以基建、厂房为主，这些投资要想形成资产还可采购国内产品，这就形成了人民币的回流渠道。

未来，国际收支的大格局依然保持“资本与金融项目逆差+经常项目顺差”，但具体的细分项目会发生变化。经常项目下的货物贸易可能转变为逆差，这是由于伴随着我国供给侧改革的推进，我国产品竞争力不断增强（国外产品竞争力相对下降），这使得通过逆差方式输出人民币成为可能；另一方面，经常项目下的投资收益会产生盈余，这是对外投资经营多年的结果。总的来讲，由于投资收益的盈余超过货物贸易的赤字，经常项目整体保持盈余。资本与金融项目下对外直接投资依然保持逆差，但证券项会出现顺差，这是因为随着我国经济实力的进一步提升，国外对我国安全资产（国债、地方政府债、政策性机构债）的需求会显著上升。

第六节 结论性评述

我们将人民币交易媒介、支付手段和储备职能三个方面的考察综合起来，可以大致看出人民币在世界货币中的地位。尽管目前中国的经济总量已经达到世界第二的地位，且与美国差距并不大；但从货币的国际使用来看，只有特别提款权一项人民币与美元、欧元的差距较小，其他货币职能方面依然与美国、日本等发达国家存在差距。在国际支付市场上，美元使用量是人民币的20.08倍，日元是人民币的1.62倍；官方储备方面，全球美元储备是人民币储备的30.99倍，日元是人民币的2.9倍；在国际债券余额方面，美元达到人民币的116.83倍，日元是人民币的4.43倍（见表4－3）。从这一静态比较来看，人民币与美元这一头号国际货币相比差距依然较大，想在短期内追上可能性不大，而相对于亚洲头号国际货币日元差距不算太大（部分指标例如特别提款权份额已经超过日本），因此应将日元作为短期追赶的目标。

表4－3　**人民币国际化各项指标排名及与美元、日元的占比**

指标	中国（人民币）排名（2019年）	美元/人民币（%）		日元/人民币（%）	
		2017年	2019年	2017年	2019年
经济总量	2	158	150	40	37
外汇交易市场	8	10026	2043	409	389
国际支付市场份额	5	2475	2008	184	162
全球对外信贷	6	6861	6757	841	824
全球国际债券余额	9	2196	11683	542	443
国际债券和票据发行额	8	5812	5362	191	167
特别提款权	3	382	382	76	76
货币官方储备	7	4484	3099	345	290

注：经济总量、全球直接投资、人民币国际化指数、国际支付市场份额为2018年数据，货币官方储备为2020年第一季度数据，其余为2019年数据。

本章还讨论了人民币在国际货币网络中能否形成能级跃迁，答案尽管并不肯定，但至少展现出机会窗口。具体理由包括两条。

第一，目前中国GDP在全球排名第二，按购买力平价计算在2018年已经超过美国，强大的经济实力是人民币能级跃迁的基础。一国货币之所以成为国际货币，无疑是在国际贸易中扮演了媒介、结算、记账单位等基本职能，从这个角度讲，贸易大国是货币国际化的必要条件，而目前中国是全球进出口贸易第二大国。因此从经济和贸易总量上来看，人民币完成能级跃迁已展现出明显的机会窗口。

第二，从全球价值链的结构视角来看，后疫情时代全球产业链的结构将可能发生重大变化，中心国家 + 周边发展中国家将可能会是未来全球产业链发展的新模式。从疫情影响来看，中国产业链的抗冲击能力很强，而产业链的强大，使得中国可以腾出手来为亚洲其他国家予以援手，一方面体现了中国作为大国的担当，另一方面也让众多国家对中国的信心与好感度上升。这终将使得中国在亚洲产业链的中心地位不断增强。根据世界银行的一项测算，国际金融危机后亚洲区域内经济的紧密度正不断上升，简单价值链区域参与度所占份额从 2000 年的 42% 上升到 2017 年 45.5%，复杂价值链区域参与度从 38.5% 上升到 43.9%，生产区域化集中现象显著，而这个区域的中心就是中国。

第五章　上海国际金融中心基本建成评估

第四章对人民币国际地位进行了评估，综合交易媒介、支付手段、储备职能三个方面来看，人民币的国际地位大致在第 5—7 位。本章对上海国际金融中心是否基本建成进行评估，结合第三章提出的国际金融中心评价的三大核心要素——市场性、机构集聚地以及国际性展开，不同于第一章和第二章的纵向对比研究，本章侧重于国际金融中心的横向对比研究。

第一节　金融市场建设情况评估

一　股票市场建设情况评估

股票市场方面，我们主要考察股票市值这一指标。表 5－1 展示了 2011 年以来主要国际金融中心的股票市值情况。纽约股票市值一直居于首位，与之后的金融中心不在一个数量级。2011—2013 年纽约股票市值保持在 10 万亿美元以上，2014—2016 年保持在 20 万亿美元以上，2017 年以后达到 30 万亿美元。伦敦作为与纽约齐名的国际金融中心，其股票市值规模与上海、香港、东京等亚洲金融中心基本在同一数量级。就上海而言，2014 年以后上海证券交易所的股票市值超过伦敦，且此后一直保持超越地位；与东京证券交易所相比，上海股票市值差距逐渐缩小，目前基本稳定在一万亿美元左右；新加坡股票市值一直保持在千亿美元，与其他亚洲金融中心不在一个数量级别。

表 5 – 1　　主要国际金融中心股票市值的对比　　单位：十亿美元

年份	纽约	伦敦	东京	上海	香港	新加坡
2011	15640.7	3266.4	3325.4	2357.4	2258.0	598.3
2012	18668.3	3396.5	3478.8	2547.2	2831.9	765.1
2013	24034.9	4429.0	4543.2	2497.0	3100.8	744.4
2014	26330.6	4012.9	4378.0	3932.5	3233.0	752.8
2015	25067.5	3878.8	4894.9	4549.3	3184.9	640.0
2016	27352.2	3496.2	5061.5	4104.0	3193.2	649.5
2017	32120.7	4455.4	6222.8	5089.6	4350.5	787.3
2018	30436.3	3638.0	5296.8	3919.4	3819.2	687.3
2019	36329.9	3828.4	6191.1	5105.8	4899.2	697.3

注：纽约数据包括纽交所和纳斯达克两个市场。

资料来源：世界证券交易所联合会，Wind。

二　债券市场建设情况评估

债券市场方面，我们主要考察债券余额这一规模指标。由于债券交易以场外交易为主，并不局限于某一城市，因此我们以国家（或地区）考察债券市场；尽管这一做法并不完全准确，但也具有代表性，因为一国的债券交易清算服务主要位于该国金融中心。比如美国的 Fedwire 的使用者不论是在哪个联储开户，其大额资金都将通过纽约联储的主处理中心进行，这就使纽约具备了国家清算所的地位。就国内而言，全国银行间同业拆借中心提供市场清算服务并进行监管，而它位于上海。表 5 – 2 展示了 2014 年以来主要国家和地区的债券余额情况，美国债券余额一直居于首位，保持在 30 万亿美元以上，2019 年突破 40 万亿美元。欧元区则是全球第二大债券市场，其债券规模稳定在 20 万亿美元左右。日本的债券规模一直保持在 10 万亿美元以上，中国的债券市场这几年快速成长，2018 年超过日本债券市场规模，2019 年达到 14.7 万亿美元，按国家计，中国已是全球第二大的债券市场。英国的债券市场规模在5万亿至6万亿美元之间。

表5-2 **中国与发达国家（地区）的债券存量** 单位：十亿美元

报告期	美国	欧元区	日本	中国	英国
2014年	34288.53	18518.26	10556.08	5835.35	6169.51
2015年	35323.97	18594.16	10636.86	7752.56	5891.49
2016年	36724.31	18708.80	11246.88	9408.77	5430.03
2017年	37900.55	18685.72	11930.42	11756.97	6030.20
2018年	39454.49	19101.36	12474.23	12906.93	5755.51
2019年	41232.30	19805.96	12824.52	14725.91	6288.30

资料来源：BIS。

三 金融衍生品市场建设情况评估

金融衍生品市场我们首先关注利率和汇率这两个衍生品市场，它们具有信息发现功能，通过远期交易可以引导利率和汇率的价格走势，从而促进原生品市场的发展。

表5-3为近年来按货币划分的全球场外利率衍生品交易额及占比情况：2019年全球场外利率衍生品总交易额为1632.82万亿美元。其中美元与欧元占据了全球场外利率衍生品交易额的74.7%，而人民币利率衍生品的交易额只有8.31万亿美元，占全球利率衍生品的比例仅为0.5%，位列第九位。场外利率衍生品中最主要的品种为利率互换，中国利率互换名义本金总额近几年一直呈上升趋势，尤其是2015年以后有了快速发展，2019年的交易总额达到17.89万亿人民币（见图5-1）。按2019年美元兑人民币中间价年平均换算为2.59万亿美元，占全球人民币利率衍生品市场的31.2%，这说明当前国内利率衍生品市场的活跃程度还远不如离岸市场。

表 5 - 3　　场外利率衍生品交易额及占比　　单位：十亿美元,%

	2010 年		2013 年		2016 年		2019 年	
	数额	占比	数额	占比	数额	占比	数额	占比
全球	515490	100	580075	100	672038	100	1632817	100
美元	164054	31.8	160410	27.7	340507	50.7	821837	50.3
欧元	209304	40.6	284337	49.0	160903	23.9	398404	24.4
英镑	53582	10.4	46827	8.1	59566	8.9	134988	8.3
澳元	9198	1.8	19098	3.3	27084	4.0	100594	6.2
日元	31128	6.0	17390	3.0	20939	3.1	53522	3.3
加元	12115	2.4	7466	1.3	9669	1.4	22715	1.4
瑞典克朗	5077	1.0	9061	1.6	4879	0.7	15287	0.9
新西兰元	936	0.2	1241	0.2	6529	1.0	14048	0.9
人民币	484	0.1	3638	0.6	2557	0.4	8310	0.5

注：原数据为日平均交易额，假定年交易日 251 天进行换算。

资料来源：BIS。

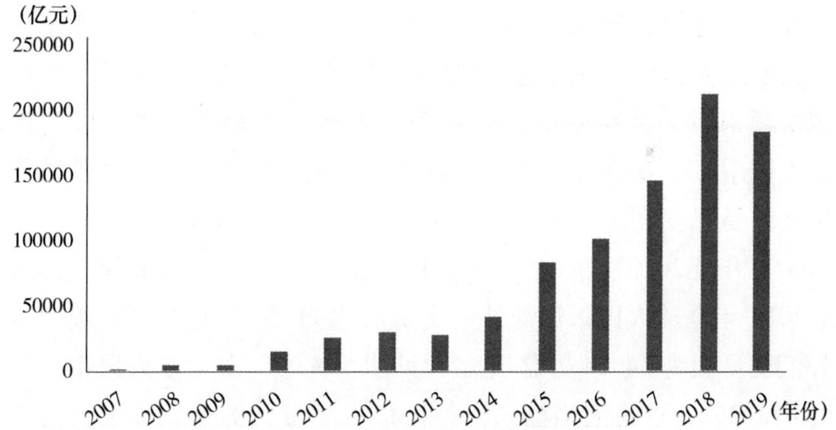

图 5 - 1　中国利率互换名义本金总额

资料来源：Wind 资讯。

场内的利率衍生品主要是长期利率期货，芝加哥商品交易所的长期利率期货在 2018 年达到了 1203506.48 亿美元，是中国金融期货交易所的近 80 倍（中国金融期货交易所仅为 15097.91 亿美元）（见图 5 - 2）。

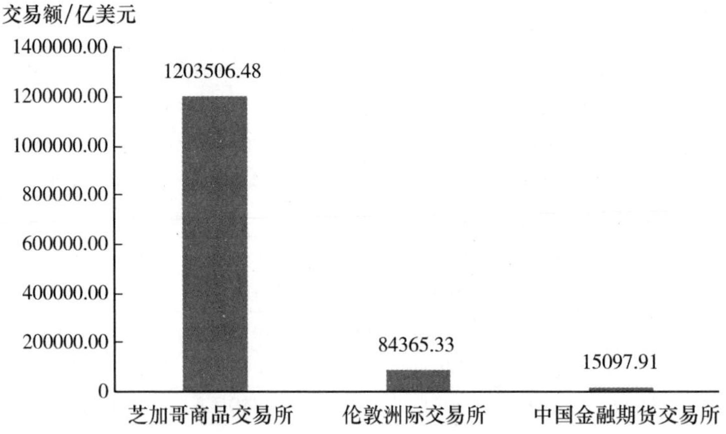

图 5－2 2018 年主要交易所长期利率期货交易额

资料来源：Wind 资讯。

表 5－4 为近年来按品种划分的外汇交易规模情况：2019 年全球场外外汇交易额达到 1655.46 万亿美元，按品种来看外汇掉期是衍生品中交易最大品种，甚至超过即期交易的规模。从人民币外汇交易占全球份额来看，近年来呈上升趋势；尤其是 2015 年“8·11”汇改后，人民币汇率双边波动加剧，对冲外汇风险的需求增加，带动外汇衍生品交易规模明显上升，人民币外汇交易占全球份额由 2013 年的 2.24% 上升至 2019 年的 4.32%，目前在全球外汇交易市场中排名第八。2019 年全球人民币场外外汇交易额达 71.54 万亿美元，境内人民币外汇交易额为 34.14 万亿美元（见图 5－3），占全球人民币外汇交易的 47.72%，这说明当前国内外汇衍生品市场的活跃程度还远不如离岸市场。

无论从利率还是汇率来看境内衍生品市场的活跃度都不如离岸市场，其主要原因是利率和汇率还未完全市场化，利率方面，贷款利率已采用 LPR 报价，但存款利率还未完全放开。汇率定价机制由参考一篮子货币、上一日市场收盘价和逆周期因子三部分决定，也并非完全市场化，因此境内市场主体对冲风险的诉求并不强烈。

表 5－4　　　　　　　　**全球场外外汇年交易额**　　　　　　　　单位：十亿美元、%

	2010 年		2013 年		2016 年		2019 年	
	全球	人民币占比	全球	人民币占比	全球	人民币占比	全球	人民币占比
即期	374041.5	0.55	513585.7	1.66	414739.5	4.09	498847.7	4.88
直接远期	119226.8	3.00	170678.5	4.13	175618.7	4.00	250828.9	3.56
外汇掉期	443067.8	0.39	559134.8	1.79	596954.2	3.62	803869.4	4.27
货币掉期	10759.4	0.15	13559.8	0.94	20619.9	3.19	24840.2	1.58
期权总计	52023.2	2.41	84522.9	5.07	63857.8	7.02	74678.1	4.75
总计	999156.4	0.86	1341481.7	2.24	1271805.6	3.99	1655463.2	4.32

注：原数据为日平均交易额，假定年交易日 251 天进行换算。2019 年货币掉期数据缺失，为估计值。

资料来源：BIS。

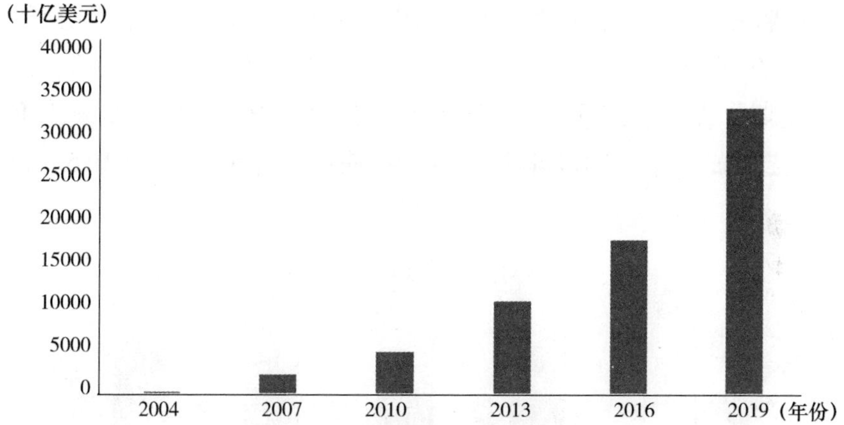

图 5－3　中国境内外汇交易额

注 4：原数据为日平均交易额，假定年交易日 251 天进行换算。

资料来源：BIS。

金融衍生品除了上述利率和汇率衍生品外还包括股票（股指）期权期货，全球股票股指期货成交金额在 2015—2016 年呈下降趋势，2016 年至今不断上升，2018 年全球（股票）股指期权期货成交额已达到 4361029.33 亿美元，其中股指期权期货占比达到 95.81%（见表 5－5）。

我国国内股指期货增速明显，2017—2018 年增速达到 43.84%，但 2018 年股指期货仅占全球总数的 1.36%，存在相当大的进步空间。

表 5-5　　全球股票（股指）期权期货交易额　　单位：亿美元

	2018 年	2017 年	2016 年	2015 年
股票期权	111311.33	80143.71	49222.86	84992.92
单一股票期货	71569.9	66147.39	49313.19	47958.74
股指期权	2395695.53	1891567.22	858261.57	1562835.23
股指期货	1782452.57	1233700.13	1275383.33	1844882.58
总计	4361029.33	3271558.45	2232180.95	3540669.47

资料来源：WFE。

国内股指期货方面，2015 年沪深 300 股指期货"一家独大"，占中国股指期货成交额总数的 82.75%，2016 年中证 500 股指期货成交额超过沪深 300 股指期货成交额，2017 年两个产品基本"平分秋色"，上证 50 股指期货成交额比重增加，2018 年沪深 300 股指期货成交额比重增加，达到 50% 左右，2019 年上证 50 股指期货则相对收窄（见图 5-4）。

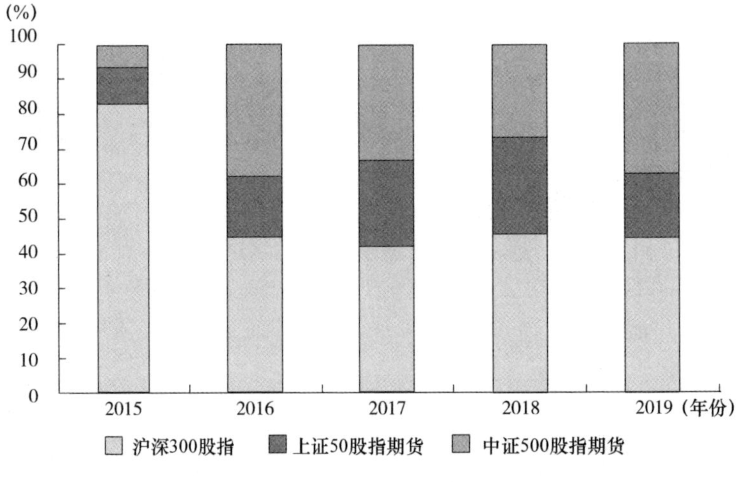

图 5-4　2015—2019 年中国股指期货交易额比重

资料来源：Wind 资讯。

四　商品期货市场建设情况评估

商品期货是最早发展起来的衍生品类型，该市场的发展主要与金融产品开放、定价能力和商品市场的发展壮大因素有关。美国芝加哥是商品期货的发源地，开发的产品以黄油、奶酪等农产品期货为主。2007 年芝加哥商业交易所与芝加哥期货交易所合并，并在 2008 年收购了纽约商品交易所和纽约商业交易所，从而形成了包含能源、贵金属、农产品多种商品期货的大型商业交易所（见表 5－6）。另外，亚特兰大还有美国洲际交易所，主要开发可可、橙汁、棉花等期货产品。值得注意的是，美国所有交易所都有商品期权类产品，能有效对冲商品期货风险。

表 5－6　**全球主要商品交易所交易产品种类情况**

国家	城市	交易所	交易产品	是否有期权类产品	备注
美国	纽约	纽约商业交易所（NYMEX）	能源衍生品包括轻质低硫原油、天然气、电力、丙烷等，贵金属包括铂金及钯金	是	2008 年被 CME 收购
		纽约商品交易所（COMEX）	金、银、铜、铝	是	2008 年被 CME 收购
	芝加哥	芝加哥期货交易所（CBOT）	农产品包括：玉米、小麦、大米、燕麦、大豆、大豆粉、大豆油、活牛、冻五花肉，贵金属包括：铂金，能源类包括：轻质低硫原油、汽油、乙醇等，其他还包括木材、木浆、天然气类	是	
		芝加哥商业交易所（CME）	农产品包括：黄油、干乳清、奶酪等	是	2007 年与 CBOT 合并
	亚特兰大	美国洲际交易所（ICE）	农产品包括：可可、棉花、橙汁、咖啡、糖等	是	2000 年成立，2001 年收购伦敦国际石油交易所（IPE）

续表

国家	城市	交易所	交易产品	是否有期权类产品	备注
英国	伦敦	伦敦金属交易所（LME）	铜、铝、镍、锌等	是	
		国际石油交易所（IPE）	著名的布莱恩特原油、天然气等	是	2001 年被 ICE 收购，更名为 ICE Futures Europe
日本	东京	东京工业品交易所（TOCOM）	贵金属包括金、银、铂金及钯金，能源类包括：原油、天然气、柴油、煤油等	不详	—
		东京谷物交易所（TGE）	大豆、玉米、红小豆、糖等	不详	2013 年解散，相关产品转移至 TOCOM 交易
中国	香港	香港证券交易所（HKEX）	金、银、铂金	无	—
	上海	上海期货交易所（SHFE）	金、铜、锌、铝、铅、镍、锡、银、线材、热轧卷板、燃油、石油沥青	有	—
		上海黄金交易所（SHGE）	金、银、铂金	有	—
		上海石油交易所（SPEX）	柴油、二甘醇、苯乙烯、甲苯、甲醇等	无	—
	郑州	郑州商品交易所	农产品包括：小麦、棉花、白糖、水稻、菜籽油、油菜籽等，金属类包括铁合金，其他包括玻璃、甲醇、动力煤、铁矿石等	有	—
	大连	大连商品交易所	农产品包括：大豆、玉米、鸡蛋、棕榈油，其他包括焦煤、铁矿石以及石化产品	有	—

资料来源：笔者根据公开数据整理。

中国作为世界第二大经济体，是世界上大多数大宗商品的主要买家和卖家，我国上海期货交易所、大连商品交易所在金属期货和期权交易市场已经跻身世界前25位，在世界期货市场中占据了重要地位。螺纹钢、铁矿石、镍、白银、锌、热轧卷板等多个品种居世界前列（见表5－7），这与我国钢铁生产和消费大国的地位是密不可分的，目前上海在该领域已经取得一定定价权。能源期货方面，沥青、焦炭、动力煤、焦煤、燃料油、原油期货交易手数也位列全球能源类衍生品前20位①，其中石油类相关品种位于上海期货交易所，煤炭类相关品种则分布于大连期货交易所和郑州期货交易所。

表5－7　2019年全球前二十五大金属期货和期权合约（按成交量排名）

2019年排名	合约类型	交易所名称	2019年（百万手）	2018年（百万手）	同比增长（%）
1	螺纹钢期货	上海期货交易所	465.17	530.98	－12.4
2	铁矿石期货	大连商品交易所	296.54	236.49	25.4
3	镍期货	上海期货交易所	160.44	114.82	39.7
4	白银期货	上海期货交易所	142.82	42.25	238.0
5	黄金期货	纽约商业交易所	86.51	80.30	7.7
6	1克拉钻石期货	印度商品交易所	86.16	23.27	270.3
7	锌期货	上海期货交易所	71.07	92.35	－23.0
8	热轧卷板期货	上海期货交易所	70.41	86.82	－18.9
9	铝期货	伦敦金属交易所	66.05	65.57	0.7
10	黄金期货	伊斯坦布尔交易所	50.95	19.36	163.2
11	黄金期货	上海期货交易所	46.21	16.12	186.7
12	SPDR黄金份额ETF期权	美国多家交易所	38.79	27.90	39.0
13	铜期货	上海期货交易所	36.52	51.25	－28.7
14	优等铜期货	伦敦金属交易所	35.20	38.60	－8.8
15	铝期货	上海期货交易所	32.76	46.62	－29.7

① 《2018年度中国期货市场发展报告》，上海期货与衍生品研究院，http：//www.sohu.com/a/322258416_ 556848。

续表

2019 年排名	合约类型	交易所名称	2019 年（百万手）	2018 年（百万手）	同比增长（%）
16	iShares 白银信托 ETF 期权	美国多家交易所	29. 93	14. 48	106. 7
17	特级高质锌期货	伦敦金属交易所	29. 65	33. 43	-11. 3
18	镍期货	伦敦金属交易所	24. 47	24. 01	1. 9
19	银（5000 盎司）（SI）期货	美国多家交易所	24. 15	23. 99	0. 7
20	优等铜期货	纽约商业交易所	24. 00	32. 71	-26. 6
21	黄金期货	莫斯科交易所	19. 58	14. 53	34. 8
22	精炼白银期货	莫斯科交易所	16. 98	13. 84	22. 7
23	微银期货	印度多种商品交易所	15. 33	11. 84	29. 5
24	黄金期权	芝加哥交易所集团	15. 04	11. 75	28. 0
25	62% 铁矿石期货	新加坡商品交易所	14. 58	10. 47	39. 3

资料来源：美国期货业协会（FIA）。

图 5 -5 展示了国际上主要的商品期货交易所 2018 年的交易额。上海期货交易所的交易额取得较好成绩，2018 年全年成交金额为 11. 8 万亿美元，略低于伦敦金属交易所，远远超过美洲一些小的交易所，但与头号商品期货交易所芝加哥商品交易所的交易额相比还有较大的差距，2018 年芝加哥商品交易所的交易额大约是上海期货交易所的 4. 9 倍。

尽管上海的商品期货在交易总量上取得一定成绩，并且在某些品种方面取得领先地位，但与世界先进的商品期货交易所相比仍然存在不足，尤其是衍生品的创新发展上明显滞后于国际水平，和国际其他衍生品市场有着不小的差距。上海在很长一段时间内都无商品期权产品，直到 2018 年 9 月 21 日，铜期权在上海期货交易所正式挂牌，这也

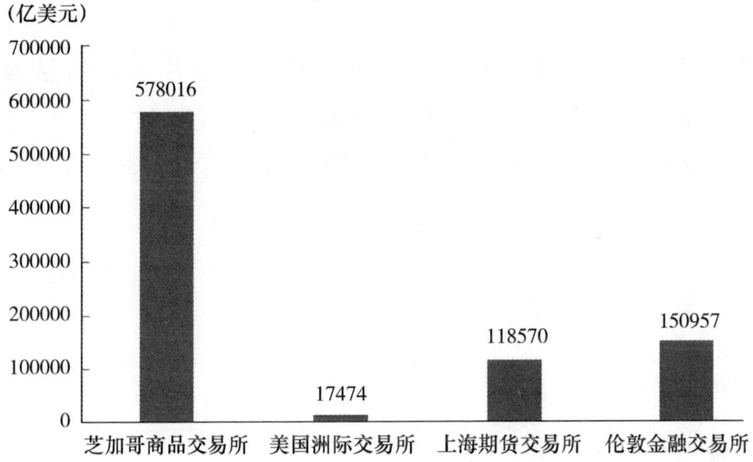

图 5－5　2018 年主要交易所商品期货交易额

资料来源：世界证券交易所联合会。

是中国继白糖、豆粕期权上市后的第三个商品期权产品[①]，是上海第一个商品期权产品，之后在 2019 年 1 月 28 日，天然橡胶期权也在上海期货交易所正式挂牌。虽然上海的商品期权市场才刚刚建立，但其他商品期权也将在未来陆续上市。商品期权市场的从无到有，完成了商品期权市场的基础构建，代表着上海商品期货期权市场的重要进步，也预示着未来上海将会在商品期货期权市场向其他国际商品交易所看齐。

第二节　机构和财富聚集度评估

一　大企业和传统机构集聚度的评估

（一）非金融行业

资本和财富的分布遵循“二八定律”，即少部分人和机构掌握大部分的资本，因此我们关注大企业在全球的分布情况。福布斯榜全球 2000 家大公司中，包括银行业、保险业和各类金融业在内的金融

① 大连商品交易所在 2017 年 3 月 31 日正式挂牌豆粕期权，郑州商品交易所在 2017 年 4 月 19 日正式挂牌白糖期权。

类行业共525家，非金融类行业共1475家，从行业分布来看经济主体依然是重资产的传统经济为主。非金融类行业中公司数量最多的行业为建设类，共123家；其次是石油和天然气业务类，共110家；第三名是材料类，包括钢筋、水泥等原材料，共102家（图5－6）。

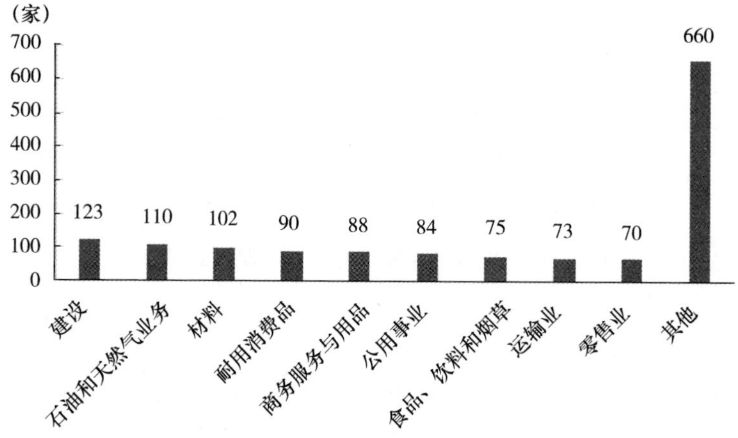

图5－6 非金融类公司的行业分布

资料来源：The Global 2000：The World's Largest Public Companies，福布斯网站2019年数据。

从非金融类公司全球分布图来看，拥有非金融类公司最多的国家是美国，共473家；其次是中国内地，共187家，中国香港、中国台湾分别拥有非金融类公司51家、30家，中国共计268家非金融公司进入福布斯榜前2000名；再次是日本，共167家；从数量方面来看，我国与美国依旧存在较大差距。

在1475家非金融类公司中，美国公司的总资产、市值以及市盈率最高；中国公司的利润总额和资产利润率在拥有非金融类公司最多的前九个国家中最高；其他国家的非金融类公司的总资产较美国和中国差距较大（见表5－8）。中国非金融类公司利润虽然很高，但市值偏低，说明市场对中国头部公司的未来预期不高。

表5－8　　各国非金融类公司的基本情况　　单位：十亿美元

所在地	资产	利润	市值	资产利润率	市盈率
美国	15889.40	921.29	21807.50	5.80	23.67
中国（包括港台）	10199.20	1043.43	5825.45	10.23	5.58
日本	5910.70	232.89	2967.40	3.94	12.74
英国	2333.40	96.30	1691.99	4.13	17.57
法国	2487.50	79.15	1604.06	3.18	20.27
韩国	1810.50	81.24	745.50	4.49	9.18
德国	2785.40	94.80	1284.90	3.40	13.55
加拿大	1293.40	32.29	906.24	2.50	28.07
印度	818.80	37.35	746.30	4.56	19.98
其他	3828.60	1038.38	3003.86	27.12	2.89

资料来源：The Global 2000：The World's Largest Public Companies，福布斯网站2019年数据。

（二）金融类行业

福布斯榜2000家大公司中金融类公司共有525家，拥有金融类公司较多的国家依次是美国、中国和日本，与拥有非金融类公司最多的三个国家顺序相同。中国所拥有的88家金融公司中，64家来自内地，17家属于台湾，7家属于香港。

美国拥有的金融类公司市值、利润率最高；中国拥有的金融类公司虽然数量比美国少很多，但是其总资产和利润都高于美国，瑞士拥有的金融类公司市盈率最高，达到21.09；印度、意大利两国的资产利润率和市盈率都为负值，尤其是印度，市盈率甚至达到了－255.27（见表5－9）。

表 5 - 9　　各国金融类公司的基本情况　　单位：十亿美元，%

国别	总资产	利润	市值	资产利润率	市盈率
美国	22540.00	236.50	3065.36	1.05	12.96
中国	30924.20	294.83	2739.40	0.95	9.29
日本	15557.20	48.55	513.42	0.31	10.57
印度	2061.50	-1.40	356.11	-0.07	-255.27
英国	10109.30	37.33	451.70	0.37	12.10
韩国	2647.30	16.98	112.26	0.64	6.61
瑞士	3152.70	19.60	413.49	0.62	21.09
意大利	3624.60	-52.10	164.90	-1.44	-3.17
加拿大	5368.20	42.48	392.20	0.79	9.23
其他	33838.50	260.89	2913.60	0.77	11.17

资料来源：The Global 2000：The World's Largest Public Companies，福布斯网站 2019 年数据。

分城市看，中国共 26 个城市和地区进入福布斯公众公司金融类的排行榜，其中内地城市 24 个。北京和台北拥有的金融公司数遥遥领先，分别为 20 家和 17 家，其次是香港和上海，各拥有 8 家金融公司，深圳拥有 6 家，南京 3 家，长沙等 2 家，金融类公司依旧集聚于中国一线城市，但上海的数量远远少于北京（图 5 - 7）。

拥有金融公司数目最多的城市是北京，总资产也最高，为 197139 亿美元；台北的金融类公司数量虽然多于上海，但它的总资产却少于上海；香港和深圳拥有的金融类公司数量基本相同，但其市盈率几乎是深圳的两倍，且这两个城市的资产利润率都较高。上海金融类公司虽然数量不是最多，但从总资产情况及市盈率来看与北京存在较大差距，与深圳也有一定距离。

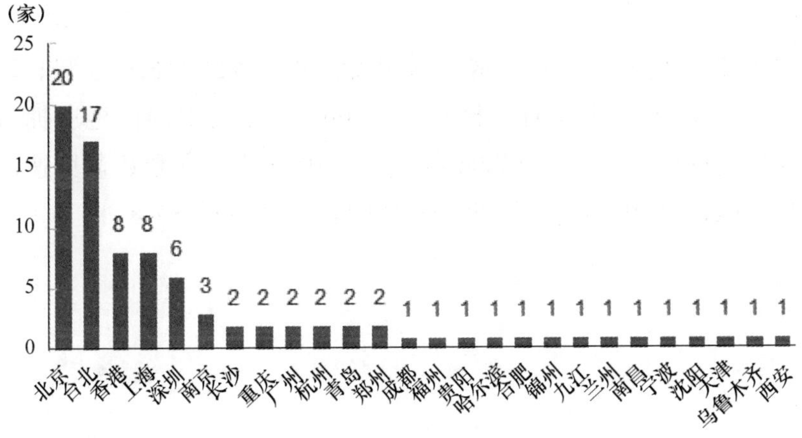

图5－7　中国金融类公司城市分布

资料来源：The Global 2000：The World's Largest Public Companies，福布斯网站2019年数据。

表5－10　**中国金融类公司按城市分类基本情况**　单位：十亿美元，%

城市	总资产	利润	市值	资产利润率	市盈率
上海	2990.40	26.71	301.30	0.89	11.28
北京	19713.90	185.77	1411.30	0.94	7.60
深圳	2228.40	31.46	413.50	1.41	13.14
其他内地城市	3549.20	32.43	270.40	0.91	8.34
香港	588.60	8.05	210.70	1.37	26.18
台北	1853.70	10.41	132.20	0.56	12.70

资料来源：The Global 2000：The World's Largest Public Companies，福布斯网站2019年数据。

二　富豪榜的全球分布

富豪的产生是资本生产运作的结果，他们的资本反过来也可以进一步促进财富增长。2019年美国拥有富豪数量依旧高居榜首，为607位，总财富为31110亿美元；第二名是中国内地，拥有324位富豪，总财富为9807亿美元；德国、印度、俄罗斯分居第三、第四、第五位。

美国拥有的富豪数量始终遥遥领先，并呈不断增长的态势；2006年之前中国内地几乎没有入榜富豪，2006年之后中国内地所拥有的富豪数量快速增加，并在2008年超过中国香港，富豪数量增速高于美国，说明了中国内地经济快速发展的状态（见图5-8）。

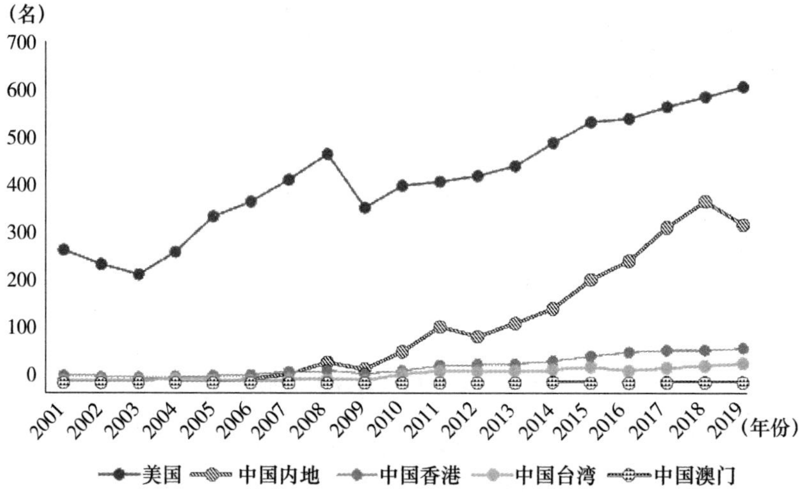

图5-8　2001—2019年各国家或地区富豪数量变化

资料来源：The Billionaires List，福布斯网站。

各国富豪总财富金额与富豪数量变化趋势基本重合，2008年中国内地富豪数量虽然超过了中国香港，但富豪总财富在2008年并没有超过中国香港，直到2011年中国内地富豪总财富达到2304亿美元才超过中国香港。尽管如此，中国内地富豪总财富与美国之间依旧有较大差距，且富豪总财富增速明显比美国要慢（图5-9）。

福布斯前500名富豪中，居住地在中国的共有78名。中国香港富豪人数最多，有18名，净资产值达到1948亿美元；北京和深圳富豪人数相同，为11名，但深圳富豪的资产净值明显高于北京，这说明深圳资本活跃度比较高；上海在数量和财富净值方面与北京和深圳有较大差距（图5-10）。

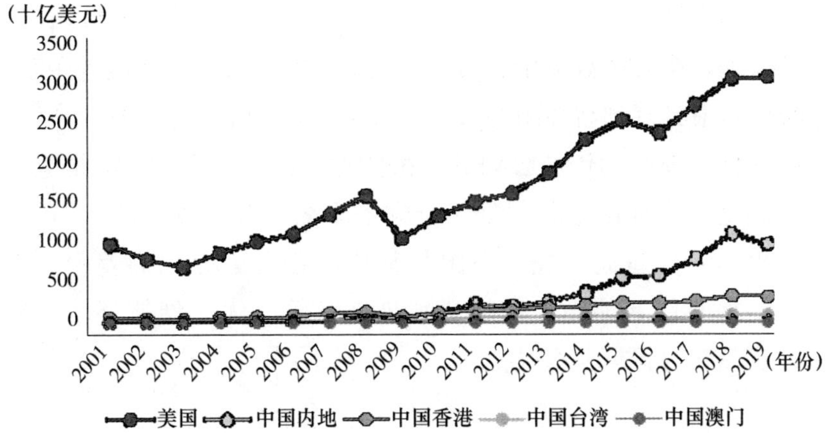

图 5－9　2001—2019 年各国家或地区富豪总财富变化

资料来源：The Billionaires List，福布斯网站。

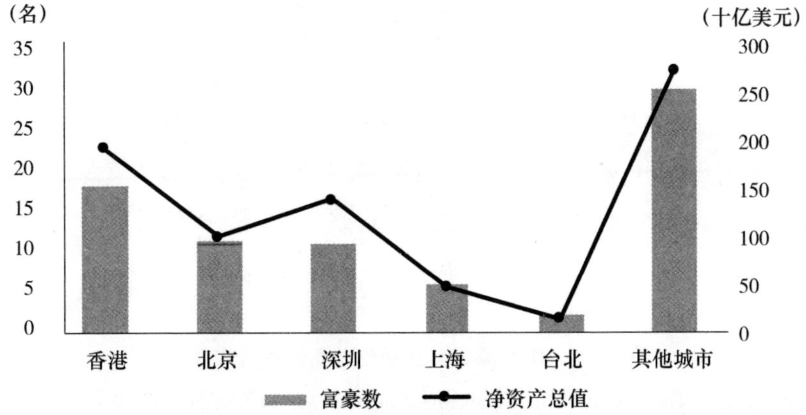

图 5－10　中国富豪分布以及各地资产净值

资料来源：The Billionaires List，福布斯网站 2019 年数据。

三　创新公司和风险投资集聚度的评估

自信息技术革命以来，创新成为公司快速成长和积聚财富的重要手段。福布斯榜 100 家最具创新型的公司中有 51 家位于美国，超过了剩余所有国家拥有最具创新型公司的总和，从这个角度看美国依然是经济最有成长潜力的国家；日本和中国拥有相同数量的创新型公司，各7家；其次是印度、英国和法国，各拥有5家（见图5－11）；虽然我国拥有创新型公司数量排名第二，但绝对数量少，与美国差距较大，美国依旧是最具有创新性的国家。

全球排名前十的创新公司有8家位于美国，且前7名都是美国公司，中国则无一家创新公司处于全球前十名（见表5－11），在创新方面，美国一直遥遥领先，中国与其依旧存在十分大的差距。中国需要不断提升创新能力，坚持科技创新政策，优化创新环境，从创新方面提高自身国际竞争力。

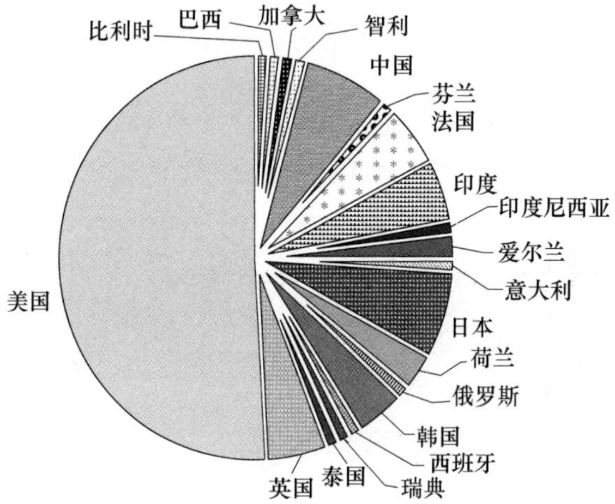

图5－11 100家最具创新性公司国家分布情况

资料来源：The World's Most Innovative Companies，福布斯网站2019年数据。

表5－11 **全球前十名创新公司基本情况** 单位：%

排名	公司名	所属国家	2018年12月销售增长	创新溢价
1	Service Now	美国	39.02	89.22
2	Workday	美国	36.07	82.84
3	Salesforce. com	美国	24.88	82.27
4	Tesla	美国	67.98	78.27

续表

排名	公司名	所属国家	2018 年 12 月销售增长	创新溢价
5	Amazon. com	美国	30. 80	77. 40
6	Netflix	美国	32. 41	71. 23
7	Incyte	美国	38. 93	70. 59
8	Hindustan Unilever	印度	11. 49	67. 20
9	Naver	韩国	19. 36	64. 62
10	Facebook	美国	47. 09	64. 42

资料来源：The World's Most Innovative Companies，福布斯网站 2019 年数据。

创新公司的成长离不开风险投资的慧眼，我们这里考察头部风险投资家的分布情况。福布斯榜前 100 名风险投资者中，有 75 名现居住于美国；15 名风险投资家居住于中国内地，其中北京有 10 人，上海有 4 人，广州有 1 人；有 4 名投资者居住于中国香港。中国的风险投资者占比为 19%，排名第二，且远远高于第三名的英国，但与美国的 75% 占比依旧存在较大的差距（见图 5 – 12）。

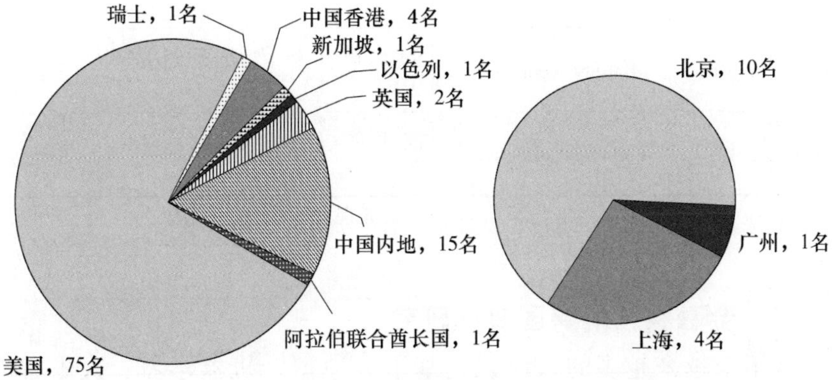

图 5 – 12　前 100 名风险投资者居住地分布以及中国内地居住地分布情况

资料来源：Top 100 Venture Capitalists，福布斯网站 2019 年数据。

从风险投资者具体情况看，虽然前100名风险投资者中只有4名投资者居住于香港，但是有两名都处于全球前10名，分列第一、第六名；其余8位投资者国籍均为美国，居住地大部分为加州城市，而其中排名第五的风险投资者现居住于中国上海（见表5－12）。

表5－12 前十名风险投资者基本情况

姓名	所属公司	居住地	国籍
Neil Shen	Sequoia Capital China	香港，中国	中国
Peter Fenton	Benchmark	旧金山（加利福尼亚州），美国	美国
Bill Gurley	Benchmark	波托拉谷（加利福尼亚州），美国	美国
Jim Goetz	Sequoia Capital	洛斯加托斯（加利福尼亚州），美国	美国
JP Gan	Qiming Venture Partners	上海，中国	美国
Kathy Xu	Capital Today	香港，中国	中国
Hans Tung	GGV Capital	旧金山（加利福尼亚州），美国	美国
Mary Meeker	Bond Capital	伍德赛德（加利福尼亚州），美国	美国
Neeraj Agrawal	Battery Ventures	波士顿（马萨诸塞州），美国	美国
Eric Paley	Founder Collective	波士顿（马萨诸塞州），美国	美国

资料来源：Top 100 Venture Capitalists，福布斯网站2019年数据。

四 金融科技的跨国对比研究

近年来越来越多的人认识到基于大数据、机器学习、人工智能、云计算、区块链技术的技术创新驱动模式将引导人类社会进入下一场工业革命，第四次工业革命的议题屡屡被提及。新的技术创新模式影响并冲击着各行各业的发展，科技行业的发展越来越成为各国政府关注的重点行业，各国都试图通过制定相应的产业政策以推动高科技行业的发展。

对于金融业而言，基于新兴技术的金融科技将打破传统金融市场的时空限制，完成对传统金融制度的再创新，突破传统金融的局限性。金融科技（Fintech）的核心主要体现在新技术对金融业务流程、金融机构经营模式及金融产品的改变过程中。基于现代科技技术的金融科技将会为金融业带来巨大的挑战，也会为金融业注入无限活力。

浙江大学互联网金融研究院联合浙江互联网金融联合会共同发布的《2018 全球金融科技中心指数》报告显示，上海的金融科技中心指数排名为全球第 3 位，其金融科技产业排名为全球第五，金融科技体验排名为全球第五，金融科技生态排名为全球第四，成绩十分瞩目（见表 5－13）。上海金融科技的发展得益于政府政策支持，包括国家自主创新示范区、众创空间、孵化器等建设；居民对新事物的接受度普遍较高，在网贷、众筹以及区块链的知悉与参与度方面居中国前列；专项科研机构的涌现对金融科技的发展起到了促进作用，如上海新金融研究院、复旦—斯坦福中国金融科技与安全研究院等；一批代表企业如陆金所、点融网、拍拍贷等为金融科技提供了最佳实践场所。

表 5－13　　2018 全球主要城市金融科技中心指数

城市名称	所在国家	GFHI		金融科技产业		金融科技体验		金融科技生态	
		排名	指数值	排名	指数值	排名	指数值	排名	指数值
北京	中国	1	82.6	2	86.7	4	82.7	1	77.3
旧金山	美国	2	77.3	1	93.2	12	49.6	8	65.8
上海	中国	3	76.8	5	80	5	81.2	4	71.4
伦敦	英国	4	76	4	81.5	11	56.1	3	75.3
纽约	美国	5	75.5	3	82.2	13	43	2	77.1

续表

城市名称	所在国家	GFHI		金融科技产业		金融科技体验		金融科技生态	
		排名	指数值	排名	指数值	排名	指数值	排名	指数值
杭州	中国	6	74.1	6	75.7	1	90.6	6	67
深圳	中国	7	73.1	7	74.7	2	85.2	5	67.4

资料来源：浙江大学互联网金融研究院：《2018 全球金融科技中心指数》。

上海在建成国际金融中心的过程中需要结合当前金融科技的优势，并前瞻性地考虑到未来金融科技对国际金融格局的影响。更进一步地，对于上海而言，可以借助金融科技发展的引导作用，后发先至，实现对伦敦、新加坡等国际金融中心的赶超。

第三节 金融中心国际化程度研究

一 金融市场国际化程度评估

金融中心的国际化程度主要反映在金融市场中的跨境筹资者和跨境投资者的多寡上，这主要取决于两个条件：一是资本项目的开放程度，二是市场的发育程度。当前上海国际金融中心的最大短板是国际化程度较低。

（一）股票市场国际化程度评估

1. 发行主体情况

股票交易市场的外国企业上市数是衡量一个股票交易市场国际化的重要标志。全球顶级金融中心纽约和伦敦 2019 年国外上市公司分别为 962 家和 401 家，占总上市公司的比例分别达到 18% 和 17%。亚洲金融中心中，2019 年新加坡有 253 家国外上市公司，占比达到 35%；其他城市股票市场的国际化程度普遍不高，香港、东京和孟买拥有的境外上市公司数分别为 177 家、4 家和 1 家（见图 5－13）。上海是新崛起的金融中心，但选择在上海上市的外国公司数量至今为零。

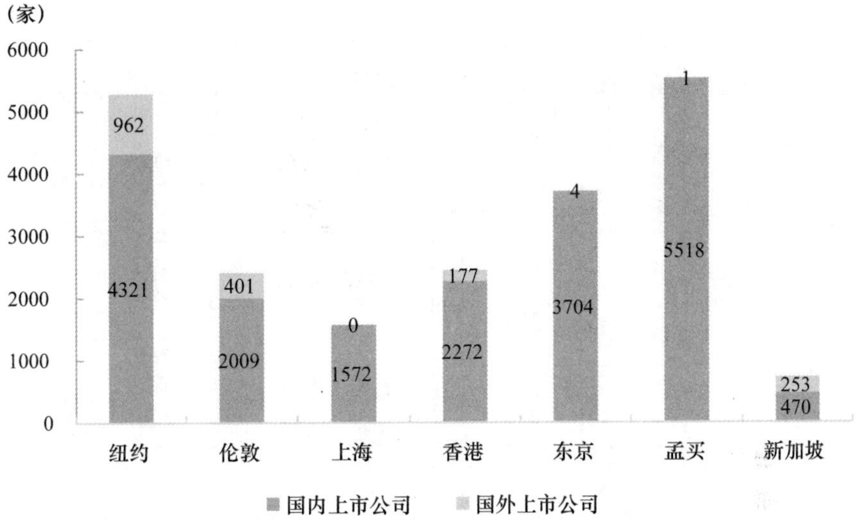

图 5－13 2019 年主要国际金融中心国内外上市公司数量

资料来源：Wind 资讯。

2. 投资主体情况

投资主体的情况也反映了一座金融中心城市的国际化程度。以香港为例，香港市场中海外投资者占比（包括个人和机构）常年保持在 40% 以上（见图 5－14），是一个国际化程度很高的市场。我国金融体系中，允许境外投资者进行国内投资的渠道主要有 QFII、RQFII 和沪港通中的沪股通。沪股通自 2016 年起不再设置总额度限制，现行每日的额度确定为 520 亿元人民币，但数据显示，沪股通的每日额度余额常常保持在 500 亿元人民币左右，日额度使用率较低。QFII、RQFII 和沪股通额度相比于上交所全年交易量仍差距极大，可见上海证券市场的国际化水平与其国际金融中心的地位是不相匹配的。

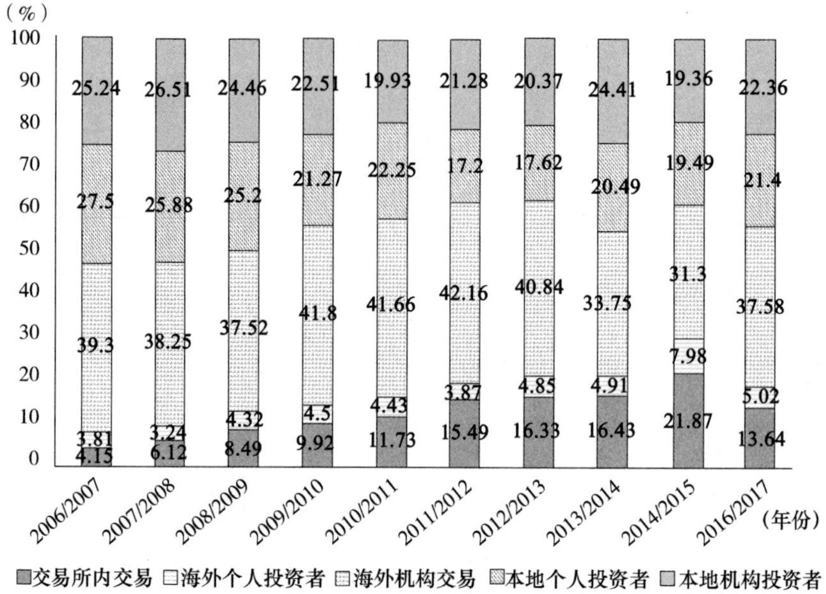

图 5－14　香港市场现金交易投资者结构

资料来源：香港交易所《现金市场交易研究调查 2016》，2017 年 7 月，第 6 页。

（二）债券市场国际化程度评估

1. 发行主体情况

外国债券的发行量在一定程度上反映了债券市场的国际化程度，美国扬基债发行量在千亿级别，日本武士债发行规模在百亿级别；而中国熊猫债的发行规模大部分年份仅为几十亿美元，仅有 2012 年和 2014 年超过 100 亿美元。总体来看，熊猫债和扬基债以及武士债的发行量还存在较大差距（见表 5－14）。

表 5－14　　**中美日三国外国机构债券年发行量**　　单位：亿美元

报告期	美国扬基债	日本武士债	中国熊猫债
2011 年	1900. 8	73. 3	49. 4
2012 年	2793. 7	113. 5	129. 9

续表

报告期	美国扬基债	日本武士债	中国熊猫债
2013 年	2386.4	141.2	64.9
2014 年	3554.5	158.0	163.4
2015 年	2854.6	112.7	30.3
2016 年	2227.7	129.5	96.3
2017 年	1763.5	227.6	29.3
2018 年	1322.9	206.2	60.6
2019 年	1571.4	115.8	43.6

资料来源：BIS。

2. 海外持有情况

债券的海外持有情况从另一个侧面反映债券市场的国际化程度。以美国国债为例，目前美国国债存量保持在 19 万亿—21 万亿美元的水平，海外持有保持在 6.2 万亿美元的水平，其中官方持有保持在 4 万亿美元的水平（见图 5 – 15a）。图 5 – 15b 给出了 2019 年美国国债海外持有者的具体分布，中国内地、日本占据了最大的比例，分别为 17% 和 19%，其他主要经济体也几乎全被覆盖。这说明美元作为全球流动性及储备货币的地位目前依然稳健。当然，其他债券券种也是投资者广为接受的投资品，美国债券市场的国际化程度较高。

表 5 – 15 反映了在中央结算公司登记托管的主要券种持有者结构，2019 年境外机构持有总额 18707 亿元人民币，占总债券存量的比例近为 2.95%，总体而言中国债券市场的国际化程度还很低。

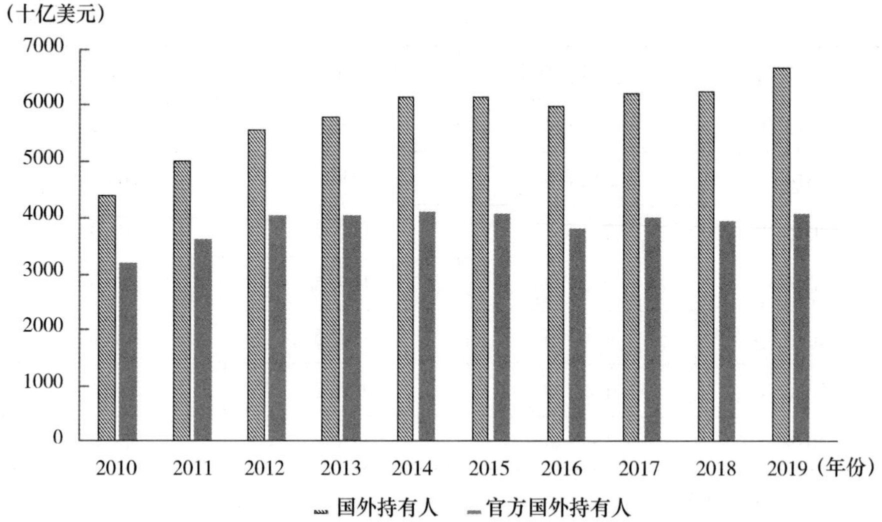

图 5-15a 美国国债海外持有情况

资料来源：Wind 资讯。

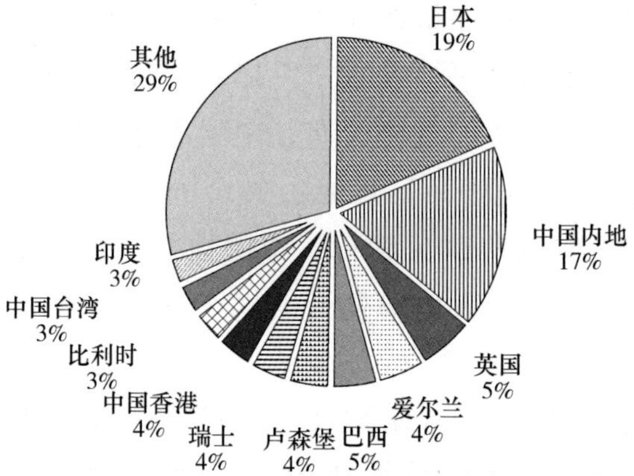

图 5-15b 2019 年美国国债海外持有者具体分布

资料来源：Wind 资讯。

表 5-15　　2019 年中国债券市场主要券种持有者结构　　单位：亿元人民币

	国债	政府支持机构债	银行债	企业债券	资产支持证券	合计
政策性银行	17822	376	1124	44	28	19394
商业银行	281465	8900	108804	5016	10439	414624
信用社	2185	169	5103	139	3	7599
保险机构	4975	2014	9425	762	58	17234
证券公司	2528	235	1860	1851	176	6650
其他金融机构	693	11	329	72	546	1651
非法人产品	15089	4531	71333	13906	8167	113026
非金融机构	7	0	2	2	0	11
境外机构	13093	47	5141	136	290	18707
其他	26386	441	789	7855	10	35481
合计	364243	16724	203910	29783	19717	634377
境外机构占比	3.59	0.28	2.52	0.46	1.47	2.95

注：国债 = 记账式国债 + 地方政府债，银行债 = 政策性银行债券 + 商业银行债券。

资料来源：中国债券信息网，www.chinabond.com.cn。

二　资本项目开放情况

从上一节的分析中我们可以看出上海金融市场的国际化程度不高，可以说上海作为金融中心难以担当“国际”二字，然而国际化程度不高只是表面现象，其根本原因在资本项目不够开放。

表 5-16 是国际货币基金组织发布的《2018 年汇兑安排与汇兑限制年报》中对中国 2017 年度资本账户管制的描述，我们根据中国人民银行所公开的关于资本管制项目的信息，整理出 2017 年度中国资本管制现状。40 个资本项目小项中，除未讨论的 3 项外，可兑换的仅有 4 项、基本可兑换 9 项、部分可兑换 18 项、不可兑换 6 项，整体来看资本项目的可兑换程度不高。

表 5－16　国际货币基金组织定义下的 2017 年度中国资本管制现状

资本项目（大项）		资本项目（小项）	可兑换程度	管制措施
1. 资本市场证券	股票或参股性质的其他证券	1. 非居民境内买卖	部分可兑换	合格机构投资者
		2. 非居民境内发行	不可兑换	目前无适用法律
		3. 居民境内买卖	部分可兑换	合格机构投资者
		4. 居民境外发行	可兑换	证监会批准并在外汇管理局注册
	债券和其他债务证券	5. 非居民境内买卖	基本可兑换	银行间债务市场对境外机构投资者开放
		6. 非居民境内发行	部分可兑换	准入条件与主体限制
		7. 居民境内买卖	部分可兑换	合格机构投资者
		8. 居民境外发行	基本可兑换	登记管理
2. 货币市场工具		9. 非居民境内买卖	部分可兑换	合格机构投资者
		10. 非居民境内发行	不可兑换	目前无适用法律
		11. 居民境内买卖	部分可兑换	合格机构投资者
		12. 居民境外发行	可兑换	管理审批
3. 集体投资证券		13. 非居民境内买卖	部分可兑换	合格机构投资者
		14. 非居民境内发行	部分可兑换	内地与香港基金互认
		15. 居民境内买卖	部分可兑换	合格机构投资者
		16. 居民境外发行	部分可兑换	内地与香港基金互认
4. 衍生工具和其他工具		17. 非居民境内买卖	部分可兑换	可投资产品包括股指期货、特定品种商品期货、外汇衍生品等
		18. 非居民境内发行	不可兑换	目前无适用法律
		19. 居民境内买卖	部分可兑换	合格机构投资者与其他符合监管要求企业
		20. 居民境外发行	不可兑换	目前无适用法律
5. 商业信贷		21. 居民向非居民提供	基本可兑换	余额管理与登记管理
		22. 非居民向居民提供	部分可兑换	中资企业借用外债有严格审批条件和约束

续表

<table>
<tr><th colspan="2">资本项目（大项）</th><th>资本项目（小项）</th><th>可兑换程度</th><th>管制措施</th></tr>
<tr><td colspan="2" rowspan="2">6. 金融信贷</td><td>23. 居民向非居民提供</td><td>基本可兑换</td><td>余额管理与登记管理</td></tr>
<tr><td>24. 非居民向居民提供</td><td>部分可兑换</td><td>中资企业借用外债有严格审批条件和约束</td></tr>
<tr><td colspan="2" rowspan="2">7. 担保、保证和备用融资便利</td><td>25. 居民向非居民提供</td><td>基本可兑换</td><td>事后登记管理</td></tr>
<tr><td>26. 非居民向居民提供</td><td>基本可兑换</td><td>额度管理</td></tr>
<tr><td colspan="2" rowspan="2">8. 直接投资</td><td>27. 对外直接投资</td><td>基本可兑换</td><td>行业与部门仍有限制</td></tr>
<tr><td>28. 对内直接投资</td><td>基本可兑换</td><td>需经商务部门审批</td></tr>
<tr><td colspan="2">9. 直接投资清盘</td><td>29. 直接投资清盘</td><td>可兑换</td><td>限制管理审查</td></tr>
<tr><td colspan="2" rowspan="3">10. 不动产交易</td><td>30. 居民在境外购买</td><td>基本可兑换</td><td>同直接投资要求</td></tr>
<tr><td>31. 非居民在境内购买</td><td>部分可兑换</td><td>商业存在与自住原则</td></tr>
<tr><td>32. 非居民在境内出售</td><td>可兑换</td><td>程序管理</td></tr>
<tr><td rowspan="8">11. 个人资本转移</td><td rowspan="2">个人贷款</td><td>33. 居民向非居民提供</td><td>不可兑换</td><td>目前无适用法律</td></tr>
<tr><td>34. 非居民向居民提供</td><td>不可兑换</td><td>目前无适用法律</td></tr>
<tr><td rowspan="2">个人礼物、捐赠、遗赠和遗产</td><td>35. 居民向非居民提供</td><td>部分可兑换</td><td>汇兑额度限制</td></tr>
<tr><td>36. 非居民向居民提供</td><td>部分可兑换</td><td>汇兑额度限制</td></tr>
<tr><td>外国移民在境外的债务结算</td><td>37. 外国移民境外债务的结算</td><td>—</td><td>目前无适用法律</td></tr>
<tr><td>个人资产的转移</td><td>38. 移民向国外的转移</td><td>部分可兑换</td><td>大额财产转移需审批</td></tr>
<tr><td rowspan="2">博彩和中奖收入的转移</td><td>39. 移民向国内的转移</td><td>—</td><td>目前无适用法律</td></tr>
<tr><td>40. 博彩和中奖收入的转移</td><td>—</td><td>目前无适用法律</td></tr>
</table>

资料来源：笔者根据《汇兑安排与汇兑限制年报》、中国人民银行、公开数据整理。

尽管从表5－16看我国资本项目的开放程度不高，但资本项目开放的进程一直在推进。中国人民大学国际货币研究所根据IMF《汇兑安排与汇兑限制年报》的描述，运用四档约束式方法对中国资本项目开放度的量化测量，从图5－16可以看出，2017年中国的资本开放度为0.701，与2010年的0.5045相比，提高了近40%。党的十九大召开以来，我国明确了以高水平开放促进高质量发展的路径，资本项目进一步加快开放：我国建立了“债券通”机制，取消QFII每月资金汇出不超过上年年末境内总资产的20%的限制和本金锁定期要求，对外资实行准入前国民待遇＋负面清单管理模式。这些措施大大改善了营商环境，促进了外资流入。

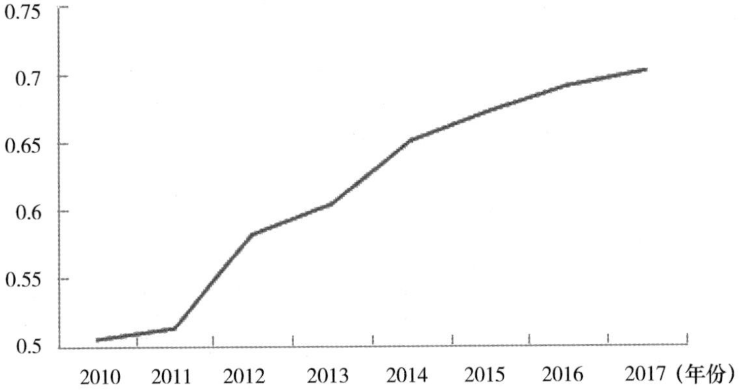

图5－16 中国的资本账户开放度

资料来源：根据中国人民大学历年《人民币国际化报告》整理而得。

另一种测度资本项目开放的方法是实际测量法，即以资本项目差额占GDP的比重来度量。图5－17从直接投资、证券投资以及其他投资三个方面进行了度量：外商直接投资占GDP的比重近年来呈下降趋势，这与人口红利衰退、土地和环境成本上升有关；对外直接投资方面呈逐渐上升趋势，这与“走出去”战略密不可分，但2015以来一些海外并购存在转移资产风险，一些政策收紧了这方面的对外投资。境外对华证券投资与国际金融中心的市场建设直接相关，

2015 年之前境外对华证券投资逐年增加，这与人民币单边升值有一定关系；但 2015 年“8·11”汇改后人民币贬值预期明显，且中美经贸摩擦对我方形成不利影响，即使在这样的背景下，境外对华证券投资占 GDP 比重呈上升趋势，且目前超过1%，这一方面反映了我国在资本项目开放上的努力，另一方面也与上海金融市场的制度建设密不可分。对外证券投资尽管在 2015 年和 2016 年出现大幅流出的情况，但随后这种趋势有所缓解，这从一个侧面说明中国金融市场的投资环境好于国外。其他投资主要涉及存款、贸易信贷等，总体而言境外对华其他投资呈下降趋势，境内对外其他投资呈上升趋势，这也反映了我国资本项目开放的不懈努力。

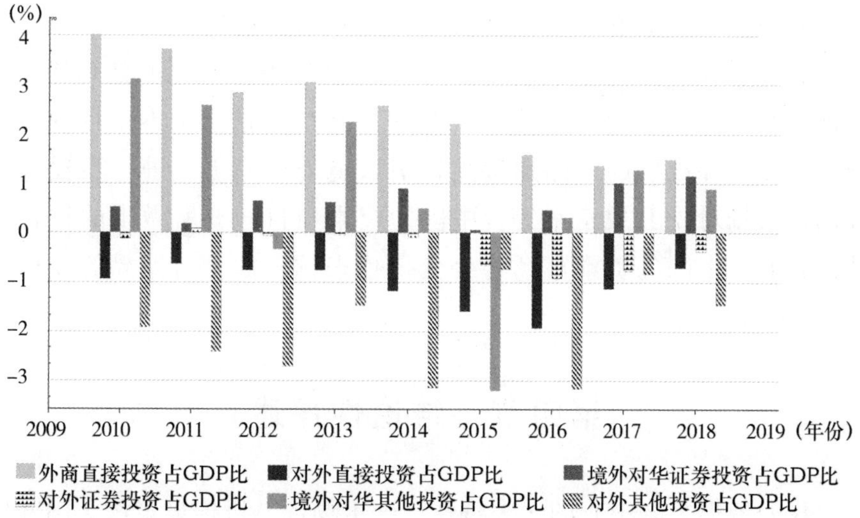

图 5-17 中国资本账户差额占 GDP 的比重

注：正值表示资本净流入，负值表示资本净流出。

资料来源：Wind 资讯。

尽管中国的资本项目开放水平还远未达到发达国家的平均水平，资本的跨境自由流动还受到较多限制；然而，上海的国际金融中心建设不能为了国际化而国际化，上海国际金融中心的建设目的在于提升国家金融体系效率，更好地保证中国金融市场服务于实体经济的发展，更是为了服务中国的国家对外战略。因此，对国家金融安全的考虑是国际金融中心建设过程中必须坚持的底线思维。实际上，在国际金融危机后 IMF 对资本流动作用的态度发生了转变，即短期资本流动可能会造成发展中国家资产价格的剧烈波动，因而对资本流动采取一定程度和临时性的管理是必要的和合理的，这意味着临时资本管制可以成为资本流动政策“工具箱”中的有用部分。实际上，IMF 明确建议各国管理资本流动应依次构筑“宏观经济政策调整—宏观审慎管理—临时性资本管制”三道防线。短期来看，2016—2017 年上半年货币当局推出的一系列反洗钱政策，这些政策实质上形成了一定的资本管制，然而我们认为这是针对资本外逃的“适当之举”，而且在实践中也维护了国家金融安全。

从长期看上海要建设国际金融中心资本项目开放是必然趋势。中国证监会主席易会满也提出下一步中国将加快推进资本市场的双向开放，在条件成熟的商品期货品种引入境外交易者，进一步提升证券期货市场对外开放水平等。中国为资本项目开放所做出的种种行动都表明，中国的资本市场将会变得越来越开放，与世界的连接也将会越来越紧密。

第四节 结论性评述

我们依据金融中心的三大特性——市场性、机构集聚性、国际性对上海是否基本建成国际金融中心进行了评估。

金融市场方面，2019 年上海股票市场市值达到 5.1 万亿美元，在全球排名第 3 位；前两位分别是纽约和东京，市值分别是 36.3 万亿美元和 6.2 万亿美元。2019 年中国债券市场存量余额达到 14.7 万亿美元，在全球排名第 3 位，前两位是美国和欧元区，存量余额分别是 41.2 万亿美元和 19.8 万亿美元。金融类衍生品交易规模相对于纽约、伦敦依然较小，这与利率、汇率的市场化程度不高有关；商品期货市场在某些品种（螺纹钢、镍、白银等期货）上取得突破，且总规模在全球排名第 3 位，仅次于芝加哥和伦敦。

机构和财富聚集度方面，中国拥有的金融类公司虽然数量比美国少很多，但是其总资产和利润都高于美国；分城市看，北京拥有的金融类公司无论是数量还是总资产都是最多的，上海排名第 2 位；中国拥有的富豪数量和总财富在全球排名第 2 位，仅次于美国；分城市看，上海拥有的富豪数量和总财富排名第 4 位，前三位分别是中国香港、北京和深圳；美国拥有最多的创新公司，中国和日本并列第 2 位；创新活动离不开风险投资的支持，全球前 100 名风险投资家有 75 名居住在美国，其次是中国内地和中国香港；分城市看，风险投资家居住地首选北京，其次是上海和香港；浙江大学互联网金融研究院发布的《2018 全球金融科技中心指数》显示，上海在金融科技全球排名中位列第 3 位，仅次于北京和旧金山。

从金融市场和机构集聚度来看，上海在多项指标上位列全球前 3 位，以这两个标准衡量并对照人民币国际化地位，上海已超额完成国际金融中心建设的任务。然而，上海作为金融中心难以堪当“国际”二字：金融市场国际化程度方面，在上海上市的外国公司为 0 家，债券市场的境外持有比例较低，2019 年仅为 2.9%；金融市场国际化程度不高与资本项目开放度不够密切相关。

随着中国经济的快速发展，对外开放不断提高，也为上海建设成为名副其实的国际性金融中心提供了良好的条件。首先，金融产品越来越多，交易规模也在不断扩大，上海刚刚建立商品期权市场，未来可期；其次，上海金融科技中心指数排名为全球第 3 位，有助于上海通过金融科技发展实现对其他金融中心的赶超；最后，我国实施的“一带一路”建设扩大了人民币跨境结算规模，提高了人民币国际化程度，这些都为将上海建设成为国际金融中心奠定坚实的基础。

下　篇

后 2020 时代上海国际金融中心发展战略研究

第六章　未来国际政治经济格局及国内形势分析

习近平主席指出，从十九大到二十大，是“两个一百年”奋斗目标的历史交汇期。我们既要全面建成小康社会、实现第一个百年奋斗目标，又要乘势而上开启全面建设社会主义现代化国家新征程。对于国际金融中心建设而言，上海目前已实现既定目标，未来十年也是承上启下的关键时期，尤其是在国际环境多变、逆全球化声音不绝于耳的背景下，上海金融中心建设如何更加国际化、更好促进“一带一路”发展，这些都是题中应有之义。本章对未来国际政治、经济格局进行分析，从而为后2020时代上海国际金融中心设定合理发展目标提供预测基础。

第一节　国际政治格局分析及影响

一　美国对华战略的重大变化

以2017年底美国《国家安全战略报告》将中国确立为“战略竞争对手”以及2018年发动规模空前的对华“贸易战”为标志，中美关系已基本脱离既有阶段，全面长期战略博弈将成为未来的常态。过去竞争与合作对中美均同等重要、互为目的，而在新模式下中美则以竞争为主、合作为辅，且合作是“强制性”、非对等的。美国实际上奉行的是一种“竞争与强制性合作”的对华新政策。换言之，可称为“全面竞争+有限合作”。具体看，是一种经济上脱钩、安全上对冲加威慑、外交上联合制华、地缘上加大博弈、意识形态上抨击反对、情报与司法加强反制、各种手段相互配合的对华政策。

（一）美国对华战略的变化

2017年迄今，美国明确将中国列为“竞争者”和“战略对手”，开始全面实施竞争战略。美对华认知与定位转变是中美关系新模式产生的主因。美国对华战略判断的改变可以追溯到2010年中国GDP总量赶超日本，成为“世界老二”之时。自此各种“中国变得更加强硬”的批评声音增多，直至奥巴马出台“亚太再平衡”战略，欲通过全方位重返亚太予以应对。但奥巴马后期开始，美国对华态度逐步趋于悲观，“接触无用”“中美关系处于临界点”等观点此起彼伏，直至特朗普上台，其“美国优先”论与美国战略界长期酝酿的消极态势合流，从而呈现出一种前所未有的对抗状态。特朗普政府在其先后发布的《国家安全战略》、《国防战略》和《核态势评估》三大报告中，否定了1972年以来美国对华的接触战略，声称美国“通过帮助中国崛起和融入战后国际秩序并使其自由化的政策失败”，攻击中国“以别国主权为代价进行扩张并传播专制体系”，“在武器库中增强新的核能力并咄咄逼人”。

特朗普身边的幕僚班底，基本由强硬派人士构成。除了强硬派的班农因在国内问题上过于极端被迫离职，以及最近几日刚被解职的国家安全事务助理博尔顿外，现任国务卿蓬佩奥、国家经济委员会主席库德洛等，均比其前任蒂勒森、麦克马斯特和科恩在对华问题上强硬。而美国贸易代表莱特希泽、商务部长罗斯、国家贸易委员会主任纳瓦罗等贸易鹰派均受到重用，代表华尔街利益的美国财长姆努钦在施压中国金融市场开放上也更激进。白宫前首席战略师班农称，若未来5—10年中国成为“经济霸主”，美国将无法翻身，因此“必须疯狂地与中国打贸易战”。美国副总统彭斯称中国“以更活跃和更具胁迫性的方式”“干涉美国的国内政策和政治”，美国会以“中国的长臂”为题举行听证会，非政府组织国家民主基金会（NED）发表《中国的锐实力》报告，一些长期研究中国的学者也加以附和。

“美国优先”口号尽管因带有民粹色彩而遭致广泛批评，实则折射出十分广泛的民意倾向，反映出民众对美国在全球化过程中走得过远的深层不满。中国的发展与美国部分产业空心化和中产阶级萎缩相同步，加剧了美国精英和社会的焦虑，导致其对中国的心态生变。特朗普代表的美国经济民族主义者，有意忽视美元霸权造成贸易赤字、技术进步冲击劳动力市场、对华出口管制影响国内生产、中国生产要素价格相对低廉和民众吃苦耐劳等因素，将美国贸易逆差扩大、部分重工业相对衰落、中产阶级萎缩等经济和社会问题归咎于全球化和中国。在此背景下，特朗普和部分美国精英关于“美国重建了中国”“中国摘走西方工业文明之花”等匪夷所思的说法，也在一定程度上蛊惑了人心。

中美关系肯定回不到过去，中美结构性矛盾的长期存在，预示双方在多个领域的竞争不会因为政府更替或换届而发生显著变化。应该意识到，尽管两国当前和未来仍有合作空间，但中美两国在过去40年里建立的既有合作模式已经难以延续。当前中美关系之变，不仅是特朗普本人的性情所造成，也不仅是特朗普团队及少数极端反华势力所主导的；引起中美关系变化的深层因素，是两国为应对内外形势之变而各自调整了国家发展战略；两国关系之变，乃是整体国际形势深刻变化以及两国自身变化的一个结果。两国关系进入以战略博弈为主要特征的新阶段，具有客观必然性，不以人的主观意志为转移。

（二）美国利益集团对国家战略的影响

美国国内的利益集团，出于自身不同的需要，对于美国的国家战略影响巨大。

第一，美国国内选举政治的需要。中国经济的崛起，特别是工业生产的快速增长，在客观上助长了美国民粹主义的生长。全球化的发展，对美国白人阶层造成的失落，亟须找到政策的替罪羊。中国成为世界工厂，在客观上减少了美国制造业的就业需求，削弱美国支持自由贸易的投票人口比例，甚至客观上推动了美国民粹主义的发展。美国民粹主义的兴起有其特定的时代背景：主要与社会经济发展缓慢、分配不公、中下层民众生活状况不好、欲求不满有关。民粹主义往往是排外的，往往实行贸易保护主义，往往有孤立主义倾向，民粹主义往往会拥戴那些否定既有、个性张扬的领导人上台，历史上从安德鲁·杰克逊开始，到如今的特朗普，都是个性鲜明、作风张扬之人，对底层民众极具吸引力。

第二，美国军工复合体的利益绑架需要制造国际紧张局势。在近40年的冷战期间，战争和军备竞赛，使军工复合体从政府手中拿走了10万多亿美元的国防开支，从而成为冷战期间美国国内最大的获利集团。现在它已经变成了一个由军事部门、军工企业、部分国会议员和国防科研机构组成的庞大的利益集团，有200多万军事人员、100余家军工企业、几十个科研机构。军队要先进的武器装备和更高的待遇，军工企业要更多的订单，科研机构要更多的科研经费，一些国会议员想让他选区内的军事基地和军工企业提供更多的就业机会而获得选票，正是这些相互关联的利益需求，把军工复合体的各个部分联系在一起。在霸权衰落迹象显露的条件下，华盛顿为打压重要竞争对手，可能倾向于更多地采取军事手段以应急。只要坚持霸权利益，美国政治就无法摆脱军工复合体的影响。分析近年来美国对台军售、军援以色列、保持庞大海军编队、在韩国部署“萨德”反导系统等，无不与军工复合体的利益相联系。而在反恐战争之后，将中国设定为未来的竞争对手，完全符合军工复合体的利益。

第三，美国整合和动员西方国家，需要一个强有力的对手。二战结束后，美国杜鲁门政府采纳凯南提出的遏制政策，联合西方国家对苏联进行围堵，在这一过程中，美国完成了对西方国家的控制，出于共同的安全利益，使得西方各国与美国捆绑在一起。但是冷战之后，世界多极化趋势与美国单边主义成为一组不可避免的矛盾，即使是美国的西方盟国们也更多地强调各自的国家利益，与美国在维持原有同盟关系的条件下，更多地表现出离心倾向。中国作为一个与西方国家价值观和发展模式存在巨大差别的国家，被美国塑造成假想敌，将极大地有利于美国重新整合西方国家，将西方国家更好地纳入自己的轨道，更好地维护美国的全球霸权。

二　中欧关系的现状及未来发展

中欧关系与中美关系存在许多差异。欧盟不是一个主权国家，不是传统意义上的大国，其军事投射能力也极为有限，成员国保有外交及国防上的主权。但欧盟仍有集体大战略，作为对其成员国战略的补充及引导。2016 年欧盟发布的新版“欧洲外交和安全政策全球战略”——《共同愿景，共同行动：一个更强大的欧洲》发表在特朗普当选美国总统之前，当时还未预料到欧美关系及世界形势的急速变化。欧盟的诉求主要在经济而非维持永久霸权。所以欧盟并不愿选边站，与美国联手遏制中国。相反，中欧因为应对美国的霸权政策有更多的共同语言和对话、合作空间，特别是在共同捍卫多边主义和基于规则的全球秩序。2018 年 12 月 17 日，世界贸易组织对美国进行第 14 次贸易政策审议会议，中国和欧盟代表都猛烈批评了美国贸易保护主义。但是，毕竟要看到，中欧之间在意识形态、发展模式和价值观方面的巨大差距，中欧关系在世界地缘政治格局的变化中，存在竞争与合作的两面性。

（一）中欧关系发展的两大基本条件

第一，中欧关系是国际地缘政治竞争中的一环，受其他双边和多边关系的影响。中欧关系与中美关系相比特点十分突出，中欧关系要放在中美俄的全球地缘政治竞争的环境中看。1978 年改革开放之前，中欧关系深受冷战两极对峙格局影响。中华人民共和国成立时，中东欧国家迅速与中国实现了建交，一些西欧国家也采取了较为务实的态度，如英国 1950 年 1 月宣布承认中华人民共和国，1964 年中法建交标志着中国与西方国家关系的一个突破。但总体来讲，冷战的结构极大地制约了中国与西欧的关系。在美国学者沈大伟看来，当时的中欧关系附属于美苏关系。但是，由于美国领导人的一意孤行，美欧之间的关系出现裂痕。欧美关系的变化与特朗普推行“美国优先”政策具有重要关系。一直以来，欧洲将规则和多边主义视为维护自身利益的法宝。特朗普上台以来所推行的孤立主义和单边主义与欧洲的理念和主张背道而驰。特朗普不仅公开鼓动欧洲其他国家步英国脱欧后尘、对欧征收高关税、退出欧洲全力促成的《巴黎气候协定》，而且在诸如伊朗核协议这样事关欧洲重大安全利益的问题上，完全无视欧方意见和立场。目前在任的很多欧洲政治领导人已经将美国看作欧洲利益的破坏者。就中欧关系而言，由于欧美关系紧张，欧盟与中国在全球气候治理、维护多边贸易体系、维持联合国权威和作用等方面的合作机遇将大为增加。当然，这不是自动转化，不是说欧美疏远就会自动转化为中欧走近，但至少可以说，双方具备了进一步加强合作的条件，如果经过努力的话，这些条件是可以利用的。

但是，这种矛盾冲突是美欧等西方国家内部的一种政策调整过程中的冲突，不能理解为美欧之间同盟关系的破裂。西方与非西方之间由于意识形态等方面的因素仍存在明显的分野，欧美之间有共同的价值观基础，这一点目前以及在可预见的将来不会发生改变。美欧对全球重大外交与安全事务的看法和政策一致性仍然很大，但差异性日渐凸显，比如在气候变化、国际贸易体系、伊核等问题上处于完全的对立面。

第二，中欧之间直接的地缘政治冲突少，中欧关系以经贸合作为主线。40 多年前，随着中国改革开放拉开大幕，中欧关系迎来了一个大发展时期。中国将工作重心转移到国内经济建设，使欧盟在中国对外战略中的地位骤然提升。在过去 40 多年，欧洲国家特别是西欧国家扮演了中国对外开放的主要对象和经贸合作的主要伙伴角色。2017 年中国与欧盟 28 个成员国的贸易额为 616 亿美元，欧盟成为中国的第一大贸易伙伴。事实上，到 2017 年，作为统一经济体的欧盟已连续十四年保持了中国最大贸易伙伴的地位，连续七年为中国最大进口来源地，连续六年居中国第二大出口市场。对于欧盟来说，中国也多年保持了其第二大贸易伙伴的地位。尽管如前所述中欧也存在经贸分歧和摩擦，但欧洲选择了与美国特朗普政府不同的对华政策。虽然2018年中美经贸摩擦呈现出加剧态势，欧洲一直努力避免在中美之间选边站。随着中国经济的持续发展，中国市场对欧洲的吸引力将愈加增大。中国“一带一路”倡议在推动中欧经济关系方面的作用会进一步增大。

（二）中欧关系影响因素分析

第一，中欧之间的经贸关系存在一定的矛盾冲突。关于对华政策，欧盟与美国一样，寻求改变中国的经济运作模式，特别是国有企业改革，希望中国与欧美一样“对等”开放市场。欧洲抱怨比较多的是，欧洲国家对华贸易逆差大、欧企在中国与中企在欧洲享受的市场开放程度“不对等”、中国对国企补贴、强制欧洲企业技术转让等。中方对欧盟的不满主要是，2016年即中国入世15年过渡期结束后，欧盟不应该继续不承认中国的全面市场经济地位。中方要求欧盟终止对中国输欧产品实施不合理的反倾销和反补贴措施。

第二，欧盟外交仍有很强的意识形态色彩，但其价值观外交与以往相比正在发生较大变化。欧盟外交的进攻性减少，不再将改变中俄政治体制作为长期战略目标；与此同时防御性上升即担心欧盟成员国受中、俄政治体制吸引因而强调坚持自己的价值观，提升“其民主制度的适应性”。欧盟淡化价值观外交的背景，一是欧盟自身的变化。近年来，欧盟发展出现较大问题，民粹主义兴起，社会激进化，政治劣质化，其软实力和国际影响力随之下降，欧盟所谓价值观已不具榜样和说服力。二是美国的变化，美国看轻价值观，追求强权和霸权，一方面损害西方形象，另一方面更为凸显欧盟所谓价值观外交的孤立无援。欧盟推进价值观外交的意愿和能力下降的同时，也开始趋于现实主义。与美国有合作、有竞争甚至对抗，与中、俄有竞争、对抗，但同时也有合作。比如，在施压中国开放市场、“对等、互惠”方面，欧与美合作；在威慑俄罗斯方面，欧与美合作；但与此同时，欧也愿意与中、俄合作，共同维护伊朗核协议；

与中国合作，共同维护多边主义国际秩序等，也就是说，欧盟与美、俄、中关系正在去意识形态化、实利化。

第三，欧盟本身的力量不能单独抗衡中国或美国，但是可以作为两者之间的关键第三方，可以作为改变力量天平的重要砝码。由于地位独特，欧盟也因此成为中美俄三方均欲借重、拉拢的对象。客观而言，欧盟相比传统大国行动能力特别是军事行动能力较弱，但实力仍然强大，尤其是在经贸领域。欧盟拥有全球最大的单一市场，在公平竞争、对外贸易和投资领域高度集权，巨大的市场和规则制定能力是欧盟手中的王牌。欧盟在环境保护、气候变化等领域占有“道义制高点”，欧盟的多边主义等全球治理理念也拥有道义上的优势。因此，欧盟仍有很大的国际影响力，有欧盟的支持即在一定程度上意味着合法性的增加。

第四，中欧双方政治方面的互信不够。欧洲一些国家曾因向中国台湾出售武器或官方会见达赖导致双方关系出现过严重挫折。同时，欧洲国家对中国意识形态的偏见很深。近年来，随着中国综合实力的快速增强，欧洲对中国在国际秩序中的作用产生疑虑。对于中国的“一带一路”倡议，其既希望合作获利，又担心中国以此改写国际规则。需要重视的是，欧洲对华认知正在发生较大的变化。欧盟委员会政策文件对中国做出了两个新的判断。一个是，中国的发展给欧洲带来的机遇和挑战已经失衡；另一个是，不应再将中国视为发展中国家。基于这一新的认知，欧盟文件认为中国对于欧洲国家来说具有四重新的身份，即在具有相似目标领域的“合作伙伴”，需要进行利益平衡的“谈判对象”，追求技术领先的“经济竞争者”，以及倡导不同治理模式的“制度对手”。欧盟如此细化与中国新的关系定位，这在中欧关系中还是第一次。

（三）未来中欧关系的走向

2015年习近平主席访欧期间，在与时任欧洲理事会主席范龙佩会谈中，提出中欧要努力塑造“四大伙伴关系”，即和平伙伴关系、增长伙伴关系、改革伙伴关系、文明伙伴关系。其一，中欧应摒弃保护主义，持续加大相互开放力度，不断拓展合作领域，深化各项合作，“共同努力建造和平、增长、改革、文明四座桥梁，建设更具全球影响力的中欧全面战略伙伴关系”，通过良好的中欧双边关系引领不同制度的大国间关系发展。其二，发挥“亚欧会议”潜能，“推动亚欧会议积极变革，聚焦务实成果，在全球治理体系中发挥独特作用”，将欧盟《联通欧洲与亚洲：为欧盟战略构建基础》的亚欧互联互通战略与中国的“一带一路”倡议对接，促进亚欧大陆的安全、稳定及共同繁荣，打造互利共赢的亚欧合作样板。其三，维持世界贸易组织、国际货币基金组织、世界银行等多边机制的良好运行，促进世界的稳定、可预期发展。

总而言之，中欧合作有更大的紧迫性和动力，未来双方需要能有效管控分歧，相互理解，避免短期、局部的分歧影响双方长远利益和合作大局。

第二节　国际经济格局分析及影响

当前国际政治格局面临重大变化，但全球性的战争不会爆发。因为当前核弹数量足以毁灭地球数次，因而核武器仅仅用于威胁和震慑，这是人类理性的结果。在这一国际政治背景下全球经济增长依然是主线，但由于资本主义内在矛盾的存在，全球经济格局可能发生变化。本节从全球经济增长格局和全球贸易投资趋势展开分析。

一　全球经济增长及格局演变

（一）全球经济增长趋势

在国际金融危机之前，全球经济增长大致经历了两个阶段。第一阶段是1960—1989年，这一阶段形成了以美国为首的北约组织和以苏联为首的华沙组织，两大阵营形成各自的经济体系独立发展，这期间20世纪70年代的石油冲击以及80年代的拉美债务危机造成全球增长的短暂衰退，总体来讲这一阶段由于战后重建全球经济保持了较高增速，年均 GDP 增长率为 4.15%。第二阶段是 1990—2009 年，柏林墙倒塌和苏联解体标志着冷战结束，全球经济进入了大融合时代。一方面，全球劳动力供给骤增，这为全球化提供了低成本、高质量的劳动力。根据美国著名劳动经济学家弗里曼的估算，中国、原苏联国家、印度加入世界经济体系导致全球劳动力到 2000 年增加至 29.2 亿，如果这些国家被排斥在全球化之外，2000 年全球劳动力数量仅为 14.6 亿，弗里曼将这个过程称为"大倍增"（The Great Doubling）①。丰裕的劳动力与资本结合导致了资本深化过程，促进了全球经济的快速增长。另一方面，跨国公司构建全球产业价值链，进一步深化了国际分工，全球化进入大发展阶段。这带来三方面的进步：其一，分工深化导致规模效应，进一步提高生产效率；其二，各国可以根据自身的要素禀赋发挥比较优势进行生产；其三，信息技术革命和全球运输网络的扩展使得交易成本降低。如果将苏联解体后的危机时期以及国际金融危机前后的低增长时期排除，第二阶段全球 GDP 增长率年均保持在 3.37%（见图 6-1）。

2008 年国际金融危机爆发，在各国政府的通力协调合作下全球衰退得以遏制；然而危机过后十年仍未见强劲复苏态势，全球经济似乎进入低增长模式，根据 IMF 的预测，2019—2024 年全球 GDP 增长率仅为 2.84%（见图 6-1）。《世界经济展望》（2019 年 4 月）将全球经济放缓归结为三个原因：第一，不平等加剧；第二，投资疲弱；第三，贸易保护主义抬头。

我们认为全球经济放缓不仅有中短期因素，而且是长期性和结构性的。

从技术层面看，近代以来人类经济增长出现了质变，全球人均 GDP 呈快速态势，在此之前全球人均 GDP 几乎保持水平状态（见图 6-2）。这与人类处于马尔萨斯陷阱有关，即人口呈几何级数增长，

① Richard Freeman, "The Great Doubling: the Challenge of the New Global Labor Market", 2006. http://eml.berkeley.edu/~webfac/eichengreen/e183_sp07/great_doub.pdf.

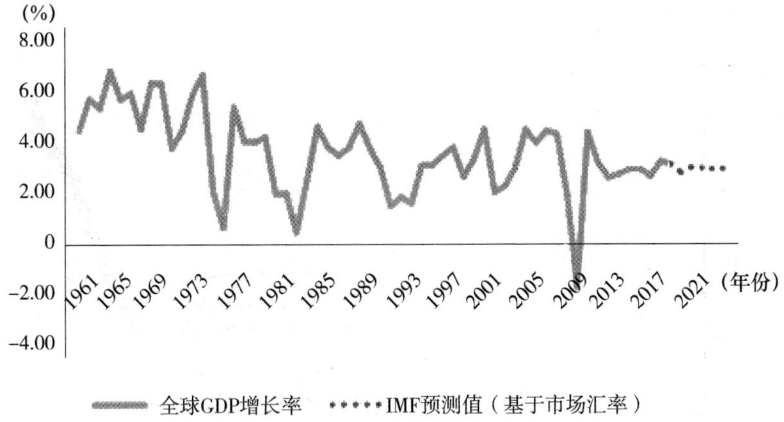

图 6-1 全球 GDP 增长率及预测

资料来源：世界银行、IMF，Wind。

而食物呈算术级数增长，即人口增长受土地生产力的硬约束。自工业革命发生后，技术突破了环境容量的限制，也就自然跳出了马尔萨斯陷阱。第一次工业革命以蒸汽机为代表，动力技术的出现极大节省人类体力，使得大规模采煤挖矿得以实现；蒸汽火车提高了交通效率，相应扩大了产品市场；珍妮纺织机的出现使轻工业消费品得以大发展；与此同时大量劳动力释放后导致圈地运动，圈地运动则带来了土地规模化、集约化经营，为突破食物约束创造了条件。第二次工业革命以电力和内燃机技术为代表，电器和电力应用给人类生活带来变革，石油开采和内燃机应用使得重工业又向前迈出一大步，据统计，1870—1900 年石油开采量由 80 万吨增长至 2000 万吨。第三次工业革命以计算机和信息技术为代表，计算机应用提供了工业生产的精度和组织效率，信息技术降低了人类的沟通成本，为全球贸易的扩张提供了条件（见表 6-1）。每一次工业革命都使经济增长率和人均产出大幅提升，从图 6-2 中可以看出，每一次工业革命后人均 GDP 的斜率都进一步上升。

当下正在发生的第四次工业革命是否会带动经济走入新的增长路径，目前形势并不是很明朗。第一，人工智能还处于孕育期，未有

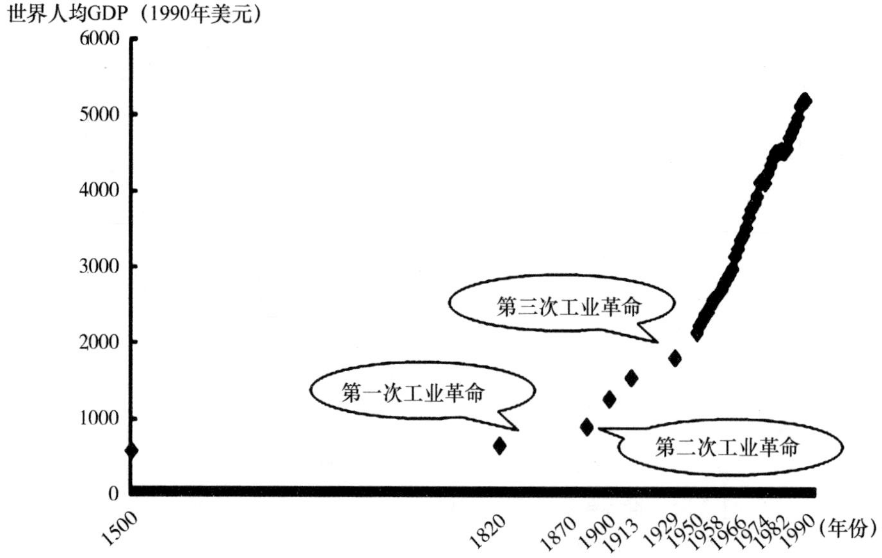

图6－2　全球人均GDP变动趋势

资料来源：根据麦迪森《世界经济千年史》提供的数据绘制。

大规模的应用。依据KPMG的2019年人工智能产业研究报告调查结果，目前仅有23%的公司已将人工智能应用于工作场景，超过五成的企业正处在研发过程中或已有研发计划。第二，第四次工业革命的职位替代效应可能超过新岗位的创造。第一次工业革命使农业劳动力大规模转移到工业，第二次科技革命使服务业劳动力需求增长，第三次科技革命使得生产性服务业和新兴科技领域就业大增。与前三次科技革命不同，第四次科技革命中人工智能技术的出现大幅削减了劳动密集型的体力劳动岗位，同时也替代了包括研发工作在内的知识密集型的脑力劳动岗位。这将对技术进步产生一定的抵制作用。第三，以人工智能为代表的数字技术可能对民主制度造成影响，而民主是西方文明的重要基石。美国有线电视新闻网2018年3月18日报道，2016年美国总统大选的后期阶段，特朗普阵营在剑桥分析公司的帮助下，使用政治心理测绘学、大数据与人工智能技术等新技术，对于决定选举最终成败的俄亥俄、密西根等11个“摇摆州”

进行了“靶向竞选”，针对每一个个体进行个性化的宣传与引导。这意味着2016年的美国总统大选中政治心理测绘学以及大数据与人工智能技术不仅是作为辅助型决策工具，而是被进一步运用到了辅选拉票的实际选战之中。

表6－1　　工业革命的主要历程和成就

	发生时间	地区	发起领域	创新成果
第一次工业革命	19世纪40年代	由英国扩展到其他欧美国家	蒸汽技术	棉麻纺织、冶金、采煤等领域工业化
第二次工业革命	19世纪70年代至20世纪初	德国、美国	电力与内燃机技术	发电机与内燃机的应用；电灯与电话；交通工具
第三次工业革命	20世纪40年代至90年代	由美国扩展到全球	计算机与信息技术	电子计算机、信息网络、生物工程
第四次工业革命	21世纪至今	中、美、德、日等科技大国	人工智能技术	人工智能、虚拟现实、量子信息、新能源、生物技术

资料来源：笔者整理。

从资本层面看，在新古典增长框架下若技术条件不发生改变，则经济增长表现为资本深化不断衰减的过程，也即表现为资本回报率不断递减的过程。图6－3是1875年（即第二次工业革命）以来全球主要资产回报率情况：第二次工业革命导致生产力大幅提升，全球资本回报率逐渐下降，至一战前资本回报率降至负利率；资本家为获得垄断利润生产组织形式向辛迪加、卡特尔等垄断形式转变，在国家层面表现为帝国主义崛起，世界大战爆发导致资本大量损毁。“二战”后资本回报率重新上升，这一方面是由于资本稀缺，另一方面二战中孕育的原子能、电子信息技术成为新的增长点。

图6－3　全球主要资产回报率

资料来源：Alan M. Taylor, The Rate of Return on Everything, 2018, NBER paper。

目前全球进入负利率状态：2019年美联储降息3次，欧央行宣布下调存款利率10个基点至－0.5%，并恢复债券购买，此前欧央行曾于2018年12月底结束购债（见图6－4）。除美欧央行外，2019年已有包括澳大利亚、新西兰、韩国、俄罗斯、巴西、印度等在内的30多家央行宣布降息，尤其是6月以来，加入降息行列的国家明显增多，幅度超出预期。全球金融市场进入负利率对应着实体经济的低资本回报和资本过剩现象，目前来看这一现象还具有长期性。第一，第四次工业革命的形势还不很明朗，在应用层面还未有大规模突破。第二，导致资本大规模损毁的世界大战并不会爆发，全球在相当长一段时间处于资本过剩状态。究其原因是因为人类目前处于核武器时代，以1945年为分水岭，过去人类犯错误的结果是导致社会的衰退或崩溃，现在这些错误将直接导致人类的灭亡；正是由于核武器的存在，美俄冲突或中美对抗的上限同时也被限定了，因为核大国之间的全面冲突无异于人类毁灭。

2019年8月27日	1年	2年	3年	4年	5年	6年	7年	8年	9年	10年	15年	20年	30年
瑞士	-1.09	-1.1	-1.13	-1.12	-1.1	-1.07	-1.04	-1.03	-1.07	-0.99	-0.79	-0.7	-0.53
日本	-0.25	-0.31	-0.31	-0.34	-0.35	-0.37	-0.39	-0.38	-0.34	-0.28	-0.09	0.06	0.15
德国	-0.82	-0.89	-0.92	-0.93	-0.89	-0.89	-0.86	-0.82	-0.76	-0.69	-0.55	-0.41	-0.19
荷兰		-0.86	-0.9	-0.87	-0.81	-0.75	-0.72	-0.65	-0.62	-0.56			-0.2
丹麦		-0.86	-0.89		-0.88	-0.83		-0.76		-0.65		-0.45	
芬兰	-0.67	-0.77	-0.79	-0.77	-0.76	-0.66	-0.63	-0.55	-0.5	-0.43	-0.25		0.03
法国	-0.74	-0.8	-0.84	-0.82	-0.75	-0.69	-0.63	-0.56	-0.49	-0.41	-0.1	0	0.43
瑞典		-0.64		-0.72	-0.7	-0.62	0.04	-0.53		-0.33	-0.16	0.11	
奥地利	-0.65	-0.78	-0.78	-0.77	-0.71	-0.68	-0.6	-0.58	-0.52	-0.44	-0.9	-0.09	0.15
比利时		-0.8	-0.81	-0.74	-0.65	-0.62	-0.55	-0.49	-0.43	-0.35	-0.07	0.15	0.53
爱尔兰	-0.55	-0.44	-0.65	-0.62	-0.54	-0.42	-0.34	0.57	-0.18	-0.09	0.2	0.42	0.75
西班牙	-0.51	-0.56	-0.54	-0.42	-0.36	-0.24	-0.15	-0.08	-0.02	0.08	0.49		0.97
意大利	-0.17	-0.11	0.22	0.36	0.55	0.59	0.81	0.87	0.9	1.14	1.66	1.84	2.2
美国	1.73	1.51	1.43		1.38		1.43			1.4			
中国	2.59	2.71	2.8	2.76	2.92	3.19	3.09	3.12	3.15	3.05			3.67

图6－4　全球进入负利率状态

资料来源：Wind资讯。

从劳动力层面看，在新古典增长框架下若技术条件不发生改变，稳态时的经济增长率为外生的人口增长率。图6－5上图是全球劳动力人口增长率的情况，二战以后全球出现了婴儿潮，到20世纪60年代逐渐成为适龄劳动人口（见图6－5上图），这一阶段全球经济经历了较高增长（参见图6－1）；20世纪90年代全球劳动人口有一次小幅增长，这一阶段全球经济增长主要来源于全球化红利，即劳动力要素物化到商品中并参与全球贸易，但由于人口增长不如以前，全球增长率也相应下一个台阶。随着技术进步、个人自我价值实现的诉求提升以及高房价等因素影响，人类生育意愿总体下降，根据联合国的预测，2030年全球劳动力人口增长率将降至0.5%以下。另外，人均收入水平的提高和医疗技术的进步使得老龄化问题越来越严重，全球人口结构在2013年跨过50年的大拐点（见图6－5下图），这也意味着整个经济增长的负担越来越重。

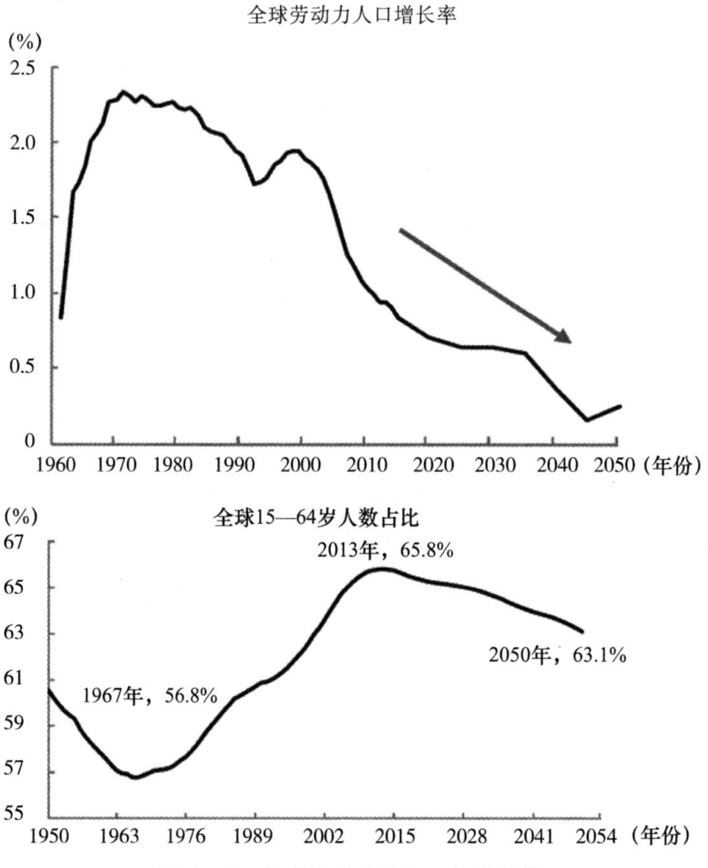

图6－5 全球劳动力及人口年龄结构

资料来源：CEIC。

总体而言，在不爆发大规模战争的前提下，未来全球科技进步不明朗，劳动年龄人口低增长，全球资本处于过剩状态，全球经济进入一种“低增长、高失业和低投资回报”为主要特征的“新常态”（New Normal）①。

（二）全球经济增长格局的变化

从全球视角看，经济增长整体趋于收敛。从全球内部结构来看，在第四次工业革命的应用前景还不明朗的大背景下，受益于后发优势与产业转移等方面的影响，发达国家与发展中国家之间的差距正在不断缩小。从图 6－6 可以看出，发达国家与发展中国家在 GDP（现价）方面的差距自千禧年以来正逐步缩小。

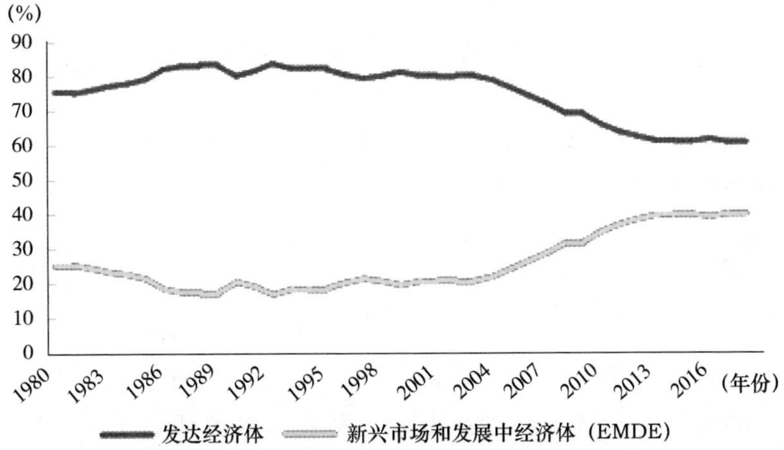

图 6－6　发达经济体与新兴市场和发展中经济体占全球经济的份额

资料来源：国际货币基金组织。

在新古典增长分析框架下，若两个国家的投资率相同，则初始人均资本较低的那个国家将拥有较高的经济增长率。随着发达经济体 FDI 流量占比的不断下行与发展中经济体 FDI 占比的不断增加，发展

---

① Clarida，R.，“The Mean of the New Normal is an Observation Rarely Realized：Focus also on the Tails”，*Global Perspectives PIMCO*，2010（7）.

中经济体在投资率上已经实现了反超，这成为发展中国家经济快速增长的主要源泉（见图6－7）。

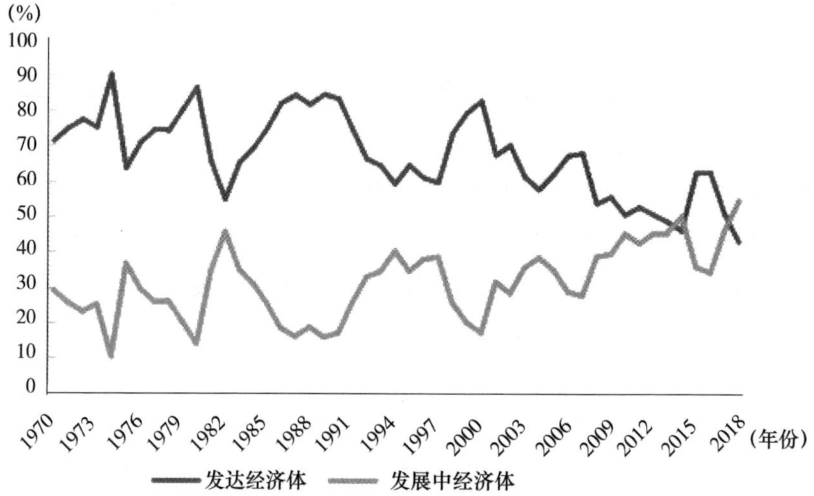

图6－7 发达经济体与发展中经济体FDI流量占比变化

资料来源：联合国贸易和发展会议。

从更细致的划分角度来看（按收入组划分），全球经济格局并未表现出趋于一致的现象。从国内生产总值来看，高收入与中等收入国家的GDP上升较为明显，而低收入国家GDP仍处于低位的格局并未发生明显变化。虽然在增速方面，高收入国家相较于中等收入和低收入国家处于低水平，但低收入国家的增速并未显著高于中等收入国家，后发优势并未显现（见图6－8）。究其原因可以从三个方面来看。

第一，从资本层面看，FDI作为衡量长期投资行为的重要指标，高收入国家FDI多年来一直保持高水平，一方面说明了资金对高收入国家市场的认可，另一方面说明了在未来较长的一段时间内，高收入国家仍能保持较高水平的资本投入。而中等收入国家自千禧年以来FDI上升明显。在全球资本回报率低迷，资本过剩的经济背景下，已经与高收入国家的FDI持平。但对于低收入国家而言，FDI多年来并

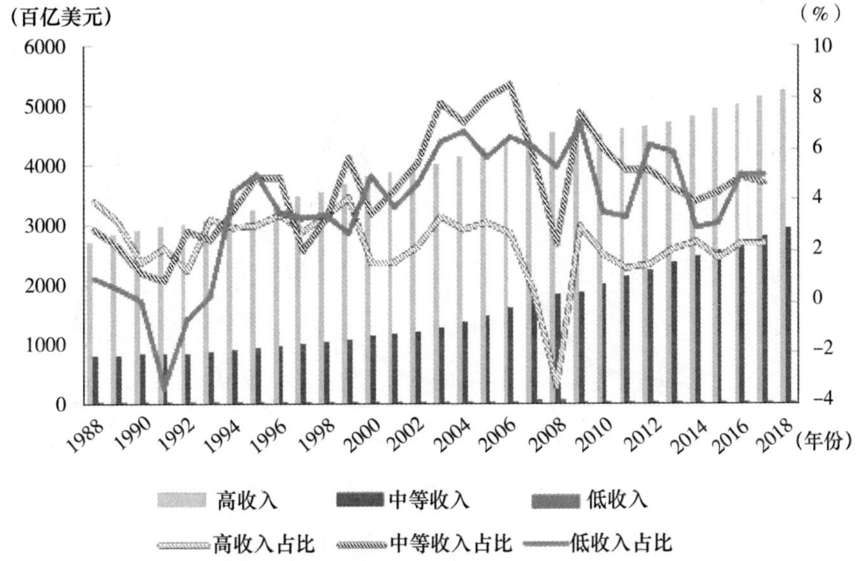

图 6-8　高、中、低收入国家国内生产总值及其增速

资料来源：世界银行。

没有发生明显增加的现象，长期投资资金的匮乏，导致低收入国家无法实现人均资本的提升，进而无法提升经济增长速度（见图 6-9）。从更深层次的原因来看，低收入国家缺乏投资源于缺乏稳定的制度和政策环境，这对于长期资本是大忌。表 6-2 展示了全球不同地区制度和宏观政策竞争力得分情况：欧洲及北美对应绝大多数高收入组国家，东亚及太平洋地区对应绝大多数新兴市场国家和部分高收入组国家，这两个地区的制度得分在 60 分以上，宏观政策稳定性得分在 90 分左右；反观撒哈拉以南非洲和拉美及加勒比地区，这两个地区对应着绝大多数低收入组国家，这两项得分都是垫底。这充分说明了制度环境对投资的影响。

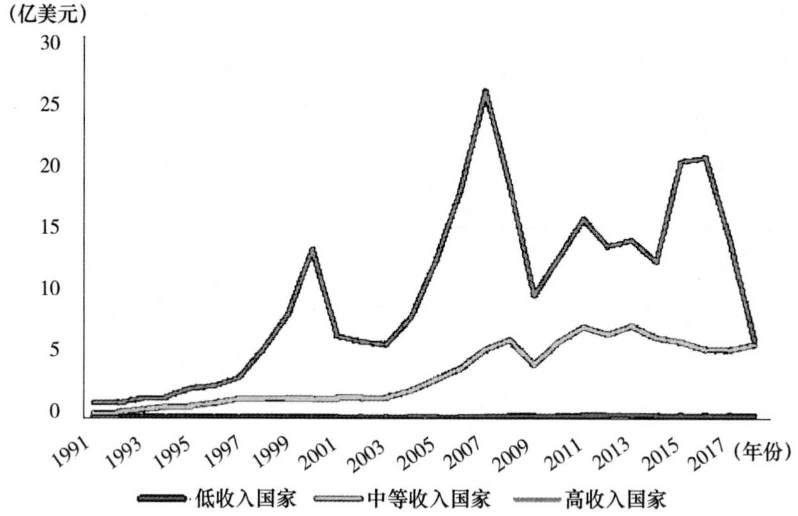

图6-9 高、中、低收入国家FDI净流入

资料来源：世界银行。

表6-2 **不同地区制度环境竞争力得分**

	制度得分	宏观政策稳定性得分
东亚及太平洋地区	61.6	89.6
欧亚集团	53.8	74.9
欧洲及北美地区	64.7	92.6
拉美及加勒比地区	47.1	73.7
中东及北非地区	55.5	75.3
南亚地区	50.0	74.7
撒哈拉以南非洲	46.9	69.4

资料来源：World Economic Forum，*The Global Competitiveness Report 2019*。

第二，从劳动力层面看，高收入国家人口增长率长期处于1%以下，且还有向下的趋势。人口增长率的下降一方面会带来老龄化的负面影响，但也会提升人均资本，从而获得人均收入提高的积极作用。在第四次工业革命背景下，由于生物医疗技术的不断进步，高收入国家的老龄人口将会进一步增加。中等收入国家人均 GDP 上升后，生育意愿改变，人口增长率从 2% 的水平不断下降，近年来已经接近 1% 左右的水平，逐步向高收入国家低生育区域迈进。对于低收入国家而言，人口增长率多年一直保持在 2.5% 的相对高位，且无下降的趋势。在资本未发生明显上升的情况下，人口的不断上升，将会稀释低收入国家原本就不高的人均资本（见图 6－10）。从微观视角看低收入组的人力资本也与中高收入组存在较大差距：健康得分方面，撒哈拉以南非洲得分最低（50.8 分），欧洲及北美地区得分最高（89.1 分），东亚、拉美及中东基本在一个水平上；技能得分方面，撒哈拉以南非洲得分依然最低（44.3 分），欧洲及北美地区得分最高（74.6 分），东亚、欧亚集团基本在一个水平上（见表 6－3）。

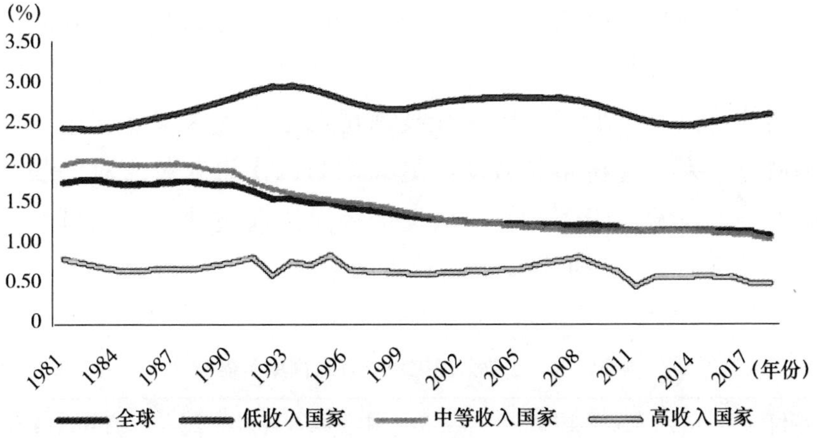

图 6－10　全球及高、中、低收入国家人口增长率

资料来源：世界银行。

表 6－3　**不同地区人力资本竞争力得分**

	健康得分	技能得分
东亚及太平洋地区	83.8	67.3
欧亚集团	71.3	66.1

续表

	健康得分	技能得分
欧洲及北美地区	89.1	74.6
拉美及加勒比地区	82.2	58.7
中东及北非地区	80.8	62.9
南亚地区	68.4	50.1
撒哈拉以南非洲	50.8	44.3

资料来源：World Economic Forum，*The Global Competitiveness Report 2019*。

第三，从技术层面看，中等收入国家所拥有的互联网服务器数已经接近高收入国家2010年的水平，而低收入国家在技术层面仍处于低位（见表6－4）。互联网服务器数反映了一个国家接入互联网的程度，而互联网技术作为第三次工业革命的重点发展领域，互联网服务器数越多就反映了一个国家从第三次工业革命中所获得的收益越多。因此可以看出低收入国家在技术层面上，仍未享受到第三次工业革命所带来的经济增长效应，更遑论第四次工业革命对低收入国家的影响。技术过于落后，使后发优势无法通过劳动力数目的增加来体现，反而会进一步削弱人均资本的数量。

表6－4　**低、中、高收入国家历年互联网服务器数**　（台/每百万人）

年份	低收入国家	中等收入国家	高收入国家
2006	0.15	2.71	409.67
2007	0.28	3.68	538.24
2008	0.29	4.72	625.86
2009	0.33	5.42	677.52
2010	0.29	6.16	1089.23
2011	0.38	9.06	1393.66
2012	0.81	16.60	1888.25

续表

年份	低收入国家	中等收入国家	高收入国家
2013	1.00	21.07	2154.51
2014	1.41	28.38	2613.11
2015	1.93	44.20	3314.79
2016	3.64	179.54	7016.87
2017	15.24	683.56	18739.38
2018	18.63	924.53	34193.08

资料来源：世界银行。

综上，全球经济格局演变既表现出趋同又表现出分化，趋同主要表现在高收入组国家和中等收入组国家之间，分化则表现在低收入组国家与另两组国家之间。未来，这三组国家的经济将呈现如下走势。

高收入国家在保持现有水平的情况下平稳发展。虽然在劳动力层面受到老龄化因素的影响，但在技术层面，高收入国家仍处于领先地位，从而牢牢把控着微笑曲线的两端，获得超高的经济收益。

中等收入国家在技术、资本与劳动力多方面生产要素的共同作用下开始迅速追赶高收入国家。中等收入国家在技术方面充分享受到了工业革命所带来技术进步效应。新兴的技术借助国际资本的流动快速地实现了扩散效应，全球产业价值链的形成，进一步提升了中等收入国家参与国际分工的深度，并借助劳动禀赋发挥比较优势，充分实现了全球化大发展阶段的经济快速增长。

低收入国家从长期来看既未享受到多次工业革命所带来的技术扩散效应，从而有效提高人力资本水平，也未从国际资本过剩的背景下获得增长所需的资本支持，反而由于人口增长率的居高不下，进一步降低了原本就不足的人均资本水平。可以预见未来全球经济格局将进一步趋同，而低收入国家的发展状况将有可能成为桎梏全球经济增长的重要因素。

（三）亚洲内部格局的变化趋势

亚洲内部也包含了高、中、低不同的收入组，我们重点关注中、日、印三国。这三个国家的经济特征具有典型代表性：日本是世界第三大经济体，也是东亚地区最发达的经济体；中国是世界第二大经济体，也是东亚地区最大的发展中国家；印度则是世界第二大发展中国家，也是南亚地区最大的经济体。考察中日印三国未来经济增长的潜力，将有助于判断未来亚洲格局的变化趋势。金融中心的发展一般要经过区域性—国际性—全球性的演进，在上海成为全球范围内顶级的金融中心的过程中，首先要面临来自同区域的金融中心的竞争，服务于金融格局研判的目的，我们对中、日、印三国的未来趋势进行分析。

从总体视角看，根据世界经济论坛制定的国家竞争力整体指数（GCI）可知，日本作为亚洲第一发达国家，仍保持很高的国家竞争力，中国、印度次之（见图6－11）。在中、日、印三国GDP占全球经济的比重中，中国作为世界第二大经济体，在全球经济格局中所占

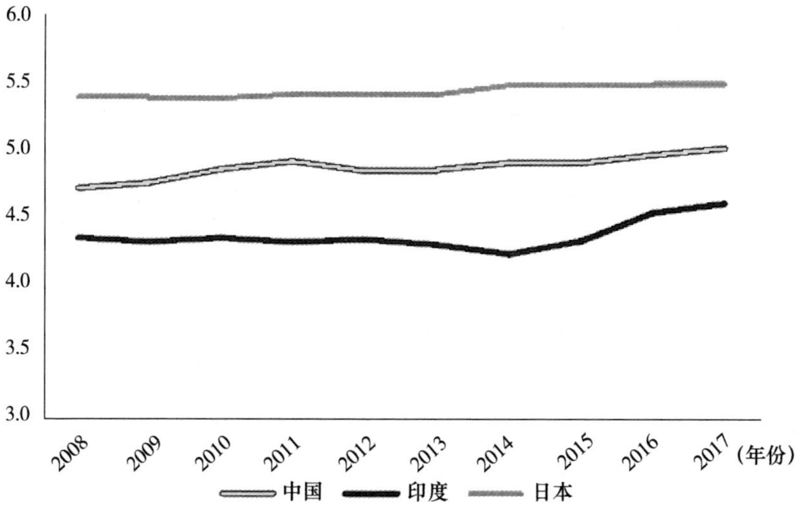

图6－11　中、日、印三国国家竞争力指数

资料来源：World Economic Forum。

的比重不断上升，在2010年即完成对日本的赶超，且两国差距正不断拉大。日本则受限于诸多负面因素的影响，在全球经济格局中虽依旧占据重要地位，但表现出逐年下降的疲态。印度在全球经济格局中的比重也表现出逐年增加的趋势，但增长幅度仍低于中国，中印两国在全球经济格局中的地位正逐步拉大（见图6－12）。另外，世界银行数据显示，中、日、印对世界经济增长的贡献率（汇率法）中，中国对世界经济增长的贡献率长期高于20%，印度近年来对世界经济增长的贡献率逐年增加，已经接近10%，高于日本对世界经济增长的贡献率（见图6－13）。

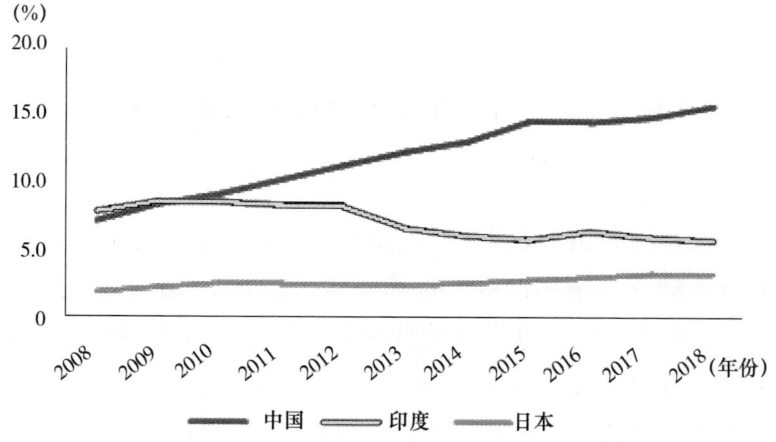

图6－12 中、日、印三国GDP占全球经济的比重

资料来源：世界银行。

在资本层面，作为衡量长期投资行为的FDI，中国长期以来为外资所看好，一方面源于中国经济自改革开放以来快速发展，具有良好的发展前景；另一方面也与中国地区的高投资回报率相关。多年来中国FDI持续保持增长趋势且未见趋势下降现象，资金的大量流入，既提升了中国的人均资本，也使中国的产业结构完成了从劳动密集型向资本密集型转移的初步目标，有效优化了中国融资结构并赋予了中国增长新的动力。预计未来较长的时间内，中国仍是外商

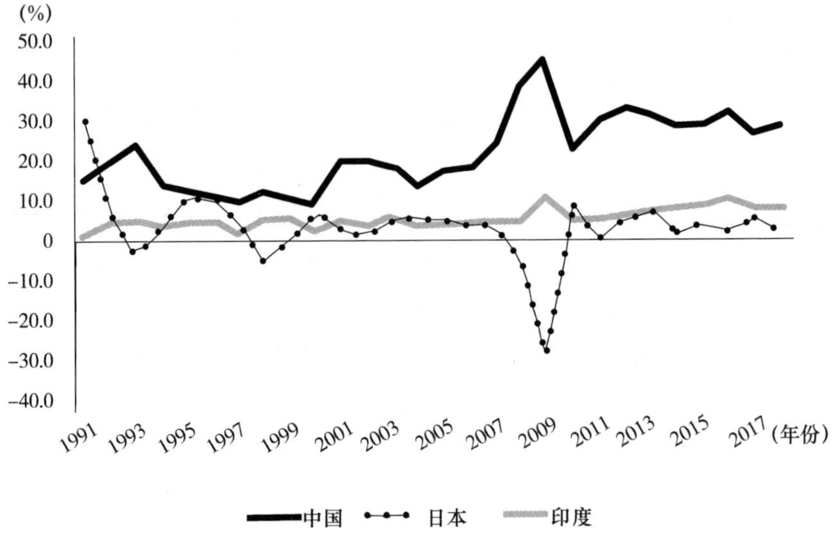

图6－13 中、日、印三国对世界经济增长的贡献率

资料来源：世界银行。

投资的首选。日本由于长期内经济处于低迷，保持长期负利率状态以及人口老龄化等诸多问题，逐渐不被外商所青睐，长期投资行为多年来一直未有起色，这有可能成为日本经济走出低迷的一大阻碍。印度则作为世界上第二大的发展中国家，有着庞大的市场需求，近年来一直保持接近7%的增长速度，且印度在2010就实现了资本项目的开放，印度市场逐渐为外商所重视。自2005年以来，印度FDI开始快速上升，但受限于国内基础设施建设的滞后、国内民生制度等问题，近年来保持相对稳定（见图6－14）。

在劳动力层面，中印两国年龄15—64岁的人口多年来保持迅速上涨的势头，但随着近年来中国房价的快速上升，消费观念的转变，生育意愿的扭转等诸多方面原因，中国的人口增长率逐年走低，老龄化问题开始凸显，15—64岁的人口迎来上升拐点，预计未来放开生育政策的效果也不明显，劳动力人口开始下降，人口红利消耗殆尽，将会成为制约中国经济增长的负面因素（见图6－15）。然而，劳动力的下降在一定程度上意味着人均资本的上升，若在这一过程中能

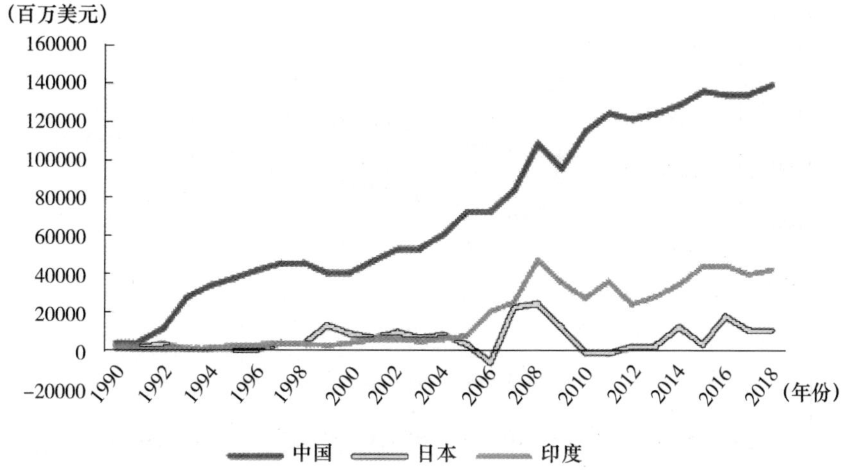

图 6 - 14　中、日、印三国 FDI 流量

资料来源：联合国贸易和发展会议。

完成产业结构的升级，实现资本密集型向创新导向型发展阶段的过度，将能为中国经济的再次腾飞打下重要基础。中国实行近 40 年计划生育政策有效地遏制了人口的快速上涨，印度并未实行相应的严控人口政策，其结果是人口增长率常年保持高位（见图 6 - 16），一方面带来了适龄劳动力的大量供给，另一方面也增加了民生问题的负担。适龄劳动力的快速上升必须有与之相适配的资本投入以及相适应的制度环境，方能把人口增长转化为人口红利，否则人口的增长对一个发展中国家而言反倒会成为人口负担。有机构预测印度的总人口将会在近两年超过中国总人口，从 FDI 流量来看，印度外商投资总流量虽然明显上升，但受多方面影响人均 FDI 增量不显著，不足以支撑印度劳动力人口的快速上升。日本则在 2010 年前后人口增长率由正转负，且常年来 15—64 岁的人口保持相对较低的水平，老龄化问题日益恶化，劳动力人口的匮乏必将成为制约日本经济复苏的最主要因素。

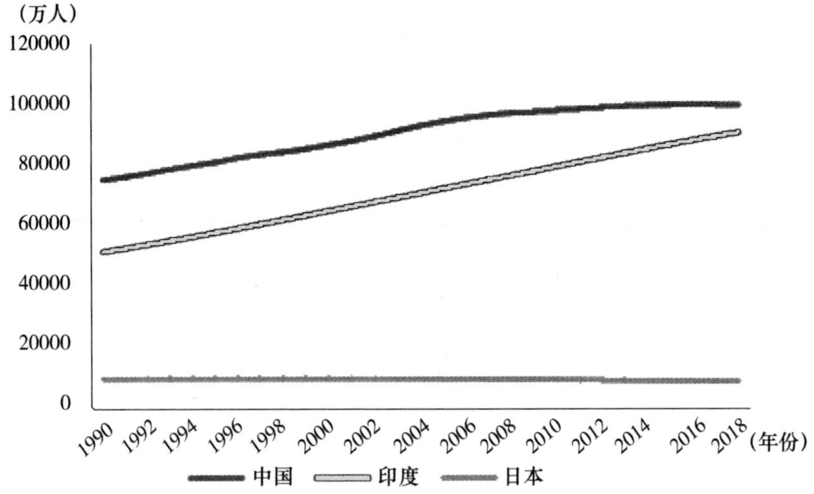

图6－15 中、日、印三国15—64岁人口总数

资料来源：世界银行。

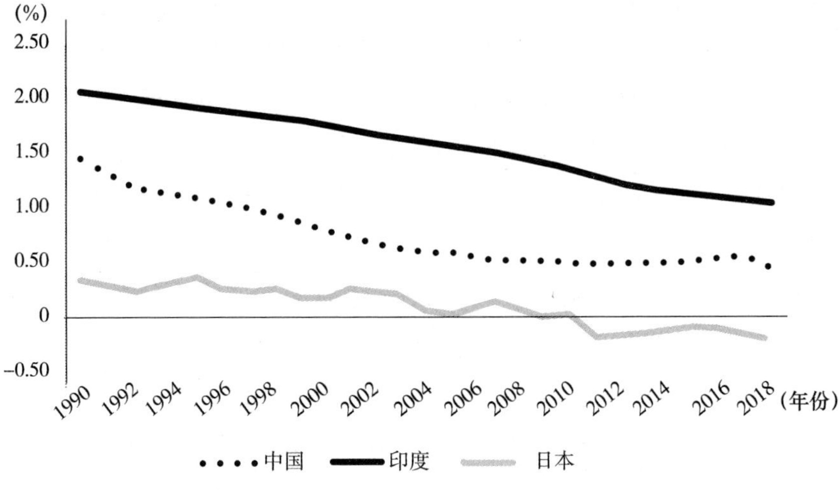

图6－16 中、日、印三国人口增长率

资料来源：世界银行。

在技术层面，格罗宁根成长与发展中心数据显示，日本在全要素生产率方面显著高于中国与印度，而中国与印度在千禧年后开始缓慢上升，两国之间的差距并不显著（见图6－17）。技术进步是经济增长的源泉，全要素生产率提高是产业升级与生产力发展的结果，在这方面日本优势明显。

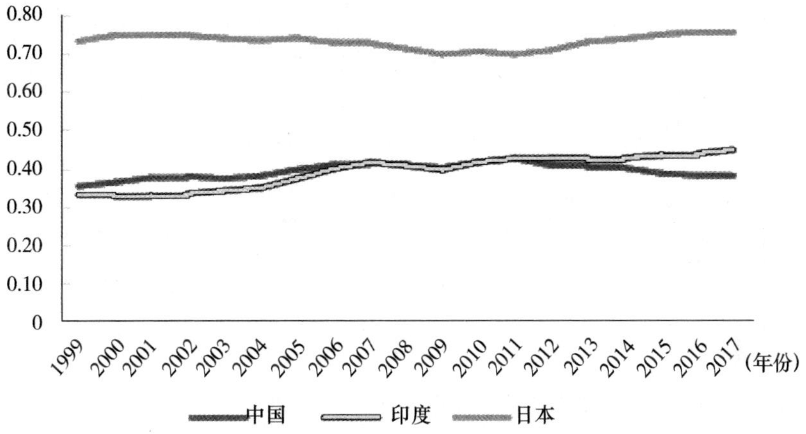

图 6－17 中日印三国全要素生产率（美国为 1）

资料来源：格罗宁根成长与发展中心。

总体而言，未来亚洲内部格局的变化将很大程度取决于中、日、印亚洲经济三极，中、日、印三极的增长趋势决定了未来亚洲内部格局的重新调整。以上基于新古典增长框架对中、日、印三国的技术、资本与劳动力层面进行了分析，再结合世界银行所给出的未来中、日、印三国的 GDP 实际增长率的预测（见图 6－18），可以得出对未来亚洲内部格局变化趋势的判断。

虽然日本作为世界第三大经济体在全要素生产率方面保持亚洲层面的绝对优势，但受制于负利率、人口老龄化等问题，日本经济低迷的态势在长期内难以扭转，未来在亚洲乃至全球的经济地位将会缓慢降低。

印度作为世界上第二大发展中国家，在未来几年内也将成为人口数量最多的国家，逐步成为世界上最大的新兴市场。虽然资本项目已实现开放，经济增速保持高位，经济前景被外界所看好，但受制于传统制度的拖累，资本进入的速度并未出现快速的增长。而人口的膨胀并未得到相适配的资本支持，人口不仅不是红利反而可能会

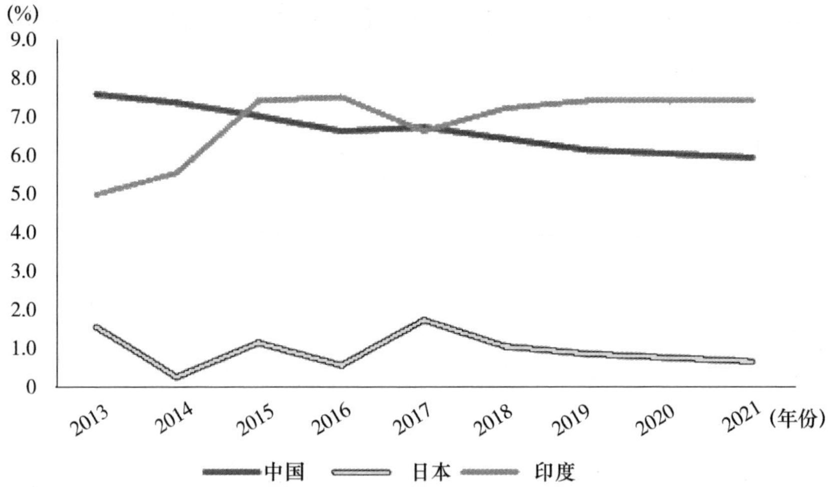

图6－18　世界银行预测中、日、印三国GDP实际增长率

资料来源：世界银行。

成为负担。可以预见未来印度经济整体将保持上升态势，在亚洲内部的经济地位将保持持续上升，但若印度政府无法摆脱传统因素的制约，印度经济地位的上升终将难以走远。

中国作为世界第二大经济体，经过改革开放40多年的发展，已经逐步完成了从劳动密集型向资本密集型发展模式的过渡，在全球范围内也获得了举足轻重的地位。但受制于创新发展提升较慢、产业结构转型较慢、人口老龄化问题凸显等问题，中国的GDP增长率开始逐年放缓（但仍远高于世界平均水平），未来中国经济在亚洲乃至世界范围内，仍将是拉动全球增长的中坚力量，在亚洲与全球的话语权也将不断加大。但对于中国而言，转变增长方式，优化产业结构，转换增长动能将是未来发展的重点。

二　全球贸易和投资趋势及格局演变

（一）全球贸易和投资趋势

全球贸易趋势与全球经济增长的趋势表现是一致的，甚至更为严重。2019—2024年全球GDP增长率仅为2.84%（见图6－1），而

2019—2024 年按单边计算全球贸易占 GDP 的份额仅为 1.19%，且呈逐渐萎缩趋势（见图 6－19）。

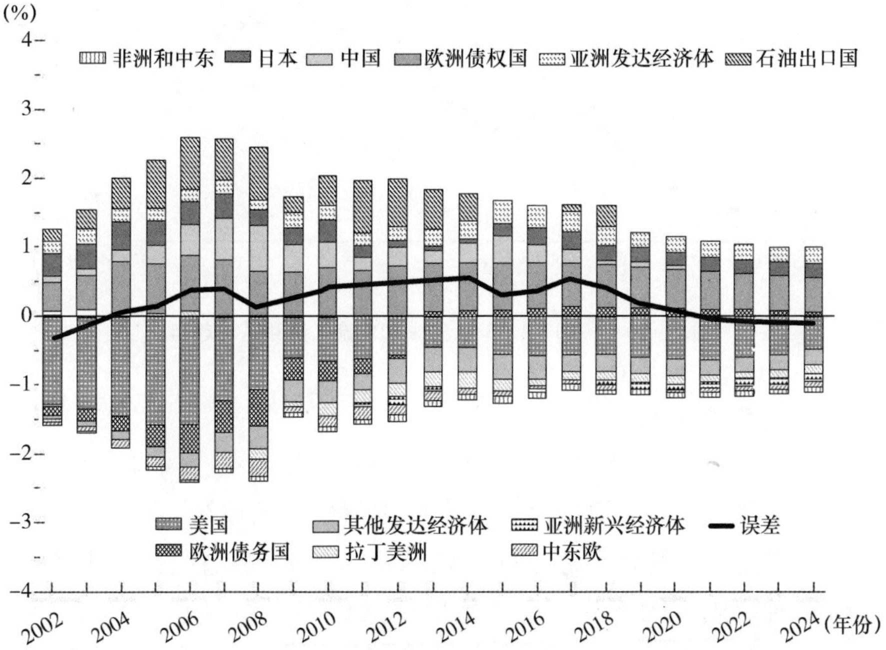

图 6－19　全球经常账户差额占 GDP 比例

资料来源：IMF《世界经济展望——增长放缓、复苏不稳》，2019 年 4 月，第17 页。

20 世纪 90 年代全球化进入大发展阶段，全球贸易占 GDP 份额逐年扩大，跨国公司的对外直接投资（FDI）是贸易扩张的重要载体。与全球经济增长和全球贸易趋势的变动一致，全球 FDI 流量也经历了三个发展阶段：20 世纪 90 年代是 FDI 的高光时刻，年均增长率高达 21%；2000 年至国际金融危机前这个时期 FDI 经历了大幅下跌和强劲反弹，年均增长率为 8%，这主要是受东南亚金融风暴影响，而东亚地区在 20 世纪是 FDI 的主要流入地。自 2008 年以来，潜在的 FDI 出现增长乏力。扣除税收改革、巨额交易和不稳定的资金流动等一次性因素造成的波动，这个时期 FDI 的年均增长率仅为 1%（见图 6－20）。

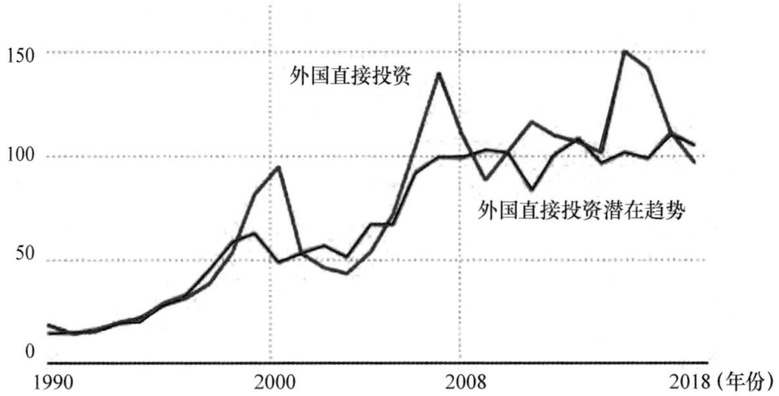

图6-20 1990—2018年全球FDI流入量和基本趋势

注：2010年指数为100。

资料来源：贸发会议。

全球贸易放缓的原因之一是全球价值链增长放缓。1995年世界贸易组织成立，替代了原有的关贸总协定，关税大幅度下降，加之运输和通信成本的下降，全球价值链（GVC）参与率由1995年的32.8%上升至2000年的39.9%（见图6-21）；2001年中国加入世贸组织使全球价值链进一步加深，Amiti等发现，中国在加入世贸组织后削减了关税，这降低了投入成本，提高了中国企业的生产率，并随着美国关税不确定性的减少，扩大了对美国的出口；然而国际金融危机以后，尽管关税水平进一步下降，但GVC参与率在经过短暂反弹后又进入下降趋势，这说明全球分工已发展到相当深度，全球价值链增长已经放缓。

作为全球价值链放缓的镜像，全球FDI投资表现为收敛趋势。危机前全球FDI收益率达到峰值，相对于1990年有显著增长，但2016年以来FDI的收益率稳定在6.5%左右（见表6-5）。

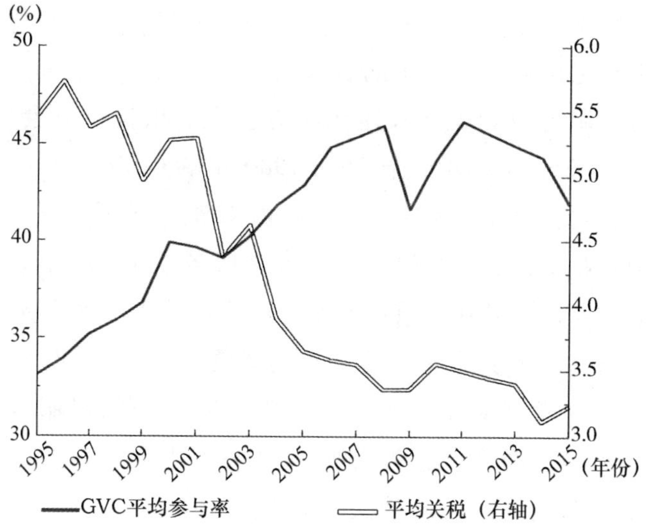

图 6－21　关税与全球价值链参与

注：GVC 参与是对全球价值链的前向和后向参与，表示为占总出口的百分比。GVC＝全球价值链。关税适用于农业、采矿业和制造业部门。

资料来源：OECD 贸易增加值数据库；世界银行世界整合贸易解决方案数据库；IMF 工作人员计算。

表 6－5　**FDI 存量和收益率**　单位：亿美元，%

	1990 年	2005—2007 年（危机前平均值）	2016 年	2017 年	2018 年
内向 FDI 存量	21960	144750	282430	326240	322720
内向 FDI 收益率	5.3	8.6	6.8	6.8	6.8
外向 FDI 存量	22550	151820	276210	323830	309750
外向 FDI 收益率	8.0	9.6	6.1	6.3	6.4

注：FDI 收益率的计算只针对同时有 FDI 收入和存量的国家，2018 年有 165 个国家有内向 FDI 数据，144 个国家有外向 FDI 数据。

资料来源：贸发会议《世界投资报告 2019》。

全球贸易放缓的原因之二是全球贸易服务化。全球贸易服务化是全球经济服务化在贸易领域中的表现：由于农业和工业需要更少的劳动力，人力资源可以更多地应用于服务业上。根据贸发会议的统计，发达经济体服务业占 GDP 的比例由 1980 年的 61% 上升至 2015 年的 76%；而同期发展中经济体这一比例则由 42% 上升至 55%。服务业相对于工业和农业贸易成本更高，因为许多服务要求生产和消费同时同地，因而很难贸易；另外各国政策和监管的差异性导致贸易壁垒。

数字经济时代的到来正改变着服务业不可贸易、难贸易的局面；信息通信技术的发展应用不断深化，迅速降低了跨境服务贸易的成本。例如，音频、影像、软件等服务过去以光盘、磁盘等传统存储设备为载体，现在则从云端通过网络快速流入千家万户，这就使专利和授权费快速增长（见图 6－22）。此外，线上远程交付使许多曾经不可交易的服务成为可能，越来越多的医疗程序如诊断、分析，甚至某些类型的手术都是远程执行的。然而跨国数字治理也面临诸多矛盾，这也影响到数字贸易的快速发展，主要表现在三个方面。第一，数字贸易监管面临跨境障碍。数字服务商身处境外，在进口国又缺乏实体存在，难以进行有效监管；贸易过程在线上进行，对

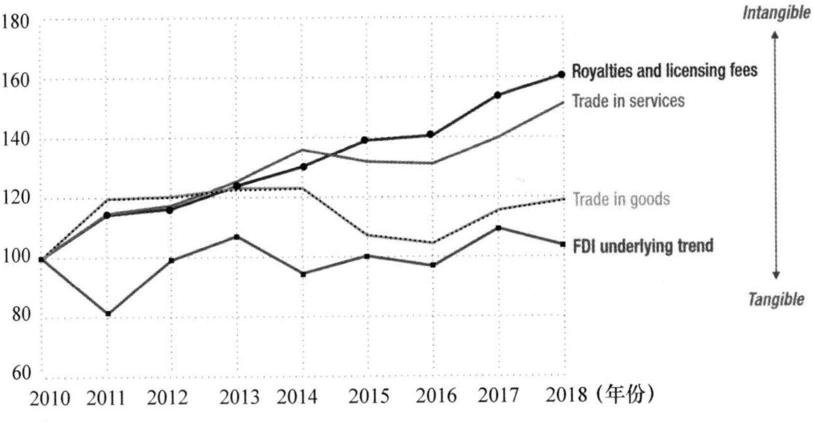

图 6－22 货物贸易和服务贸易的发展趋势

资料来源：贸发会议《世界投资报告 2019》。

商品的检查难度加大。第二，不同国家数字治理价值标准不同。例如一些社交媒体平台，倚仗自身全球影响力，通过删帖、封账号等方式，公然干预他国内政。第三，不同国家对数字贸易的态度不同。数据作为一种资源，发展较快的国家希望通过自身的技术优势渗透到更多行业，因此主张开放、降低壁垒和减少监管；发展较慢的国家出于安全的考虑则主张保护。

作为贸易服务化的镜像，FDI 投资表现为海外销售远远超过海外资产，这从另一个视角解释了 FDI 增速放缓的原因。根据贸发会议发布的《世界投资报告 2017——投资和数字经济》的统计，2010—2015 年全球 100 强跨国公司中数字技术公司增加了一倍多，这些公司从海外获得 70% 的销售收入，但母国外的资产只占 40%。尽管它们对东道国的生产效率和数字技术发展有积极作用，但它们对东道国很少进行直接有形的物理投资，也很少创造就业。

全球贸易放缓的原因之三是保护主义盛行。经济学常识告诉我们，贸易对两国都有利，但贸易会改变一国收入分配的结构；尽管经济向全球化方向发展，但治理体系依然以国家为基础，这使得一国领导人在贸易问题上不得不考虑民众的意愿。美国打响中美贸易战，这其中存在特朗普考虑选票的因素；英国脱欧，则是民众投票的结果；日韩贸易战的导火线，则涉及“二战”强征劳工赔偿问题。图 6 - 23 是 IMF 经济学家 Knoena 测算的贸易战带来的不确定性，颜色越深代表了不确定性越高。

与贸易保护主义并行的是对 FDI 投资限制和监管正在增加。2018 年，约 55 个国家和经济体出台了至少 112 项影响外国投资的政策措施。其中 2/3 的措施寻求投资自由化、促进和便利新投资。34% 的措施引入了对 FDI 的新限制或条例——这是自 2003 年以来的最高比例（见图 6 - 24）。

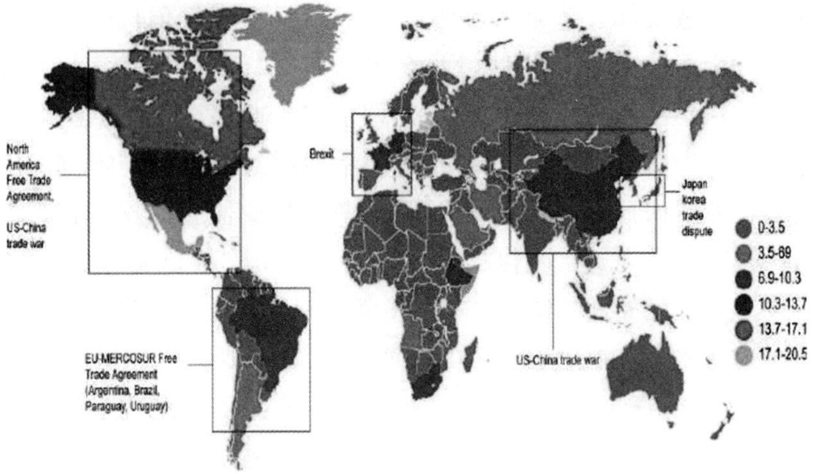

图 6－23 贸易战的不确定性

资料来源：IMF，Knoena。

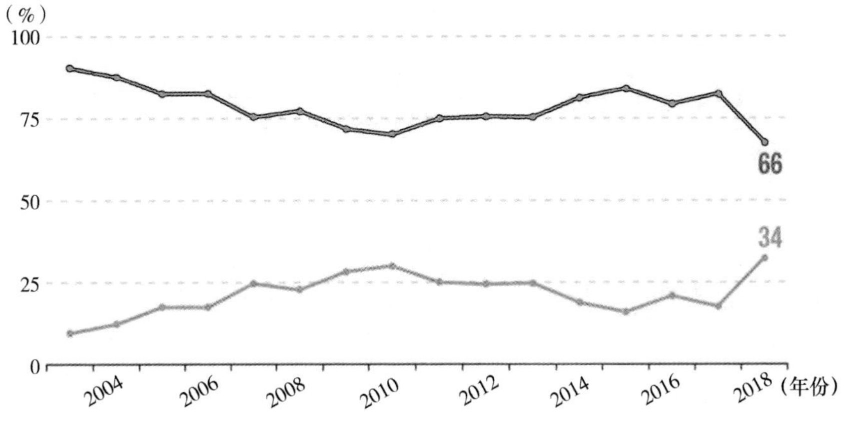

图 6－24 2003—2018 年 FDI 投资政策变化

资料来源：贸发会议《世界投资报告 2019》。

（二）全球贸易格局演变及中美经贸摩擦影响

上文对贸易和 FDI 趋势进行了研判，这部分重点讨论贸易结构的演变以及中美经贸摩擦这一冲击对贸易结构的影响。贸易趋势表现为价值链增长放缓和服务化，贸易结构演变表现为两个方面：一是资本在世界各地寻找低成本劳动力从而造成制造业部门的转移；二是部门内专业化分工的加强导致贸易扩大。从区域格局演变来看，图 6 – 25 展示了 1995 年和 2015 年最大双边贸易流量的变化情况：全球生产大致围绕三个生产极展开，北美极（或“工厂”）以美国为中心，周围是加拿大和墨西哥；欧洲以德国为中心；以及亚洲工厂。三大生产极之间也存在重要联系，特别是在美国和亚洲之间。1995 年世贸组织刚成立时，日本是亚洲工厂的中心；中国台湾和韩国的商品运往日本进行进一步加工，然后再输送到美国，它们同时也与美国发生直接的双边贸易；中国与日本的贸易联系较少，主要与美国发生贸易往来。20 世纪 90 年代，亚洲四小龙/虎逐渐加入以日本为中心的亚洲价值链体系。2001 年中国加入世贸组织，此后逐渐替代日本的地位，2015 年中国成为亚洲价值链的核心。另外值得注意的是，1995 年美国是世界贸易的核心，欧洲和亚洲的直接联系较少，主要通过美国发生中转；至 2015 年世界已形成稳定的三角贸易，欧洲的中心德国和亚洲的中心中国也发生较强的直接联系。

制造业 FDI 投资格局也与上述贸易格局变动一致。2005 年以来发展中经济体和欠发达经济的绿地投资主要集中于亚洲地区。2018 年制造业 FDI 整体上升了 68%，遏制了之前的下降趋势，亚洲地区增长至 2120 亿美元，非洲地区增长至 330 亿美元，拉美和加勒比地区却呈下降趋势（见图 6 – 26）。从投资的行业结构来看，亚洲地区高技术行业增长最快，非洲地区以油气等自然资源为主。究其原因：一方面，非洲和拉美地区政治不稳定，战争和领导人更迭导致缺乏稳定的投资环境；另一方面，这两个地区的人力资源素质较差。尽管 FDI 投资东道国集中于发展中经济体，但背后资本的力量还是来自发达经济体。《世界投资报告 2019》追踪了 FDI 最终所有权的情况，结果表明：南南投资在对发展中经济体总投资中的份额根据标准外国直接投资数据衡量为 47%，而根据最终所有权衡量则降至 28%（见图 6 – 27）。

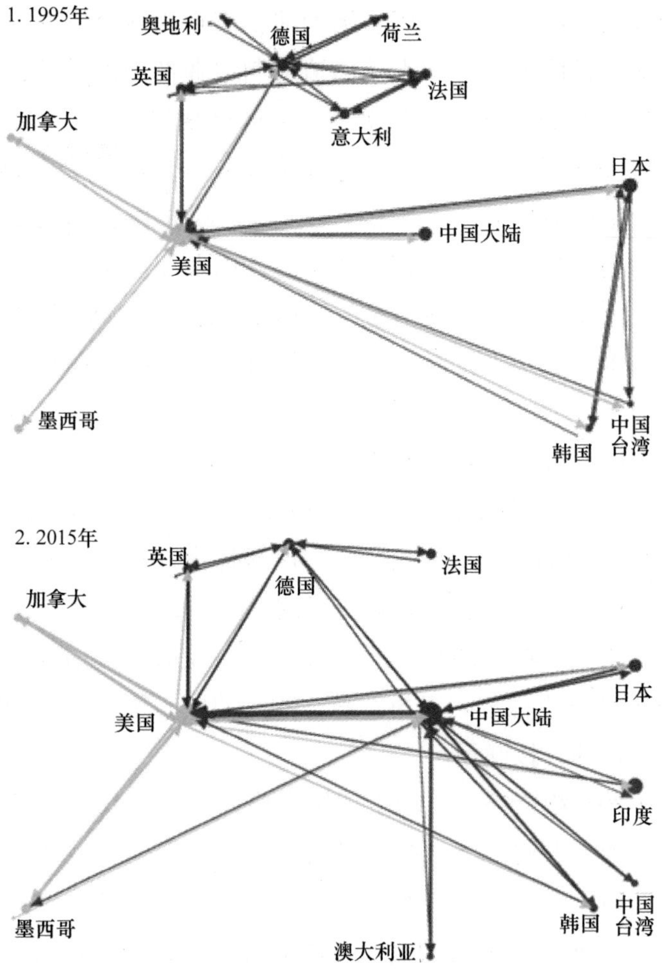

图6-25 1995年和2015年最大贸易流量的对比（十亿美元）

注：年度出口量最大的国家（分别是1995年和2015年占世界GDP比重≥1%），经美国GDP平减指数平减。气泡大小代表一国GDP在世界经济中的比重。

资料来源：OECD贸易增加值数据库，IMF《世界经济展望——增长放缓、复苏不稳》，2019年4月，第108页。

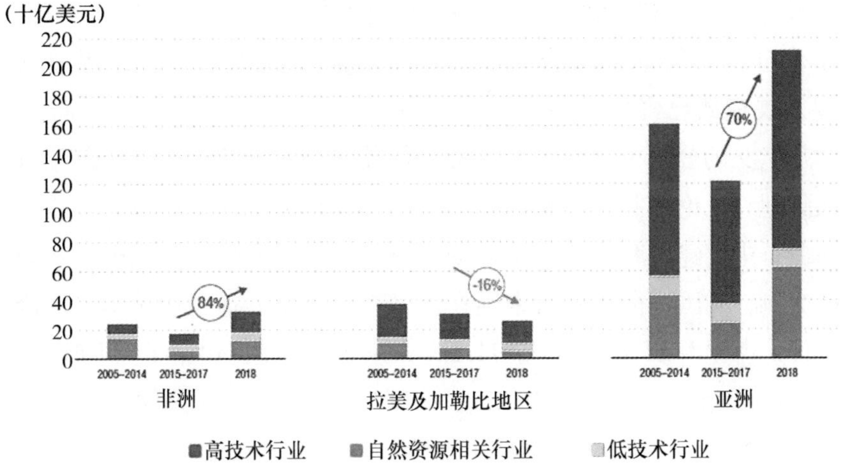

图 6－26　制造业 FDI 中绿地投资的金额

资料来源：《世界投资报告 2019》。

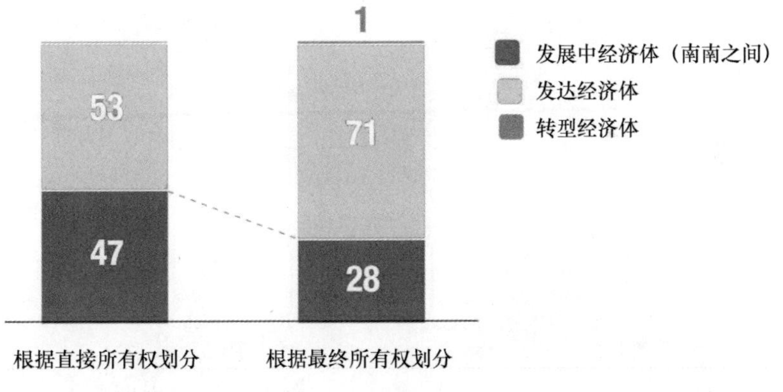

图 6－27　2017 年 FDI 投资不同分类方法对比

资料来源：《世界投资报告 2019》。

2018 年 3 月美国决定对从中国进口的钢铁和铝分别征收 25% 和 10% 的关税，这标志着中美贸易战正式打响。美国的核心意图在于迫使中国在技术转让、知识产权以及金融服务等领域的服务业开放，这是美国的优势所在。贸易摩擦已经对中国造成实质影响，尤其是制造业领域。中国制造业目前呈现衰退趋势，具体原因包括三个方面：其一，人口机会窗口已经关闭，劳动力成本大幅上升；其二，城市化进程使得地价高企，也提高了制造业成本；其三，粗放式的工业发展模式已经使环境发展不可持续。

从上文的分析可以看出，亚洲地区是当前和未来贸易和制造业 FDI 的聚集地，无论是制度还是人力资源都具有优势，这些都成为资本竞逐的对象；中美经贸摩擦首先带来的是价值链再分配效应。以电子和机械产品为例，美国加征关税后中国在美国进口总量的地位由第 1 位下降至第4 位，占比由22.1%下降至11.5%；东亚其他地区由第2 位上升至第1 位，占比由15.6%上升至17.7%；美国对加拿大和墨西哥的进口上升 1 位，这主要归功于其地理上与美国毗邻，运输成本较低（见图6－28）。

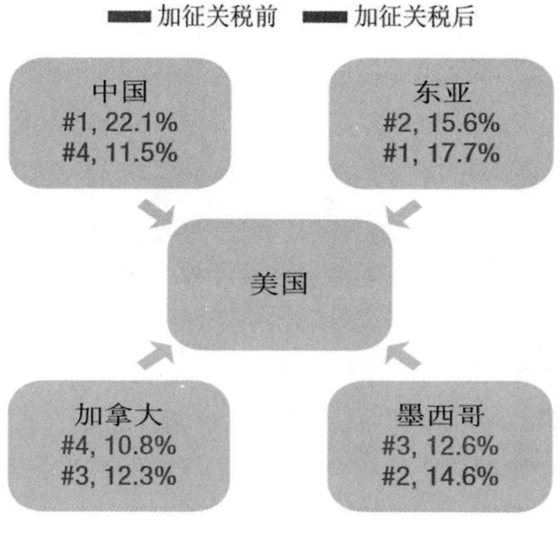

图6－28　加征关税后美国对电子产品和机械的进口

注：#×表示排名，××%表示占美国电子产品进口总量的比重。

资料来源：IMF《世界经济展望——增长放缓、复苏不稳》，2019 年 4 月。

图6－29 给出了更一般的情形，IMF 工作人员基于 DSGE 模型计算的中美经贸摩擦对亚太地区经济体的影响结果：中美经贸摩擦对美国和中国都造成负向的冲击，但对中国的冲击程度高于美国；对日本和韩国也造成一定的负向冲击，这是因为日本和韩国的高端制造大部分向

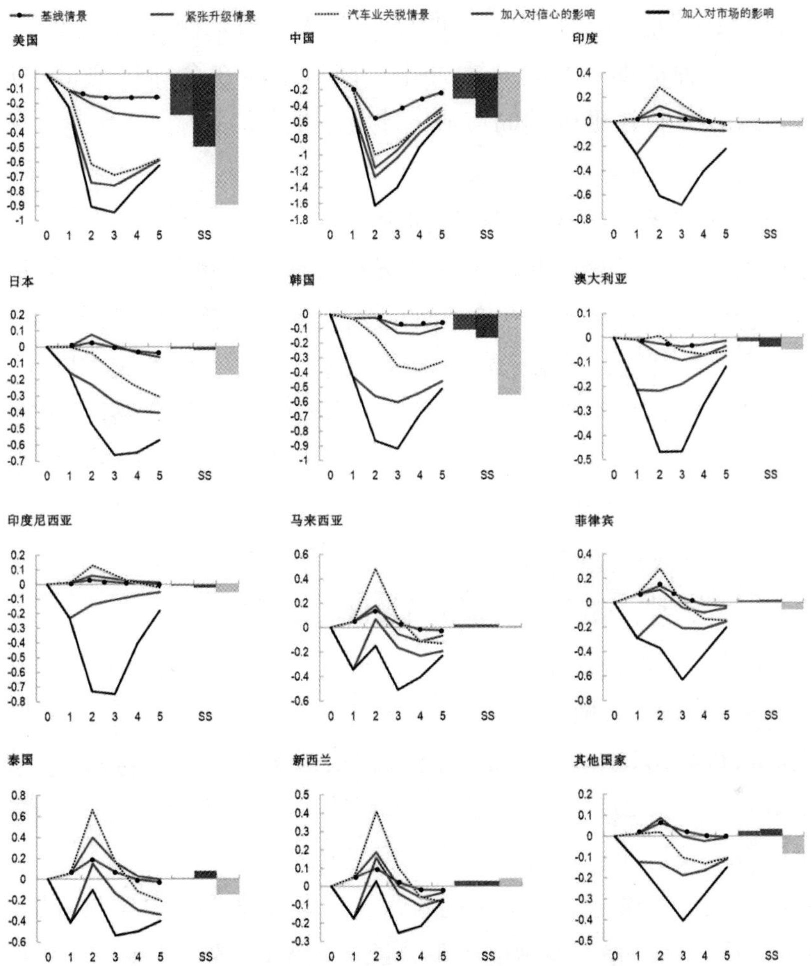

图 6－29　加征关税后美国对电子产品和机械的进口

注：横轴的 SS 表示稳态的结果。基线情景指的是已经生效的美国对钢铝产品的制裁措施、美国对中国 500 亿美元商品的关税措施（加征 25%）、中国相应的反击措施，以及美国对来自中国的 2000 亿美元商品的进一步关税措施，还有中国已经宣布的对来自美国的 600 亿美元商品的关税措施，这些都计入基线预测情景。紧张升级指的是美国进一步对中国的 2670 亿美元商品加征 25% 关税，以及中国相应的反制措施。汽车关税情景分析的是美国关于对所有整车和配件产品加征 25% 的建议以及相应的反击措施。第四个情景将愈演愈烈的贸易紧张局势对信心以及企业投资计划的影响纳入分析。第五个情景考虑金融条件收紧后对企业的不利影响。

资料来源：IMF《亚洲及太平洋地区经济展望》，2018 年 10 月。

中国供货；其他国家如印度、印度尼西亚、马来西亚、菲律宾、新西兰在前三种情形下都是正向冲击，即对中国在全球价值链中形成替代效应，只有在更极端的情形下才会产生负向影响。

三 中国与“一带一路”贸易

中美经贸摩擦背景下，区域性贸易合作越来越受到各国的重视，通过联合周边国家或有相近价值观的国家会尽可能减少各国在交流方面产生矛盾的可能，是未来贸易格局重要的演进形态之一。2013年中国提出建设“丝绸之路经济带”和“21世纪海上丝绸之路”的合作倡议（下称“一带一路”倡议），力图提升沿线国家的互联互通水平，提升沿线国家的贸易投资便利化程度，从而增强中国与沿线各国之间的经济联系和政治互信，以应对全球经济增长疲态。

（一）“一带一路”沿线国家发展潜力分析

根据新华丝路数据库显示，“一带一路”倡议共涉及包括中国在内的横跨东亚、东南亚、南亚、中亚、西亚北非、中东欧共66个国家[①]。根据世界银行数据显示，“一带一路”沿线国家覆盖总人口约46亿人，占全球总人口的2/3，经济总量约为全球GDP的1/3，且沿线大多数国家经济增长迅速，具有广阔的市场空间。

从“一带一路”沿线国家的收入水平分布来看，中等收入国家是“一带一路”经济格局发展的中坚力量（见图6-30）。在全球视角下，中等收入国家将会是未来全球经济增长格局的重要一极，受益于后发优势、产业转移等方面的影响，中等收入国家发展前景较为明朗，将会实现较高水平的增长。同时，高收入国家约占据了“一带一路”沿线国家的30%，在发达国家普遍低利率的背景下，高收入国家则可以

---

① 分别是：蒙古国、新加坡、马来西亚、印度尼西亚、缅甸、泰国、老挝、柬埔寨、越南、文莱、菲律宾、伊朗、伊拉克、土耳其、叙利亚、约旦、黎巴嫩、以色列、巴勒斯坦、沙特阿拉伯、也门、阿曼、阿联酋、卡塔尔、科威特、巴林、希腊、塞浦路斯、埃及、印度、巴基斯坦、孟加拉国、阿富汗、斯里兰卡、马尔代夫、尼泊尔、不丹、哈萨克斯坦、乌兹别克斯坦、土库曼斯坦、塔吉克斯坦、吉尔吉斯斯坦、俄罗斯、乌克兰、白俄罗斯、格鲁吉亚、阿塞拜疆、亚美尼亚、摩尔多瓦、波兰、立陶宛、爱沙尼亚、拉脱维亚、捷克、斯洛伐克、匈牙利、斯洛文尼亚、克罗地亚、波黑、黑山、塞尔维亚、阿尔巴尼亚、罗马尼亚、保加利亚、北马其顿。

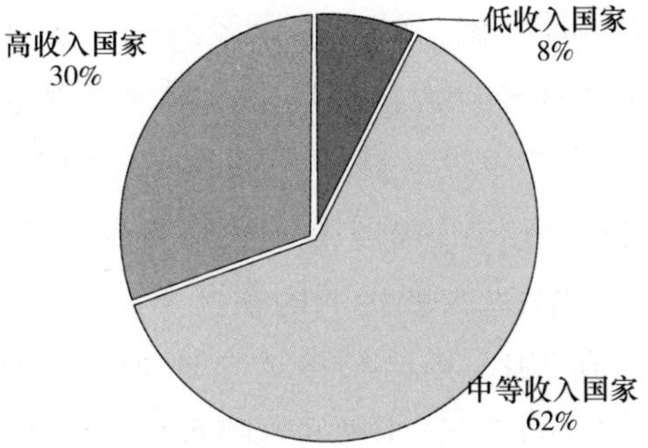

图 6－30　“一带一路”沿线国家收入水平分布

资料来源：根据世界银行资料整理。

为“一带一路”沿线其他国家提供增长所需的资金支持。

千禧年以来，“一带一路”沿线经济发展迅速，高于全球增长趋势，从而“一带一路”沿线国家 GDP 占全球 GDP 的比重也越来越高，2018 年这一占比已经达到 32%（见图 6－31）。可以预想，未来

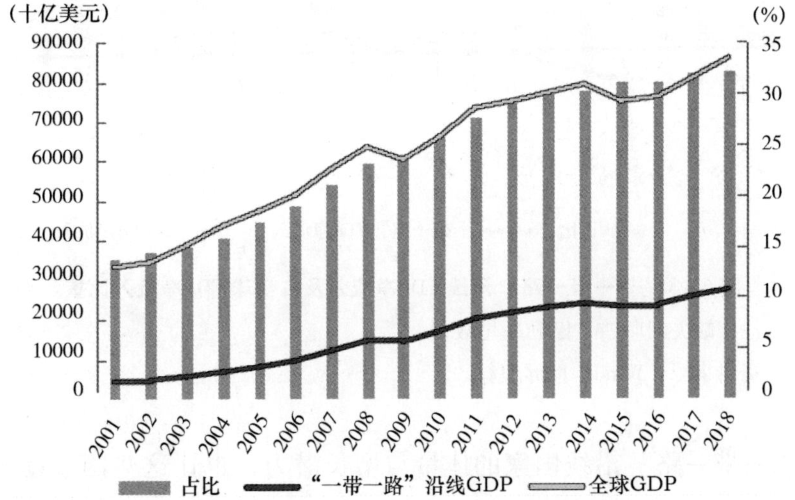

图 6－31　一带一路沿线 GDP 及占全球 GDP 比重

注：缺失巴勒斯坦、叙利亚及 2018 年伊朗数据。

资料来源：Wind、世界银行。

“一带一路”倡议不断深化，沿线国家经济联系更加紧密，“一带一路”沿线经济力量将在全球经济格局中占据越来越重要的地位。

图6-32反映了“一带一路”沿线国家FDI净流入情况，从图中可以看出“一带一路”沿线国家FDI整体保持上升趋势，并且在2016年后全球FDI净流入大幅走弱的情况下，“一带一路”沿线FDI只发生略微下降，到2018年已经接近全球FDI净流入比重的40%。从长期来看，“一带一路”受外资的青睐程度逐渐上升。

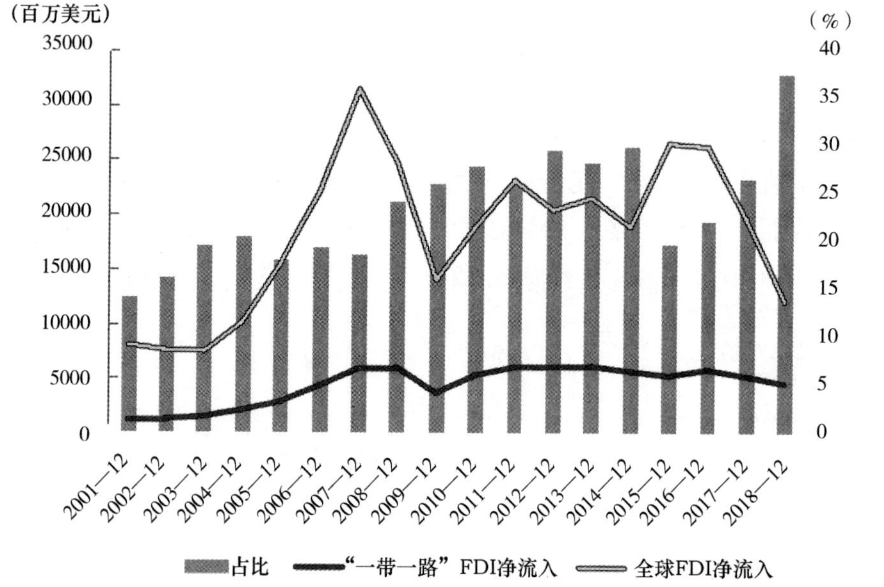

图6-32 “一带一路”沿线FDI净流入及占全球FDI净流入比重

注：缺失阿联酋、巴勒斯坦数据。

资料来源：Wind、世界银行。

“一带一路”沿线国家的体量与增长潜力，也让这些国家逐渐认识到“一带一路”倡议将会对本国经济发展产生巨大的推动作用，因此“一带一路”沿线国家内部之间的联系也越来越紧密。根据WTO-RTA数据库，“一带一路”沿线国家内部之间签署的自贸协定数量与非“一带一路”沿线国家签署的自贸协定数目基本相同。从区域分布来看，“一带一路”沿线国家内部之间签署的自贸协定中东欧内部占比最高，达41%；其次为西亚的39%和中亚的33%，而东南亚和南亚地区国家之间的联系仍有待进一步加强（见表6－6）。

表6－6　**“一带一路”沿线自贸协定分布**

区域	数量（个）	占比（%）	区域	数量（个）	占比（%）
“一带一路”沿线国家内部	66	—	与非“一带一路”沿线国家	75	100
东南亚	10	15	东南亚	22	29
中亚	22	33	中亚	2	3
西亚	26	39	西亚	21	28
南亚	13	20	南亚	4	5
中东欧	27	41	中东欧	11	19
其他	6	9	其他	12	16

注：在统计“一带一路”沿线国家内部生效的RTA数量时，由于不同区域之间本身会有所交叉，所以在各区域的计算总和会大于全部数量之和。

资料来源：WTO－RTA数据库，《中国与“一带一路”沿线国家贸易投资报告2018》。

在中国经济进入“新常态”的背景下，“一带一路”倡议对中国的意义逐渐显现，一方面，“一带一路”沿线国家市场广阔，“一带一路”市场对于满足中国中美贸易争端形势下的对外贸易需求和提振中国企业的出口贸易具有重要意义；另一方面，“一带一路”沿线大多数国家增长潜力巨大，为中国企业“走出去”以及人民币国际化提供了舞台。中国通过增强与沿线各国之间建立经济联系和政治互信，将有力地推动中国与“一带一路”沿线国家经贸关系的可持续健康发展。

从中国对“一带一路”沿线国家进出口产品结构来看，出口方面，中国对“一带一路”沿线国家出口产品与我国产业结构相当，中国在技术制造业方面长期积累的优势明显，作为“世界工厂”主要向“一带一路”国家输出制造业产品，主要有以电子电气为代表的高技术制造业、以机械工程为代表的中等技术制造业、以纺织行业为代表的低技术制造业和中等技术加工制造业产品（见图6－33）。

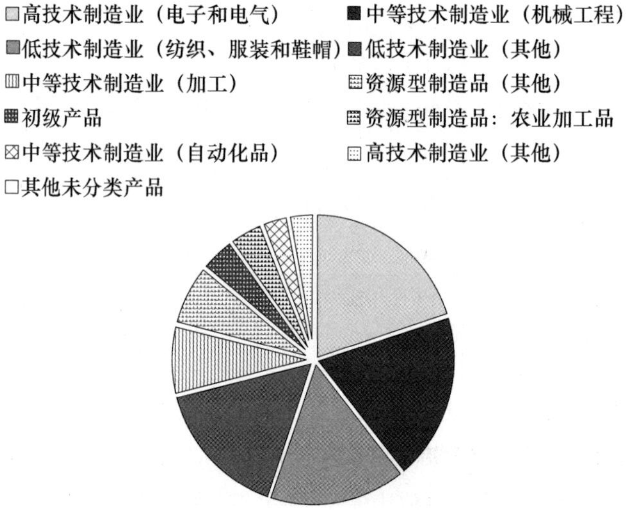

图6－33　中国对“一带一路”沿线国家出口产品结构

资料来源：《中国与“一带一路”沿线国家贸易投资报告2018》。

进口方面，中国对“一带一路”沿线国家进口主要与我国制造业需求相适应。一方面，中国对“一带一路”沿线低成本的初级产品与资源型产品需求旺盛；另一方面，也保持一定程度对高技术制造行业产品的互补需求（见图6－34）。

对于中国而言，中美贸易争端问题的显现、人民币国际化地位的不断上升、贸易保护主义抬头等事件都意味着全球经济格局即将迎来巨变，而中国急需新的增长空间与海外市场。综合以上可以看出，“一带一路”沿线既为中国制造业提供了低成本的生产要素，也是中国制造业产品输出的重要渠道。“一带一路”沿线经济潜力广阔，对中国未来的发展也会产生重要影响。因此，中国对“一带一路”沿

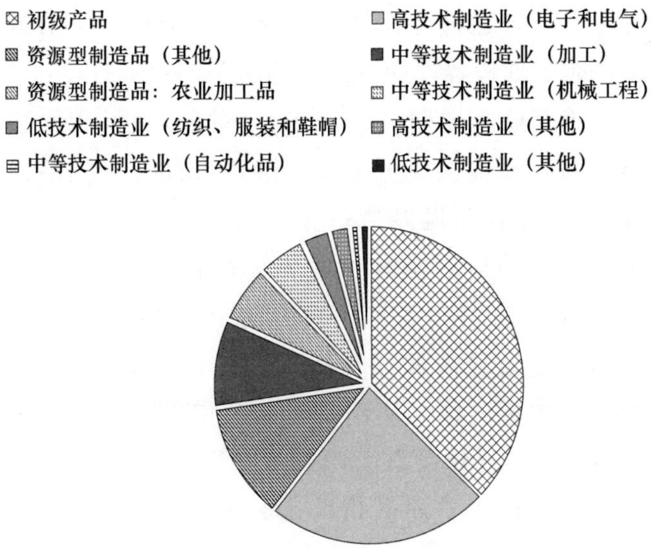

图 6－34　中国对“一带一路”沿线国家进口产品结构

资料来源：《中国与“一带一路”沿线国家贸易投资报告 2018》。

线的投资需加大重视，从而有效地利用“一带一路”沿线的要素与资源。

（二）“一带一路”开创全球治理新模式

全球化实践从西方对殖民地掠夺资源开始，后又经历商品输出和资本输出，这一阶段的模式是基于跨国公司和全球价值链网络，但本质上是利润攫取型的。这种模式天生就不具备包容性，导致贫富差距过大，从目前来看已不具有可持续性。

中国推动“一带一路”建设，除了在商品需求上与“一带一路”国家形成互补外，更重要的是通过互联互通，实现共同发展。中国通过“一带一路”建设开创全球治理新模式的可行性表现在两个方面：第一，强调了以基础设施这一公共产品为接入，形成区域互联互通，直接提供区域公共品，普惠所及区域；第二，强调了共享发展的理念，本质上是建构一个区域性合作价值网络，形成更为广泛的共生体群，特别是基于互联网的平台贸易模式直接对接了属地的大量小规模生产者，这种合作特性完全不同于基于价值链的汲取性网络，这样才能实现包容性和可持续性发展的可能性。

就基础设施互联互通而言，首先，中国制造、中国建造的能力为基础设施互联互通提供了可能性。港口方面，中国港口和集装箱吞吐量已连续16年稳居世界第一（见图6－35），船队规模上升至世界第二位。全球港口吞吐量和集装箱吞吐量排名前十的港口中，中国港口占七席。铁路方面，2008年京津城际铁路开通，这是中国首条按时速350公里商业运营的高速铁路。到2018年末，高铁营业总里程居世界第一位，达到2.9万公里以上，超过世界高铁总里程的2/3。其他工程建设方面创造多项世界第一，主跨1092米的沪通长江大桥，是世界首座斜拉跨度超过1000米的公路铁路两用桥梁。主跨1700米的杨泗港长江大桥，为世界上跨度最大的双层公路悬索桥。京沪高速铁路丹阳至昆山段特大铁路桥，纵贯苏南平原河网化地貌，跨公路、铁路、水路，全长164.85公里，是世界第一长桥。

其次，尽管准公共产品具有收费性质，但中国政府的长期投资性质降低了收费的价格。“一带一路”倡议提出以来，开发性和政策性金融支持力度持续加大，双边和多边投融资机制和平台发展迅速，为“一带一路”建设提供了强有力的支撑。截至2018年7月，亚投行成员已达87个，来自“一带一路”沿线国家超过六成。中国出资400亿美元成立丝路基金，2017年获增资1000亿元人民币，已签约19个项目。在长期资金的支持下，“一带一路”基础设施投资显著增长，从中国对“一带一路”承包工程完成营业额来看，2018年对外承包工程完成营业额893.3亿美元，同比增长4.4%，占同期总额的52.8%（见图6－36）。

最后，由于中国弥补了“一带一路”长期无人愿意提供公共品的缺陷，提升了区域合作质量和规模性，也同时使东道国直接受益，因此很多国家从怀疑到迅速加入（见图6－37）。

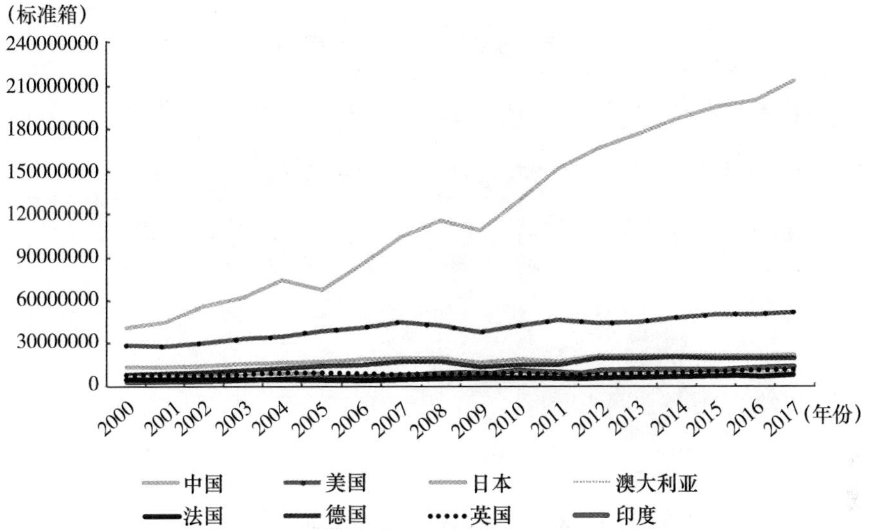

图 6－35　中国与七国港口集装箱吞吐量

资料来源：《2018 年交通运输行业发展统计公报》。

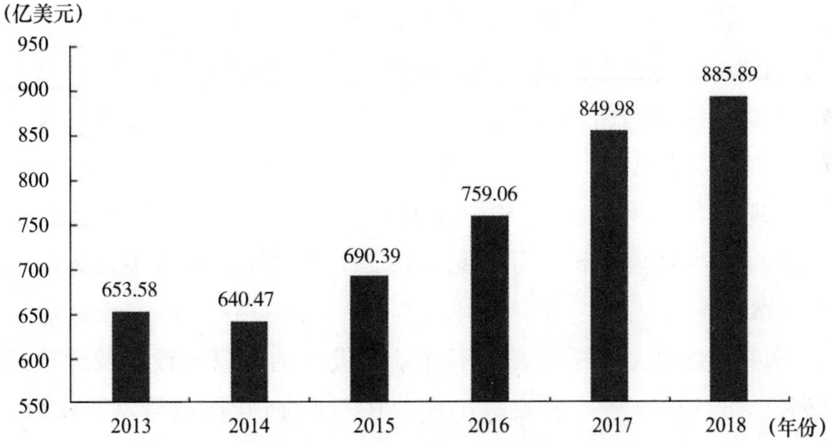

图 6－36　“一带一路”对外承包工程完成营业额

资料来源：Wind 资讯。

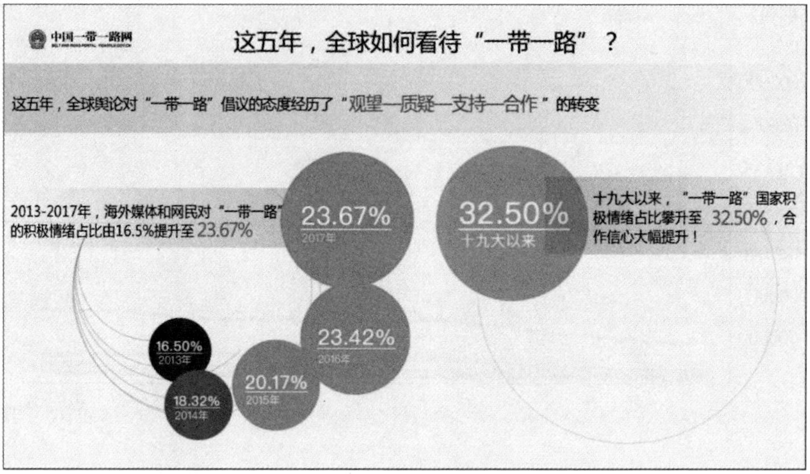

图6－37　对“一带一路”的态度由怀疑到加入

资料来源：中国“一带一路”网，www.yidaiyilu.gov.cn。

就共享发展理念而言，合作网络是基于基础设施平台上的多元参与网络，具有很明显的分享性特征，而分享理念是“一带一路”各方的共同诉求。这里尤其值得一提的是跨境电商模式。跨境电商是一个典型的合作网络的范式，其模式是平台模式，吸收当地大量中小经营者参与到电商平台上互换商品，而并非由原有的跨国公司主导，体现了合作网络的意义。自2013年“一带一路”倡议提出以来，跨境电商规模由3.1万亿元增长至9万亿元，增长了近2倍（见图6－38）。

跨境电商的大规模发展离不开基础设施的互联互通以及运输能力的增长。“一带一路”倡议提出前，中欧班列开行数量不到100列；“一带一路”倡议提出后，中欧班列开行数量保持每年100%的增速（见图6－39）；截至2018年，中欧班列开行突破10000列，年运送货物总值达160亿美元。基础设施互联互通以及电商平台模式有助于消除贸易壁垒，降低成本。以中欧班列为例，其国内段运行时间相对开通时压缩24小时，其宽轨段运行时间最快压缩135小时，整体费用下降30%。

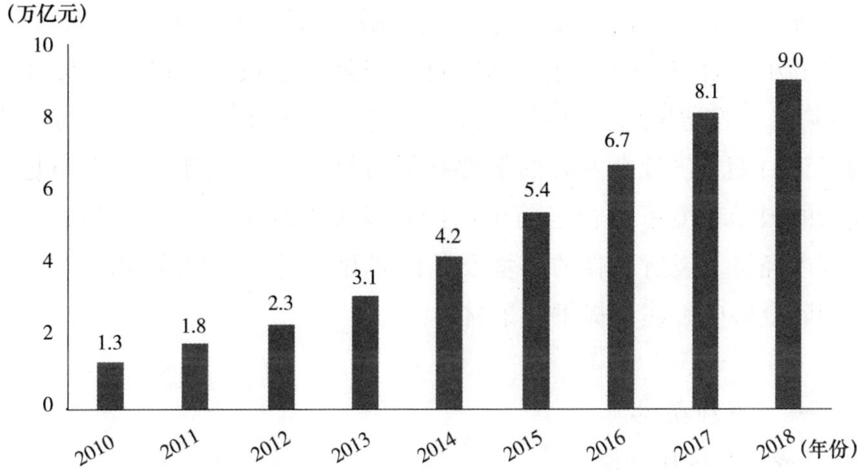

图 6－38 中国跨境电商规模

资料来源：2013 年之前数据来自 Wind，2013 年之后数据来自网经社。

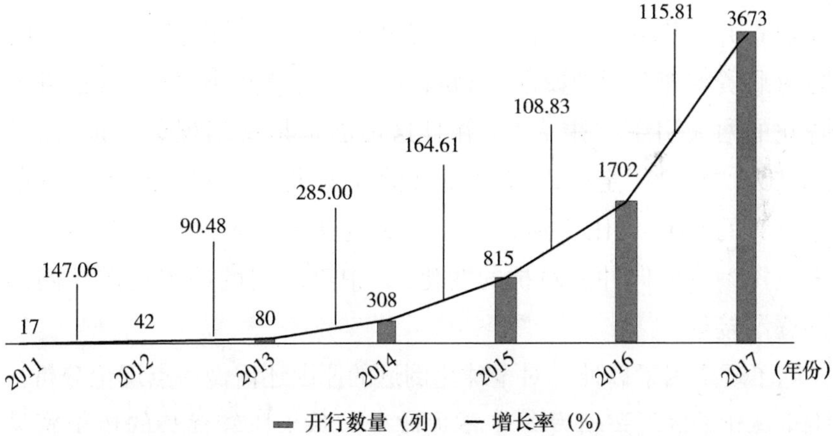

图 6－39 中欧班列开行数量

资料来源：中国“一带一路”网，大陆桥物流联盟公共信息平台。

第三节 未来国内经济形势分析

2020 年以来，习近平总书记提出并多次强调要“加快形成以国内大循环为主体、国内国际双循环相互促进的新发展格局”。党的十九届五中全会通过的《中共中央关于制定国民经济和社会发展第十四个五年规划和二〇三五年远景目标规划的建议》（以下简称《建议》）将“畅通国内大循环”和“促进国内国际双循环”作为“十四五”时期经济社会发展的重要指导方针。实际上新发展格局是在复杂的国际环境下结合当前国内经济发展的现实条件提出的，本节就国内经济发展所面临的环境及条件展开分析，也为后2020时代上海国际金融中心建设提供背景材料。

一 不利条件

（一）全球化衰退

全球化趋势放缓甚至衰退的现实原因上文已经进行了分析，概括起来包括三点：第一，全球资本过剩，跨境投资增长乏力，最明显的表现是主要发达国家进入负利率状态；第二，第四次工业革命的应用前景并不明朗，并且有可能使得西方民主制度产生较大冲击，全球过剩资本难以找到新的出路；第三，中美两国的大国竞争导致全球化的两大引擎“熄火”，并且这可能不是短期现象。张宇燕[①]将其总结为“3∶2”定律，即“如果世界上最大的两个经济体按市场汇率计算的GDP之比达到3∶2，那么这两个国家之间的关系往往随之发生深刻且朝向冲突对抗的变化”，中美之间的冲突正源于两国实力的逐渐接近。

除了现实因素以外，对全球化倒退的原因还需做一点理论分析，实际上全球化的底层逻辑发生了重大改变。基于比较优势的传统贸易理论和基于规模效应的新贸易理论告诉我们，贸易对两国而言一定是能带来帕累托改进的。然而，这一理念逐渐面临两个层面的挑战：第一，基于一国内部收益再分配的视角，贸易导致了不同阶层的利益再分配，但一国政府难以实施有效的再调节机制，这导致了极化现象以及民粹主义的抬头；第二，基于安全的视角，这一点在新冠肺炎疫情暴发的

① 张宇燕：《理解百年未有之大变局》，《国际经济评论》2019年第5期。

背景下更加凸显。全球化导致产业链链条过长，由此产生的协调成本和风险成本已经超过分工效率的收益，那些契约密集型的产业会受到显著影响。未来的全球化将依照再分配和安全原则展开，在发展模式上可能表现为更加区域化，即中心国家+周边发展国家的模式。

（二）人口红利消失

如果说全球化衰退是导致"国际大循环"格局难以为继的外在条件，那么人口红利消失是内在条件。改革开放四十多年（尤其是加入世贸组织后的近二十年），中国利用人口转变过程中劳动力成本低的优势，快速占领国际市场。然而，计划生育政策产生的滞后影响以及收入水平提高导致的生育意愿下降等诸多因素，使得人口转变优势逐渐丧失，蔡昉①的研究表明2013年中国人口红利窗口关闭，作为一个外在表现，国际收支中的直接投资账户从2013年之后出现大幅度下滑，理论与现实惊人的吻合。图6－40为我国老龄化结构以

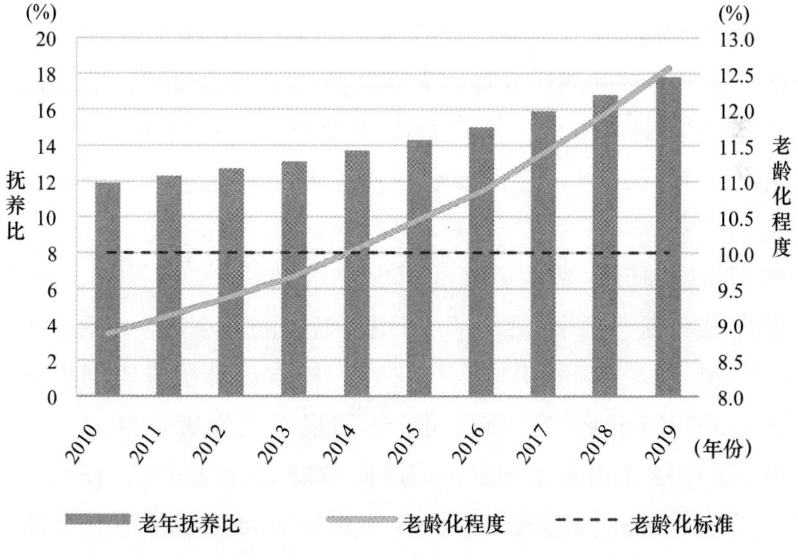

图6－40　我国老龄化结构以及老年抚养比状况

资料来源：国家统计局。

① 蔡昉：《2013年是人口红利消失转折点》，《21世纪经济报道》2012年4月12日。

及老年抚养比状况。依据1982年维也纳老龄问题世界大会所设立的老龄化标准，自2014年我国开始进入老龄化社会。从2019年的老年人口抚养比来看，大约每5名劳动力就要抚养一名老人，人口老化问题严重。人口红利消退，劳动力成本上升，依靠劳动密集型产业吸引外资、获取国际竞争优势已经不再存在。

（三）资本回报率下降

长期以来，学界一直争论的一个宏观问题是中国“高储蓄、高投资”的经济增长模式是否可持续，也即中国的高投资为什么一直伴随着高回报的现象？根据新古典增长理论，资本深化会导致资本收益率降低，最终趋于某一恒定值。对于这一问题的回答取决于短期视角还是长期视角。过往来讲，中国的“高投资、高回报”的内在因素取决于人口红利：蔡昉（2004）通过标准的索洛模型揭示了人口外生增长（人口转变）如何影响经济增长，以及伴随其中的高投资、高回报现象。李扬和殷剑峰（2005）则通过引入劳动力转移的拉齐姆模型进行了解释。外在因素取决于全球化红利：江小涓（2002）基于大量的调研发现，大多数跨国公司提供了母公司的先进技术并填补了国内空白，并且对中国人力资源的开发做出了贡献。张宇和蒋殿春（2008）显示外商直接投资通过促进产业聚集产生了正的溢出效应。

然而拉长时间、站在更高的历史视角来看，“高投资、高回报、高增长”或许是“两个一百年”历史长河中的一小段。图6－41以我国上市公司（除金融和房地产行业）为样本计算了资本回报率的情况，2007—2019年我国上市公司资本回报率（ROE）由11.9%下降至7.6%，中国正由高增长阶段向高质量发展阶段转变。在这一转变过程中有以下时点值得关注：2008年国际金融危机爆发，导致外需疲软，资本的边际报酬也开始递减；2013年中国人口红利窗口关闭，总供给曲线进入古典情形，资本回报率的下降导致外商直接投资大幅收缩；2018年中美贸易冲突爆发，这不仅是“贸易战”也是“技术战”，技术鸿沟的填平使得技术外溢效应逐渐消失。这一系列的条件变换都使得以“国际大循环”为主旧格局向以“国内大循环”为主的“双循环”新发展格局转变。

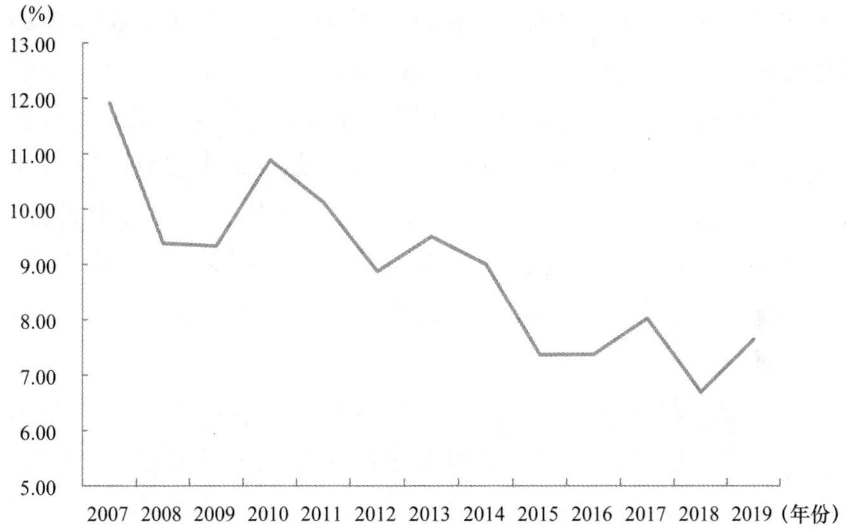

图6－41　我国上市公司资本回报率（不包括金融和房地产行业）

资料来源：Wind资讯。

（四）防风险任务依然较重

党的十九大提出，决胜全面建成小康社会，必须打赢三大攻坚战，其中一项重要内容是防范化解重大风险。防范化解重大风险具有重要意义：当前我国经济已经进入“三期叠加”的“新常态”，经济增长的动能不足；我们必须使经济增长保持连续可导状态，防止跌入危机的深渊；否则我国未来经济增长的平台就会降低，影响第二个一百年目标的实现。

当前防风险工作取得了一系列重要进展。第一，宏观杠杆率快速上升的势头得以扭转。2017年下半年至2019年底宏观杠杆率由243.9%变为245.4%，没有明显增长。第二，影子银行风险持续收敛。2018年资管新规落地实施，经过几年努力，初步呈现根本性好转势头。2019年末，影子银行规模较历史峰值下降至16万亿元。第三，互联网金融风险大幅压降。经过集中整治，全国实际运营的P2P网贷机构由高峰时约5000家下降至0家。第四，大型企业债务风险有序化解。截至2019年末，全国建立债委会约2万家，实施市场化法治化债转股1.4万亿元，帮助大量仍有发展潜力的企业渡过难关。

尽管取得了重要进展，然而防风险任务依然较重，概括起来包括三个方面。第一，房地产泡沫风险。导致房价泡沫的原因既有我国处于城市化快速进程这一历史原因，也有土地财政这一体制性因素，但更多的是居民投资渠道匮乏且存在“房价不跌信仰”，在2020年新冠肺炎疫情背景下甚至出现了深圳房价跳涨的现象。第二，地方政府债务风险较高，土地财政面临不可持续性。近些年，地方政府融资平台债务通过债务置换方式已经显性化，同时土地出让专项基金管理也逐步规范；然而土地财政依然是造成地方政府债务膨胀的重要原因。以专项债为例，根据财政部巡视员王克冰的统计，专项债偿债来源单一，高度依赖土地出让收入，和土地相关的收入占到94%。房价高企的另一重要原因是，地方政府不愿意房价下跌，否则会影响债务可持续性。可以说，当前房地产泡沫是威胁金融安全的最大“灰犀牛”。第三，信用债违约普遍，影响债券市场发展。继2014年超日债违约后，近年来债券市场违约逐年增多，2015年天威债成为国企违约第一单；2020年华晨集团和永煤集团违约彻底打破“国企信仰”并引发“蝴蝶效应”：债基大面积赎回，二级市场抛盘严重，一级市场发行受阻。信用债的大面积违约也反映出我国债券市场的结构性问题，即安全资产偏少。

二 有利条件

（一）超大规模市场优势

从国内大循环与国内国际双循环的关系看，国内大循环是基础（刘鹤，2020）。以国内大循环为主体，重点是提振消费需求，因为消费是一切经济活动的出发点和归宿。消费需求的提振依托的是国内超大规模市场优势，具体讲可以分解为三个方面。第一，人口优势。我国拥有 14 亿多人口，在全球居于首位，目前刚刚进入老龄化社会，消费能力依然有较大保障。第二，消费升级的潜力。我国居民消费需求还存在较大升级空间，2019 年城镇居民医疗保健、交通通信和文教娱乐的支出分别为 2283 元、3671 元和 3328 元（见图 6－42），远远低于食品和居住的支出。目前我国正处于中等收入组向高收入组晋级的过程中，消费升级的潜力巨大。第三，收入分配优化释放的消费潜力。除了从整体上寻求消费升级的空间，结构调整也能进一步提振消费。当前我国居民收入基尼系数为 0.465，还位于 0.4 的警戒线之上，通过转移支付、直接税、社会保障等多种措施，可持续改善中低收入群体的收入状况，打开这一群体的消费空间。

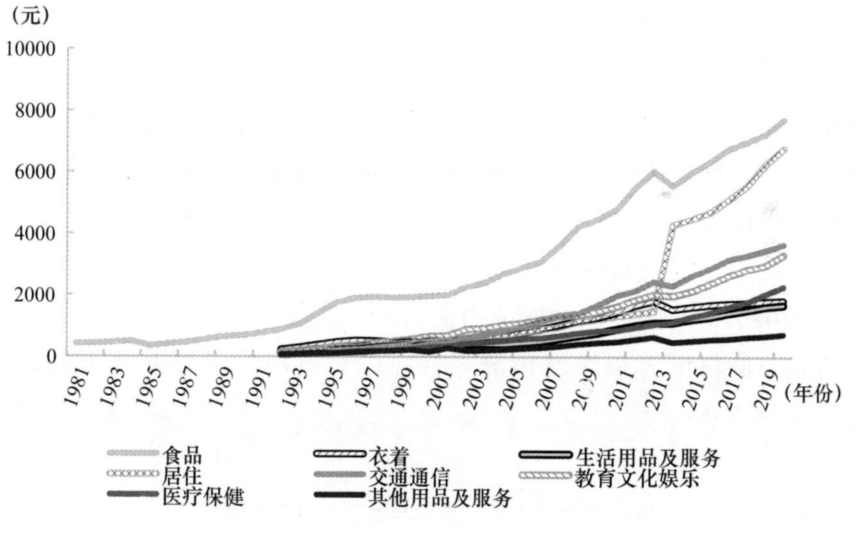

图 6－42　我国城镇家庭居民人均年支出

资料来源：Wind 资讯。

（二）新型城镇化进一步提升空间集聚效应

《建议》指出："支持城市化地区高效经济和人口……发挥中心城市和城市群带动作用，建设现代化都市圈"。2016 年联合国发布的

《世界城市状况报告》指出，目前排名前600位的主要城市中居住着1/5的世界人口，对全球GDP的贡献高达60%。1980—2015年全球1000万人以上城市个数从5个增至28个，占全球人口比重从1.9%升至6.4%。大城市成为人口涌入地的首要选择，由于缺乏规划，大城市普遍出现了交通拥堵、环境恶化的现象，促使居民向郊区迁移，与周边中小城市的联系加强，催生了都市圈的形成与发展。都市圈和城市群是更高级的城市组织形态。目前世界主要发达国家都已进入城市群发展阶段，我国城市化发展还存在较大差距。以下阐释城市群的发展规律并以长三角为例说明其潜在增长空间。

第一，城市群是一国中具有中枢支配的核心区域，其以较少的面积承载了较大的人口并贡献了较多的GDP。美国大西洋沿岸城市群以1.5%的国土面积承载了1/5的人口，日本太平洋沿岸城市群以9.3%的国土面积承载了一半的人口，欧洲西北部城市群和英国中南部城市群以1/5的国土面积承载了一半的人口。由于人口集聚带来的规模效应，城市群的经济贡献比人口贡献强度更强，美国大西洋沿岸城市群、日本太平洋沿岸城市群、欧洲西北部城市群、英国中南部城市群的GDP贡献分别为25.7%、72.4%、58.2%、78.3%。作为衡量城市群集聚效率和效益指标的人均GDP和地均GDP，最高分别达到62030美元/人和9662万美元/平方公里，以此指标来看，长三角城市群与世界顶级城市群还存在较大差距，还有进一步提升的空间（见表6－7）。

表6－7　　2017年世界主要城市群与长三角城市群对比

	长三角城市群	美国大西洋沿岸城市群	日本太平洋沿岸城市群	欧洲西北部城市群	英国中南部城市群
面积（万平方公里）	21.2	13.8	3.5	14.5	4.5
人口（万人）	15033	6500	7000	4600	3650
GDP（亿美元）	20652	40320	33820	21000	20186

续表

	长三角城市群	美国大西洋沿岸城市群	日本太平洋沿岸城市群	欧洲西北部城市群	英国中南部城市群
面积占比（%）	2.2	1.5	9.3	19.5	18.4
人口占比（%）	11.0	20.4	55.1	49.0	56.7
GDP 占比（%）	19.9	25.7	72.4	58.2	78.3
人均 GDP（美元/人）	13737	62030	48315	45652	55305
地均 GDP（万美元/平方公里）	974	2920	9662	1448	4485

资料来源：Wind 资讯。

第二，城市群的发展表现出高效率和高效益，背后的根本动因是产业结构升级的结果。随着城市化升级到城市群阶段，城市化将升级，产业结构也顺应调整，以农业和工业化为代表的第一、二产业占比迅速下降，以信息、技术、文化、科技和金融等服务业为代表的第三产业占比迅速上升。在这个过程中城市就业人口和城市化率迅速提升。美国大西洋沿岸城市群和日本太平洋沿岸城市群在形成过程中第一产业几乎逐渐消失，第三产业产值占比分别达到96.7%和78.5%。从横向比较来看，长三角城市群产业结构还有进一步提升的空间，尤其是第三产业（见表6－8）。

表6－8　**2014 年世界主要城市群与长三角城市群产业结构对比**　单位：%

	长三角城市群	美国大西洋沿岸城市群	日本太平洋沿岸城市群
第一产业产值占比	4.7	0.1	0.3
第二产业产值占比	47.0	3.2	21.2
第三产业产值占比	48.3	96.7	78.5
第一产业产值占全国比	10.1	1.6	12.0

续表

	长三角城市群	美国大西洋沿岸城市群	日本太平洋沿岸城市群
第二产业产值占全国比	21.6	2.4	42.3
第三产业产值占全国比	20.7	20.0	52.2%

资料来源：Wind资讯。

第三，城市群空间结构大都沿长轴成带状拓展，且内部具有发达的基础设施网络，这是为了形成有效的分工协作，发挥协同效应。此外，世界发达城市群大都位于海洋沿岸，具有优越的地理位置，这是为了适应全球化分工、便利贸易。长三角城市群沿长江流域展开，具有发达的工业基础和强劲的创新能力，同时长三角城市群位于太平洋沿岸，具有成为发达城市群的地理条件。

（三）供给侧结构性改革推动技术创新

以上从需求侧角度阐明我国未来经济发展的有利条件，近年来我国施行的供给侧结构性改革也取得了显著成效，特别是在技术创新方面，开辟了新的供给空间。在通信领域，当前全球四大通信设备巨头华为、爱立信、诺基亚、中兴，中国占据其二。华为2017年销售额925.5亿美元，研发投入137.9亿美元，而美国通信巨头高通的销售额为235.5亿美元，研发投入只有51.5亿美元。在5G专利技术的申请方面，根据德国专利数据公司IPLytics的统计，截至2019年底，华为5G专利技术数量为3147项，在全球排名第一；中国拥有的5G专利数量占比34.02%，按国别计全球排名第一。在航天领域，2020年6月23日第55颗北斗导航卫星发射成功，北斗三号系统完成部署。北斗导航系统的建成一方面打破了西方技术封锁（其覆盖率甚至高于美国的GPS），为维护国家主权和安全提供了技术保障；另一方面，北斗系统可以为交通运输、农林渔业、水文监测领域提供民用服务，在消费领域部分智能手机已经置入北斗定位功能的芯片。

以上是个别领域超越和追赶的案例，但中国科研整体上还保持着快速增长势头。表6－9是中、美、德、日四国研发费用情况，2018年中国研发费用为3037亿美元，超过日、德，仅次于美国。从研发强度（研发费用占GDP比重）来看，中国低于美、日、德，这意味着中国的研发费用还有进一步增长的空间，如果按目前16.41%年均复合增长率，中国的研发费用到2024年就将超过美国。中国的技术创新效果还可以从另一个侧面得到反映，即美国的担心和制裁：美国白宫前首席战略顾问史蒂夫·班农在2017年12月的东京演讲[①]中清晰地传递了特朗普政府对中国的态度，在技术方面他指责《中国制造2025》是谋求制造业的全球统治。在实际行动方面，美国针对中国加征关税的领域主要是新一代信息技术、航空、高铁设备、新材料领域等，在5G领域美国针对华为则采取了极限施压手段；从《中美经贸协议》的具体内容来看，除农产品和金融服务外，美国的目的是要在知识产权和技术转让领域排斥中国并最大化自己的利益[②]。

表6－9　**中美日德四国研发费用情况**

年份	研发费用（亿美元）				研发强度（%）			
	中	美	日	德	中	美	日	德
2008	664	4072	1681	970	1.45	2.77	3.34	2.60
2009	849	4064	1690	926	1.66	2.81	3.23	2.73
2010	1043	4101	1788	922	1.71	2.74	3.14	2.71
2011	1344	4298	1998	1047	1.78	2.77	3.24	2.80
2012	1631	4343	1991	1012	1.91	2.68	3.21	2.87
2013	1912	4548	1709	1053	2.00	2.71	3.31	2.82
2014	2126	4765	1649	1113	2.03	2.72	3.40	2.87

① 演讲名称：《中国摘走了自由市场的花朵，却让美国走向了衰败》。

② 如第一章美国要求中国延长药品专利保护期。

续表

年份	研发费用（亿美元）				研发强度（%）			
	中	美	日	德	中	美	日	德
2015	2285	4951	1440	979	2.07	2.72	3.28	2.91
2016	2380	5166	1553	1011	2.12	2.76	3.16	2.92
2017	2641	5490	1563	1114	2.15	2.82	3.21	3.04
2018	3037	5840	1618	1222	2.19	2.84	3.26	3.09
年均复合增长率	16.41	3.67	-0.39	2.34	—	—	—	—

资料来源：Wind资讯。

（四）开启绿色发展新时代

改革开放40多年来，我国经济一直保持高速增长，与此同时对自然环境也造成了较大冲击，生态系统支撑经济增长的能力越来越弱。《建议》提出“坚持绿水青山就是金山银山理念……促进经济社会发展全面绿色转型，建设人与自然和谐共生的现代化”。

绿色发展新时代的开启有着深刻的国内国际背景。第一，历史新阶段的必然选择。我国经济发展由高速向中高速转变，居民生活由小康向富裕奔进，这意味着总供给不足的问题基本得到解决；那么深化改革的任务已经由过去的把生产关系束缚的生产力释放出来，拓展至把被经济系统冲击的生态系统保育好。这是《建议》提出绿色发展的国内背景。第二，来自国际社会的压力。应对气候变化一直是国际社会关注的重点领域之一，我国作为全球二氧化碳排放量最大的国家面临着较大的碳减排压力。2020年9月在第75届联合国大会一般性辩论上，我国明确“采取更加有力的政策和措施，二氧化碳排放力争于2030年前达到峰值，努力争取2060年前实现碳中和”。这是中国对世界的庄严承诺，也是推动人类命运共同体建设的重要内容。第三，绿色发展具有后发优势。绿色发展的路径多种多样，各国都处于探索过程中，并没有形成特定模式。以绿色债券为例，我国在2015年之前还几近于无，但从2016年开始我国在全球绿色债券市场上一跃成为最大发行国之一。

第四节　结论性评述

本章重点分析中美和中欧两大国际关系的未来趋势。就中美关系而言，当前的贸易冲突可能具有长期性，这是由中美结构性矛盾决定的。一方面，中国崛起对美国霸权在科技、军事、经济、金融等多领域形成了挑战。另一方面，美国国内方面，白人阶层因全球化失落，民粹主义盛行；美国军工利益体的绑架，需要制造国际紧张局势，中国是重要指责对象。欧盟与美国拥有共同的价值观和意识形态基础，不同之处在于：欧盟不是一个主权国家，其军事投射能力也极为有限，因而欧盟将规则和多边主义视为维护自身利益的基础；中欧关系以经贸合作为主线，在中美经贸摩擦加剧的背景下欧盟也避免选边站，更多是出于经济利益的考虑。

就全球经济变化的趋势而言，全球经济增长放缓具有长期性和结构性，具体原因包括三点。第一，当下正在发生的第四次工业革命是否会带动经济走入新的增长路径，目前形势并不是很明朗。第二，全球资本过剩，十多个发达国家进入负利率状态。第三，人类生育意愿总体下降，联合国预测2030年全球劳动力人口增长率将降至0.5%以下；与此同时，人口老龄化严重，经济增长面临较大负担。全球贸易和投资趋势与全球经济增长的趋势表现是一致的，即长期放缓，具体原因也包括三点：第一，全球分工已发展到相当深度，全球价值链增长已经放缓；第二，全球贸易服务化，这是全球经济向更高阶段发展在贸易领域的表现；第三，贸易保护主义盛行，尽管贸易对两国都有利，但贸易会改变一国收入分配的结构，一国领导人在考虑贸易问题时不得不考虑民众意愿。

全球经济增长是放缓的，但全球经济格局并不是一致放缓，而是存在格局变动。主要表现为：高收入国家增速平稳，中等收入国家继续追赶，低收入国家依然陷入低增长陷阱。高收入国家增速平稳的原因是：虽然在劳动力层面受到老龄化因素的影响，但在技术层面，高收入国家仍处于领先地位，从而牢牢把控着微笑曲线的两端，获得超高的经济收益。中等收入国家在技术、资本与劳动力多方面生产要素的共同作用下开始迅速追赶高收入国家。中等收入国家在技术方面充分享受到了工业革命所带来的技术进步效应。新兴的技术借助国际资本的流动快速地实现了扩散效应，全球产业价值链的形成，进一步提升了中等收入国家参与国际分工的深度，并借助劳动禀赋发挥比较优势，充分实现了全球化大发展阶段的经济快速增长。低收入国家从长期来看既未享受到多次工业革命所带来的技术扩散效应，从而有效提高人力资本水平，也未从国际资本过剩的背景下获得增长所需的资本支持，反而由于人口增长率的居高不下，进一步减少了原本就不足的人力资本水平。

全球贸易结构演变的逻辑沿两个方向展开：一是资本在世界各地寻找低成本劳动力从而造成制造业部门的转移；二是部门内专业化分工的加强导致贸易扩大。就地理格局来讲，全球生产和贸易大致围绕三个生产极展开，北美极以美国为中心，欧洲以德国为中心以及亚洲工厂。世贸组织成立后的1995—2015年，这一三角格局并未发生大的变化，但亚洲中心的格局改变了，即中国取代日本成为亚洲价值链的核心。

由于低收入国家的制度环境较差以及人力资本水平较低，一直未受到国际资本青睐。亚洲地区依然是当前和未来贸易和制造业FDI的聚集地，无论是制度还是人力资源都具有优势，这些都成为资本竞逐的对象。因此，中美贸易冲突首先带来的是价值链再分配效应，尤其是亚洲内部的再分配效应。根据IMF工作人员的计算，中美贸易战对美国和中国都造成负向的冲击，但对中国的冲击程度高于美国；对日本和韩国也造成一定的负向冲击，这是因为日本和韩国的高端制造大部分向中国供货；其他国家如印度、印度尼西亚、马来西亚、菲律宾、新西兰都是正向冲击，即对中国在全球价值链中形成替代效应。

中国的应对措施是加强对“一带一路”沿线国家的贸易和投资往来。一方面，“一带一路”沿线国家市场广阔，“一带一路”市场对于满足中国在中美贸易争端形势下的对外贸易需求和提振中国企业的出口贸易具有重要意义；另一方面，“一带一路”沿线大多数国家增长潜力巨大，为中国企业“走出去”以及人民币国际化提供了舞台。中国推动“一带一路”建设，除了在商品需求上与“一带一路”沿线国家形成互补外，更重要的是通过互联互通，实现共同发展。中国通过“一带一路”建设开创全球治理新模式的可行性表现在两个方面：第一，强调了以基础设施这一公共产品为接入，形成区域互联互通，直接提供区域公共品，普惠所及区域；第二，强调了共享发展的理念，本质上是建构一个区域性合作价值网络，形成更为广泛的共生体群，特别是基于互联网的平台贸易模式直接对接了属地的大量小规模生产者，这种合作特性完全不同于基于价值链的汲取性网络，这样才能实现包容性和可持续性发展的可能性。

就亚洲内部格局而言，我们重点比较了中、印、日三国之间的竞争力。日本的优势在于技术和全要素生产率方面，但受制于负利率、人口老龄化等问题，日本经济低迷的态势在长期内难以扭转，未来在亚洲乃至全球的经济地位将会缓慢降低。印度的优势在于人口，在将来几年的时间里印度有望成为地球上人口最多的国家，此外印度的生产性服务业也具有一定优势，缺陷主要表现为传统制度的拖累。未来印度在亚洲内部的经济地位将保持持续上升，但若印度政府无法摆脱传统因素的制约，印度经济地位的上升终将难以走远。中国的优势在于经济体量大、产业链完全，但受制于创新发展提升较慢、产业结构转型较慢、人口老龄化问题凸显等，中国的 GDP 增长率开始逐年放缓（但仍远高于世界平均水平），但在亚洲的地位在短期内不会改变。

就中国国内形势而言，不利条件包括四个。第一，全球化衰退。除了全球增长趋势中分析的原因外，更重要的是全球化的底层逻辑发生改变：贸易导致一国内部收益的再分配，但一国政府难以通过再分配进行调节；基于安全视角，全球产业链分工产生的协调成本和风险已经超过了分工的收益。第二，人口红利消失。2013 年中国人口机会窗口关闭，2014 年中国进入老龄化社会。人口红利消退，劳动力成本上升，依靠劳动密集型产业吸引外资、获取国际竞争优势已经不再存在。第三，资本回报率下降。资本回报率下降实际上是全球化红利和人口红利消失的一个镜像。以上条件变换都使得以“国际大循环”为主旧格局向以“国内大循环”为主的“双循环”新发展格局转变。第四，除了上述三点不利条件之外，我国面临的防风险任务依然很重，这就要求我们必须遵循“稳中求进”工作总基调，保持宏观增长连续可导状态，防止经济跌入危机深渊。

尽管我国经济发展面临种种不利条件，但也存在诸多发展机遇。第一，超大规模市场优势。这是以“国内大循环”为主的“双循环”格局的重要依托，超大规模市场优势可以分解为三个方面：人口优势、消费升级潜力以及收入再分配产生的释放的结构性潜力。第二，新型城镇化进一步提升空间集聚效应。当前我国城市化进程远未完结，与城市群发展阶段相距较远：将长三角与世界主要城市群相比，无论是 GDP 占比还是人口占比都差距巨大，总量集聚还有较大空间；无论是人均 GDP 还是地均 GDP 也差距巨大，效率还有待进一步提升。第三，供给侧结构性改革推动技术创新。中国在 5G 通信、航天领域都取得了重大突破，如果按目前研发费用增长率计算，到 2024 年中国的研发费用就将超过美国，技术创新的成效开辟了新的供给空间。第四，开启绿色发展新时代。由于绿色发展的路径多种多样，各国都处于探索过程中，并没有形成特定模式，因此绿色发展具有后发优势。

第七章　上海国际金融中心建设“十四五”指标规划

本章使用追赶法情景模拟以及金融深化份额法对上海国际金融中心的“十四五”指标进行预测规划。金融市场相关指标同时使用追赶法和金融深化法，以便两者对比分析，金融机构相关指标仅使用追赶法。

第一节　追赶法情景模拟

追赶法的核心思想是假定历史有一定延续性，并对未来发展趋势做适当调整的情况下，分好、中、坏三种情景进行预测。具体的操作方法是：首先，计算各个市场过去若干年的增长率；其次，根据不同情景下的调整系数计算设定的增长率；最后，进行外推测算并进行横向比较。

一　股票市值测算

表7－1展示了纽约、伦敦和上海2016—2018年的股票市值情况，最右列采取几何平均法计算了三年复合增长率情况。

表7-1　主要城市股票市值情况　单位：亿美元，%

	2016年	2017年	2018年	几何增长率
纽约	273522	321207.02 17.43	304363.31 -5.24	5.49
伦敦	34961.7	44554.08 27.44	36379.96 -18.35	2.01
上海	43674.57	50843.58 16.41	39194.2 -22.91	-5.27

资料来源：世界证券交易所联合会，Wind。

近几年国内股市波动，我们延长计算几何平均增长率的时间，观察2011—2018年上海股票市场的市值，并计算7年的几何增长率，其结果为7.53%（见表7-2）。由于上海股票市值自2017年以来一直下降，目前处于一个低位，极有可能触底反弹；另外，考虑到科创板新的制度设计，未来上海股票市场可能迎来较高增长。结合前几年的增长率，我们假设正常情况下的增长率要高于7.53%，为14.1%，但也不会出现极其高的增长率，设定为15%，差情况下设定为12.1%，整体趋于平稳；相比较而言，纽约在好、正常和差三种状态下的增长率分别设定为6.50%、5.49%和4.50%；伦敦在好、正常和差三种状态下的增长率分别设定为3.41%、2.01%和0.59%（见表7-3）。

表7-2　上海股票市值增长率测算　单位：亿美元，%

	2011年	2012年	2013年	2014年	2015年	2016年	2017年	2018年	增长率
上海	23574.23	25472.04 8.05	24969.9 -1.97	39325.3 57.49	45492.9 15.68	43674.6 -4.00	50843.6 16.41	39194.2 -22.91	7.53

表 7－3　　　　　　　　　　**主要城市增长率情况设定**　　　　　　　　　　单位：%

	好情况	正常情况	差情况
纽约	6.50	5.49	4.50
伦敦	3.41	2.01	0.59
上海	15.00	14.10	12.10

按以上设定的增长率进行外推预测，到 2025 年纽约在股票市场上依旧保持国际金融中心第一的位置，在好、正常和差三种状态下股票市值分别达到 47.3 万亿美元、44.2 万亿美元和 41.4 万亿美元。依照表 7－3 设定的增速，上海的股票市值保持较高增长率，2025 年与伦敦市场的股票市值拉开较大差距。在好的状态下，2025 年上海股票市值将达到 10.4 万亿美元，而伦敦只有 4.6 万亿美元；在差的状态下，2025 年上海股票市值将达到 8.7 万亿美元，而伦敦只有 3.8 万亿美元（见图 7－1）。

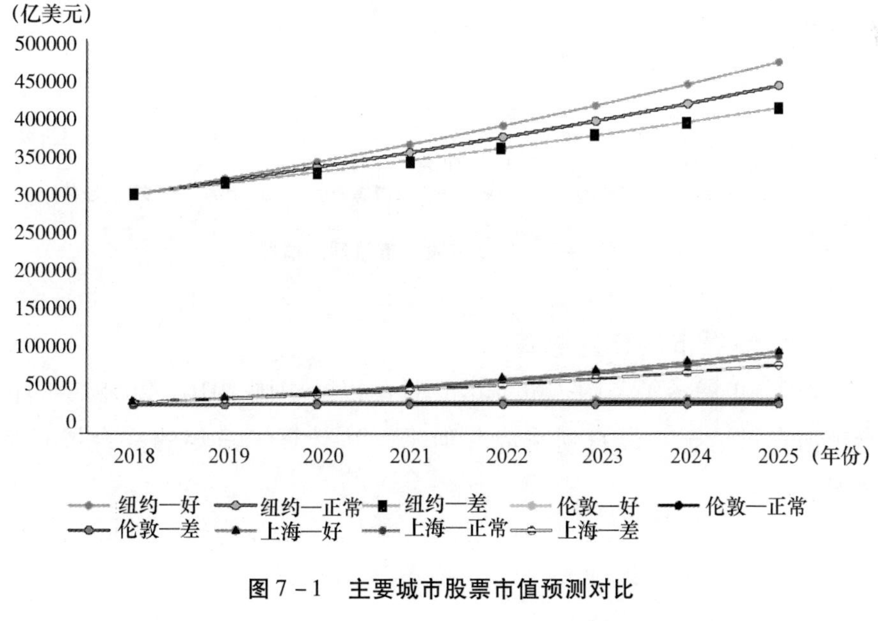

图 7－1　主要城市股票市值预测对比

具体规划还需考虑汇率因素，尽管近期人民币汇率因中美经贸摩擦出现了较大幅度的贬值，但我们认为中国经济基本面是好的，未来基本保持平稳，贬值幅度较小。我们以2018年汇率平均值6.617人民币/美元作为转换基准，假设汇率年均贬值0.8%进行推算。图7-2展示了上海加入汇率因素的股票市值：在汇率保持稳定的大前提下，在好、正常和差三种状态下上海股票市值在2025年应分别达到68.9万亿元人民币、65.3万亿元人民币和57.7万亿元人民币（图7-2实线部分）；若考虑贬值情况，在好、正常和差三种状态下上海股票市值在2025年应分别达到72.9万亿元人民币、69.0万亿元人民币和61.0万亿元人民币（图7-2虚线部分）。

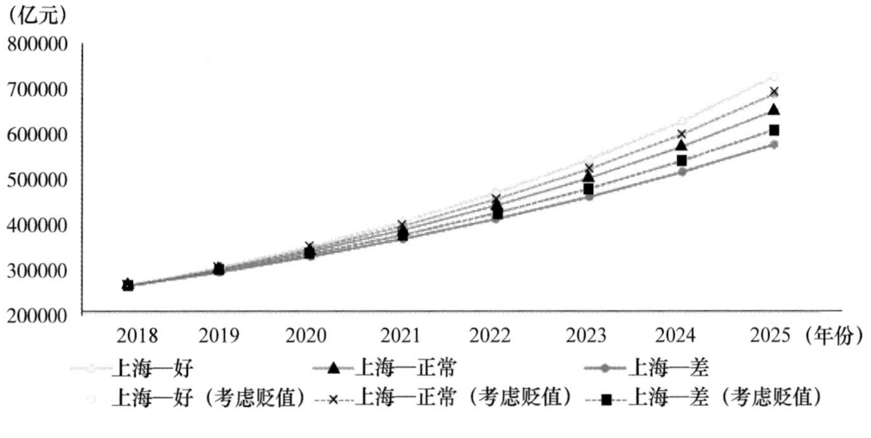

图7-2　上海市股票市值预测情况

二　债券市场存量测算

表7-4展示了美国、欧元区、日本以及中国2016—2018年的债券市值存量情况，最右列采取几何平均法计算了三年的复合增长率情况。

表7-4　**主要国家和地区债券存量及增长率情况**　单位：亿美元，%

报告期	2016 年	2017 年	2018 年	几何增长率
美国	396693.0	410161.0 3.40	426905.0 4.08	3.72
欧元区	193005.4	186291.6 -3.48	190439.7 2.23	-0.67
日本	101272.8	100346.9 -0.91	101712.3 1.36	0.22
中国	90581.5	105396.3 16.36	120892.1 14.70	15.51

资料来源：Wind 资讯。

对于债券存量市场增长率的假定，我们采取参照历史直接设定的方式。对于美国，考虑到近期国际经济和政治环境的影响，政府通过财政赤字转移的可能性变大，我们设定好的情况下债券市场存量增长率更高一些，为5.72%，正常情况和差情况下的增长率分别为3.72%和2.72%。欧洲受债务危机和英国脱欧事件影响，可能通过借新还旧方式维持，但其债务危机近年来已有所缓解，且2018年增长率已转为正值，因此，好的情况我们把增长率定为正值0.80%，差的情况设定-1.50%，正常则保持原有增长率。日本因老龄化同样面临高债务问题，在好的情况和差的情况分别设定2.00%和-1.60%的增长率。中国的债券市场前几年是快速发展的阶段，后续可能趋于稳定，因此中国债券市场我们设定差情况为5.30%，正常情况低于现有增长率，为10.51%，好情况为12.01%（见表7-5）。

表7-5 设定债券存量增长率 单位：%

	好情况	正常情况	差情况
美国	5.72	3.72	2.72
欧元区	0.80	-0.67	-1.50
日本	2.00	0.22	-1.60
中国	12.01	10.51	5.30

在不考虑汇率条件的情况下，中国债券市场存量持续上升，2025年在最差情况下也可以达到17.35万亿美元。

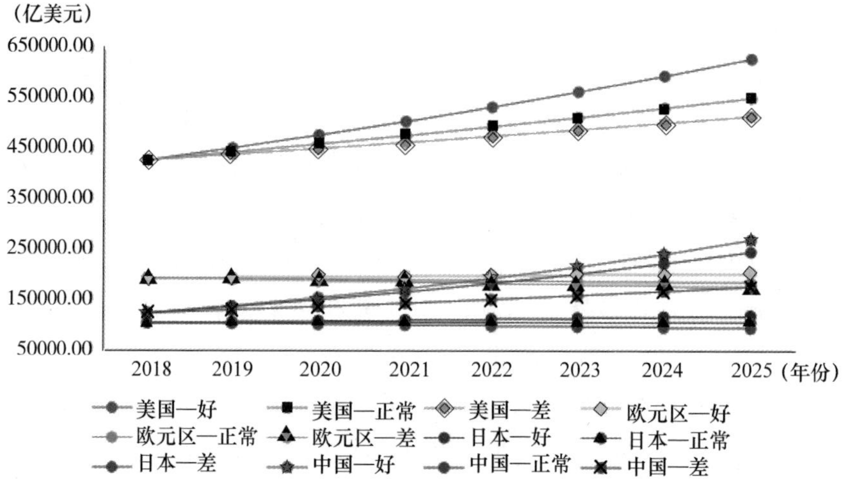

图7-3 各国债券存量预测对比

同样的，假定每年人民币贬值0.8%，我们预测贬值因素下中国债券市场的存量。图7-4给出了汇率不变和人民币贬值条件下三种情景的中国债券存量的预测。在最差的情景下，如果汇率不变，中国债券存量应达到114.84万亿元人民币；如果考虑汇率因素，中国债券存量应达到121.43万亿元人民币，目前中国债券市场存量为80万亿元人民币。

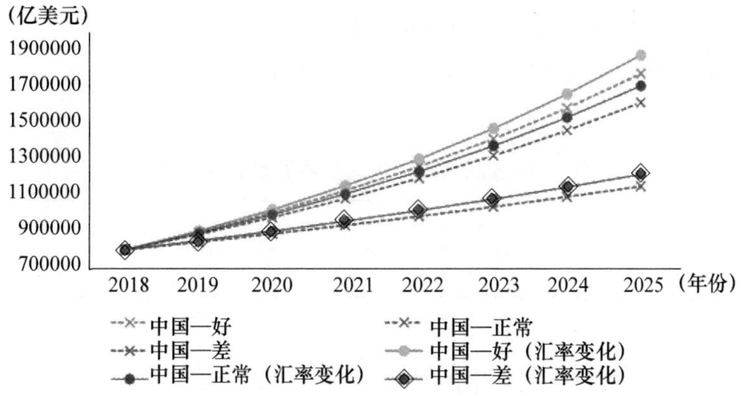

图7－4　中国债券市场存量预测

三　商品类衍生品交易量测算

上海期货交易所交易量在2016—2018年的年均增长率为－1.37%，对于上海的情况，我们认为根据近期中国大宗商品指数走势图（见图7－5），整个市场趋于平稳，且整体呈上升态势，因此我们设定上海期货市场好的情景下的增长率为正值1.5%，即这种上升趋势

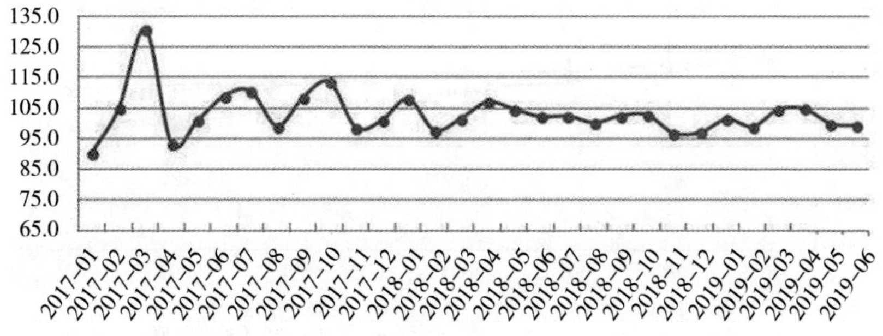

图7－5　中国大宗商品指数走势

资料来源：中商产业研究院：《2019年6月中国大宗商品市场解读及下半年走势预测分析（附图表）》。

会保持，但增长率不会太高，如果是坏的情景，我们设定为-1.5%，即增长率降低，但不会比现在降低太多（见表7-6）。

表7-6 设定商品类衍生品交易量增长率 单位：%

	好	正常	坏
上海	1.5	-1.37	-1.5

图7-6给出了商品类衍生品交易量的预测结果。在汇率保持稳定的大前提下，在好、正常和差三种状态下上海商品类衍生品交易量在2025年应分别达到90.5万亿元人民币、74.0万亿元人民币和73.4万亿元人民币（图中实线部分）；若考虑贬值情况，在好、正常和差三种状态下上海商品类衍生品交易量在2025年应分别达到95.7万亿元人民币、78.3万亿元人民币和77.6万亿元人民币（图中虚线部分）。

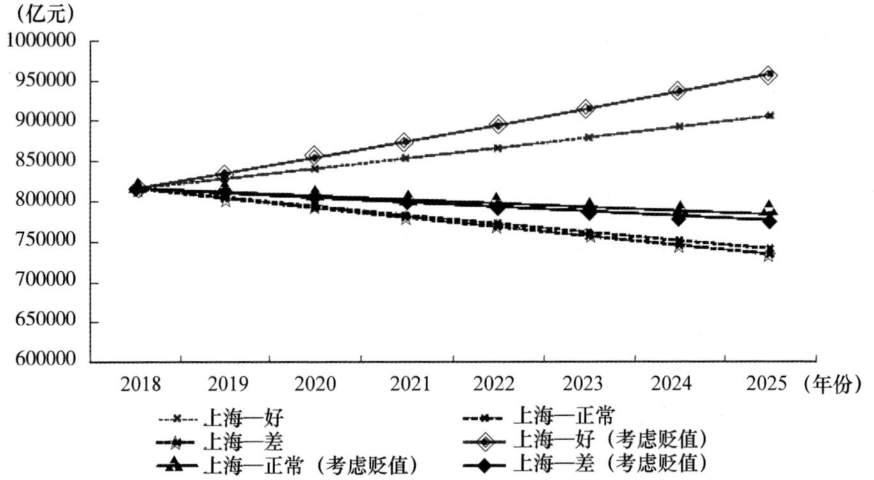

图7-6 上海商品类衍生品交易额预测

四 股票类衍生品交易量测算

表7-7展示了上海2016—2018年的股指期货交易额情况，最右列采取几何平均法计算了三年复合增长率情况。

表7－7　**股指期货交易额及增长率**　单位：万亿元，%，手

	2016年	2017年	2018年	几何增长率
成交额	9.32	10.51	15.74	
		12.77	49.81	25.22
持仓量（年末）	99127	87712	178625	
		－11.52	103.65	34.23

由于全球股市的波动，2018年的股票指数市场并不稳定，全年总体呈现前低后高趋势。目前来看，市场位于底部位置，极有可能出现触底反弹。反弹强度取决于中美政治经济冲突的强度以及经济基本面的表现，整体可能依旧是低开高走的局面。结合此情况，我们将上海股指期货交易额好的情况下增长率设定为28.00%，差情况为23.50%（见表7－8）。

表7－8　**中国股指期货市场增长率设定**　单位：%

	好情况	正常情况	差情况
中国股指期货交易额增长率	28.00	25.22	23.50

图7－7给出了汇率不变和人民币贬值条件下三种情景的中国股指期货类衍生品交易额预测。我们假定人民币每年贬值0.8%，进而预测以人民币计值股票类衍生品的交易量。在最差的情景下，如果汇率不变，中国股票类衍生品交易量应达到68.97万亿元人民币；如果考虑贬值因素，应达到72.93万亿元人民币。目前中国股指期货交易额为15.74万亿元人民币。

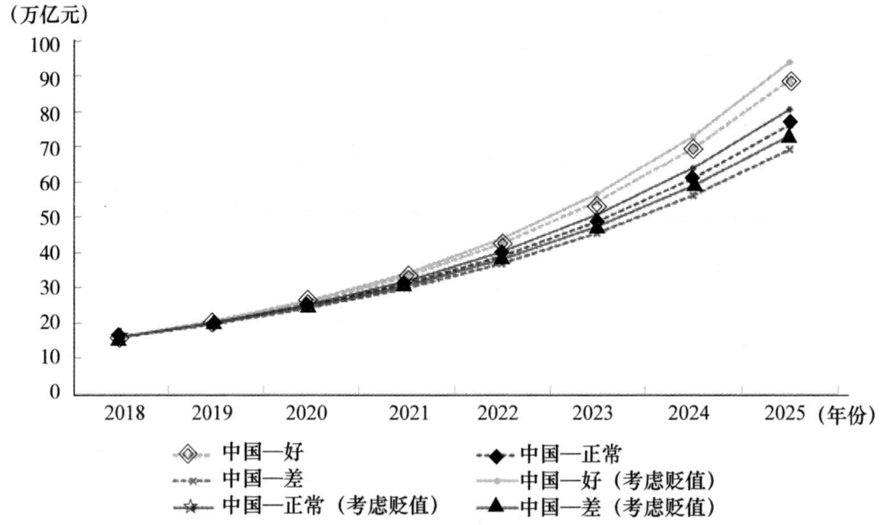

图7-7 上海股指期货交易额预测

第二节 金融深化份额法预测

金融深化份额法的核心思想是中国的金融深化水平应达到世界平均水平，即金融发展水平应该与大国地位相称。具体的操作方法是：首先，我们预测全球经济增长以及中国经济增长，计算中国在其中所占份额；其次，计算全球各金融市场市值或交易量相对GDP的比例，即计算金融深化程度；最后，假定历史可以简单延续，中国到2025年金融发展水平应达到其GDP与金融深化的乘积。

一 全球经济增长及中国份额测算

世界经济展望（WEO）每年都会对全球以及主要经济体的增长进行预测，我们参照其预测并分成好、中、差三种情景设定未来经济的实际增长率。由于金融深化指标考虑金融变量值与名义GDP的关系，因此为方便后文计算，我们采用名义GDP来衡量中国的经济地位。根据以前的名义GDP与实际GDP的增长速度差异数据，我们设定未来五年平均通货膨胀率（GDP平减指数）为3.5%。其中实际

GDP 增长的一般情况依据 IMF 的世界经济预测而定，表 7 - 9 给出了未来全球及主要经济体增长率假定。

表 7 - 9　　**全球及主要经济体增长率假定**　　单位：%

	实际 GDP			名义 GDP		
	好情形	一般情形	差情形	好情形	一般情形	差情形
全球	4	3. 3	2. 6	7. 5	6. 8	6. 1
美国	2. 8	2. 3	1. 9	6. 3	5. 8	5. 4
中国	6. 5	6. 3	6	10	9. 8	9. 5
欧元区	1. 8	1. 3	0. 7	5. 3	4. 8	4. 2
日本	1. 5	1	0. 5	5	4. 5	4

资料来源：IMF。

表 7 - 10 是根据表 7 - 9 相关信息测算的全球以及美、欧、日、中四个主要经济体 2025 年的名义 GDP。中国目前已经超越日本，是全球第二大经济体。尽管未来中国经济增速会有所放缓，但其增速依然远远高于美国和欧元区，因此中国与它们的差距还会进一步缩小。到 2025 年，中国 GDP 预计达到 20 万亿—23 万亿美元之间，几乎追赶上欧元区、美国的 2/3。中国占全球经济的份额在 16%—20%之间。

表 7 - 10　　**2025 年名义 GDP 预测**　　单位：亿美元

	好情形	一般情形	差情形
美国	340320. 75	325108. 22	310482. 31
中国	225715. 79	215626. 17	205925. 62
欧元区	226709. 06	216575. 04	206831. 81
日本	82428. 36	78743. 77	75201. 26
全球	1407537. 29	1344619. 57	1284128. 09

二 金融深化比例计算及全球市场预测

表7－11根据2016—2018年的历史数据计算了各金融市场相对于全球GDP的金融深化程度。最后一行给出了历年的均值：股票市值/GDP和债券市值/GDP分别为94.45%和84.01%；场外利率衍生品交易额/GDP和全球股票（股指）期权期货交易额/GDP分别为10.41%和402.04%。

表7－11 全球金融市场金融深化指标计算 单位：%

年份	股票市值/GDP	债券市值/GDP	场外利率衍生品交易额/GDP	全球股票（股指）期权期货交易额/GDP
2016	91.94	80.25	13.13	293.32
2017	102.01	82.99	10.51	404.45
2018	89.40	88.77	7.60	508.34
均值	94.45	84.01	10.41	402.04

在得出金融深化指标后，可以根据全球GDP不同情景下的预测结果，推算出2020年全球各类金融产品的市值或交易量。公式如下：

2025年全球金融市场市值（交易量）＝金融深化指标×2025年全球名义GDP预测值

表7－12根据上述公式给出了各个情况下全球金融市场市值（或交易量）的估计结果。最右列计算的是最差情况下2025年相对于2018年的倍数关系。由于债券市场和全球股票（股指）期权期货交易额两项金融深化的均值相对于2018年都是下降的，这意味着金融市场的市值存在一定的均值回复过程，考虑全球GDP增长率之后，2025年所有指标的市值（交易额）相对于2018年都是上涨的。2025年全球股票市场和债券市场的市值最坏预计达到121.29万亿美元和

107.88 万亿美元，场外利率和全球股票（股指）期权期货交易额最坏预计达到 13.37 万亿美元和 516.27 万亿美元。

表 7-12 **全球金融市场市值（交易量）2025 年预测** 单位：亿美元

	好情形	一般情形	差情形	最差情况下 2025/2018
股票市场市值	1329418.97	1269993.19	1212858.98	1.58
债券市场市值	1182472.08	1129614.90	1078796.01	1.42
全球场外利率衍生品交易额	146524.63	139974.90	133677.73	2.05
全球股票（股指）期权期货交易额	5658862.92	5405908.53	5162708.58	1.18

三 中国各金融市场预测

关于中国和上海各金融市场的预测，可以直接用中国在全球的 GDP 份额求解，或者使用中国在 2025 年的 GDP 预测值与全球金融深化的比值进行测算，两者的结果是一致的，2018 年中国 GDP 占全球总量的 16%。然而，关于中国各金融市场的预测，同样涉及汇率变化问题，由于 2018 年下半年以及 2019 年上半年国际环境的影响，汇率始终不断上升，并展示出持续上行压力，因此，根据 2016—2018 年的年度平均汇率变化并结合 2019 年汇率表现以及国际环境影响，设定汇率年均增长率为 0.8%（2018 年年均汇率为 6.6174）。表 7-13 给出了各个情况下中国到 2025 年各金融市场应达到的规模，最后一列则给出了最差情况下未来相对于现在的规模倍数。从表中可以看出，场外的利率衍生品是需要重点发展的领域。

此外，还有两个问题值得注意：股票市场测算的是中国整体，我们假定上海股票市值占全部市值的一半；国外统计股票类衍生品包括股票（股指）期权期货四种类型，中国股票类衍生品主要为股指期货，我们按全球市场中股指期货交易额占股票（股指）期权期货交易额的比例计算全球股指期货的交易量（这一比例为40.87%，参见上文），中国股指期货交易额为15.47万亿元。

表7－13 中国金融市场市值（交易量）预测 单位：亿元人民币

	2018年	好情形	一般情形	差情形	差情形下考虑汇率的目标值	最差情形下2025/2018
股票市场市值	539030.03	1407518.2	1344601	1284111	1357769.9	2.39
债券市场市值	830020.77	1251918.2	1195957	1142153	1207669.5	1.38
场外利率衍生品交易额	26942.28	155190.0	148253	141583	149704.8	5.55
股指期货交易额	154700.00	2448701.4	2339243	2234006	2362152.8	15.27

第三节 金融机构指标规划

一 银行业指标规划

根据2016—2018年的上海银行业机构数和资产总额，我们计算出银行业资产总额和机构数的几何增长率分别为3.28%和0.97%（见表7－14）。

表7－14 上海银行业增长率 单位：亿元，个，%

	2016年	2017年	2018年	几何增长率
资产总额	143896	147074	154240	
		2.21	4.87	3.28
机构数	3994	4099	4072	
		2.63	－0.66	0.97

上海市作为中国的重要金融城市，吸引了大批银行金融机构入驻，因此我们设定好情况下的资产总额增长率为5.78%，机构数增长率为1.97%。经济虽整体下行，但不会过快下降，因此差情况下

银行业的资产总额增长率为2.28%，机构数增长率为0.47%（见表7－15）。根据上述参数推算2025年上海市银行业总资产。在最坏的情况下，上海市银行业总资产在2025年应达到18.06万亿元，机构数在最差情况下应该增长到4207家（见图7－8）。

表7－15　**上海市银行业各情况下设定增长率**　单位：%

	好情况	正常情况	差情况
资产总额	5.78	3.28	2.28
机构数	1.97	0.97	0.47

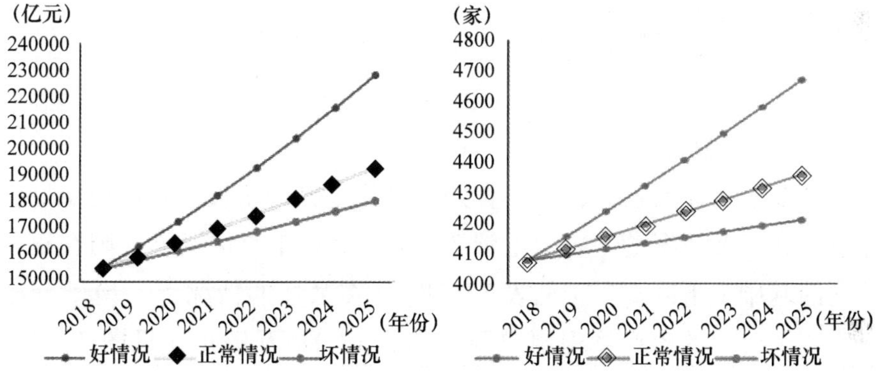

图7－8　上海市银行业总资产和机构数预测

二　券商基金业指标规划

（一）证券公司

根据第二章“十三五”时期计算出的证券公司的几何增长率，我们对其年均增长率进行预测。对于证券公司来讲，上海市的发展速度较快，总资产即使在经济不景气的形势下依旧保持不错的增速，因此我们在设定增长率的时候，即使是差情况增长率也不差，具体设定见表7－16。在最差情况下，2025年证券公司总资产可以达到1.67万亿元，净资产和净资本分别达到7651亿元、4093亿元，分别是2018年的1.69倍和1.09倍（见表7－17）。

表7－16　上海市证券公司增长率设定　单位：%

	好情况	正常情况	差情况
总资产	5.40	3.40	2.50
净资产	10	8.30	7.80
净资本	2.60	1.80	1.30

表7－17　上海市证券公司各情况预测　单位：亿元

	2018年	好情况	正常情况	差情况	差情况 2025/2018
总资产	14033	20278.45	17733.49	16680.83	1.19
净资产	4523	8814.05	7903.62	7651.70	1.69
净资本	3740	4476.13	4237.46	4093.91	1.09

（二）基金公司

基金公司发展较快，且一直处于平稳上升的阶段。我们设定好情况下，在正常情况的基础上上浮3.5%，而处于差情况下，则在正常情况的基础上下降2%（见表7－18）。在最坏的情况下，2025年上海市基金公司的资产管理规模预计达到13.89万亿元（见图7－9）；基金公司的数量预计达到124家，是2018年的2.1倍；公募基金数量为5883只，总净值达到16.17万亿元，是2018年的3.82倍（见表7－19）。

表7－18　上海市基金公司增长率设定　单位：%

	好情况	正常情况	差情况
基金公司家数（家）	16.70	13.20	11.20
公募基金数量（只）	22.30	18.80	16.80
基金公司资产管理总规模（亿元）	18.30	14.80	12.80
公募基金总净值（亿元）	26.60	23.10	21.10

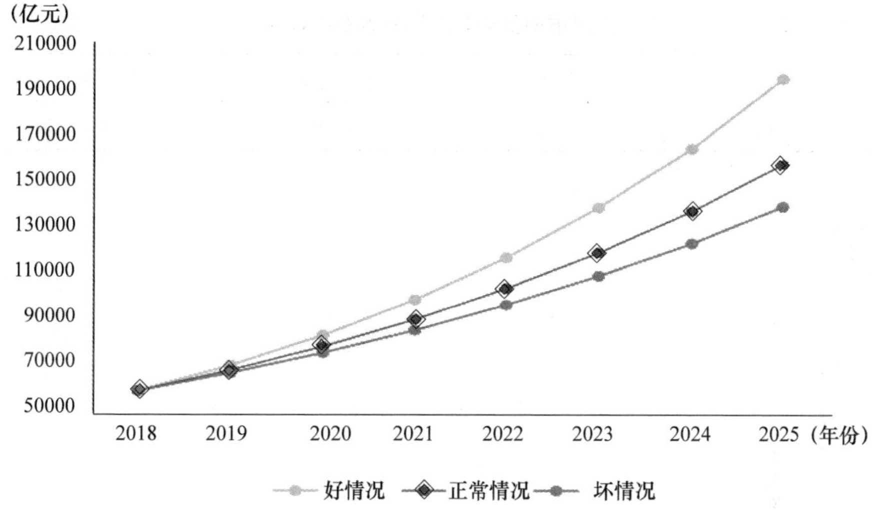

图7－9　上海市基金公司的资产管理规模预测　　单位：亿元

表7－19　**上海市基金公司2025预测情况**

	2018	好情况	正常情况	差情况	差情况 2025/2018
基金公司数量（家）	59	173	140	124	2.10
公募基金数量（只）	1984	8119	6626	5883	2.97
基金公司资产管理总规模（亿元）	59794	193887.95	157127.00	138938.08	2.32
公募基金总净值（亿元）	42352	220754.65	181417.97	161764.39	3.82

（三）期货公司

根据第二章已经算出的上海期货公司的几何增长率，我们来设定上海期货公司净利润的增长率。根据2016—2018年的增长率，上海市期货公司始终保持稳定增长，且增长率比较高，因此我们有理由认为正常情况下的增长率要高于6.4%，最终利润增长率设定见表7－20。在最坏的情况下，上海市期货公司2025年的净利润会达到29.91亿元，在最好的情况下会达到40.85亿元（见图7－10）。

表7－20　　上海市期货公司净利润增长率设定　　单位：%

	好情况	正常情况	差情况
净利润	10.20	7.40	5.40

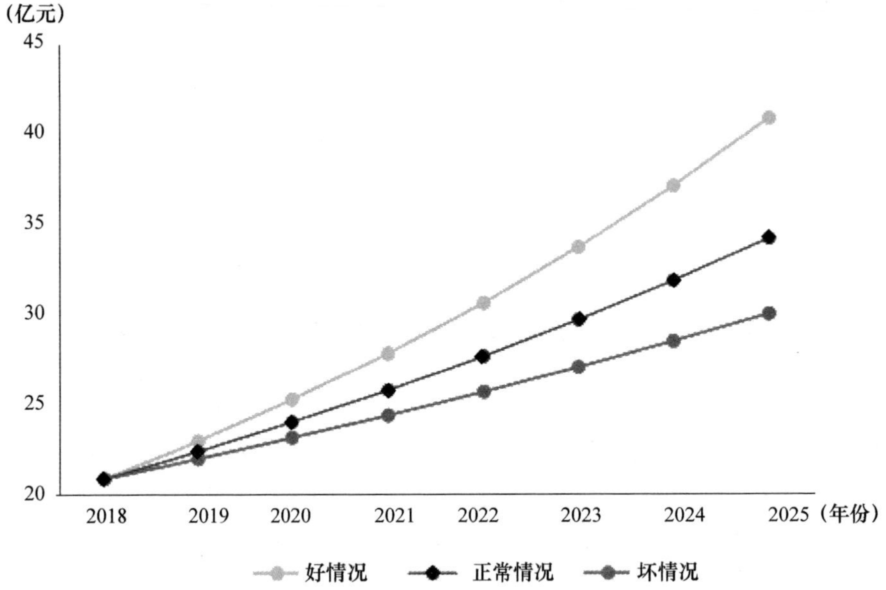

图7－10　上海市期货公司净利润预测

三　保险机构指标规划

根据第二章几何增长率的测算，我们设定保险公司总资产和保费收入的增长率，由于2018年上海市保险公司的总资产不能确定，因此把2016年与2017年的总资产增长率8.49%作为基准设定增长率。根据2016—2018年的数据，我们可以看出保险机构的总资产呈增长态势，好情况相较于正常情况的变动幅度要高于差情况的变动幅度；虽然保费收入的年增长率为负值，但保险市场在我国还有较大的发展空间，属于蓬勃发展的行业类型，设定正常情况下的增长率稍微高于现有的增长率，我们假定保险公司的保费收入在好情况下的增长率为一个较小的正值（见表7－21）。在最坏的情况下，到2025年上海市保险机构总资产将达到 1.31 万亿元，最好达到 1.69 万亿元（见图 7 - 11a）；上海市保险公司的保费收入最坏的情况下达到 1392.28 亿元，最好的情况下达到 1518.95 亿元（见图 7 - 11b）。

表 7 - 21　　保险公司总资产和保费收入增长率设定　　单位：%

	好情况	正常情况	差情况
总资产	11.20	8.49	7.29
保费收入	1.11	0.32	-0.14

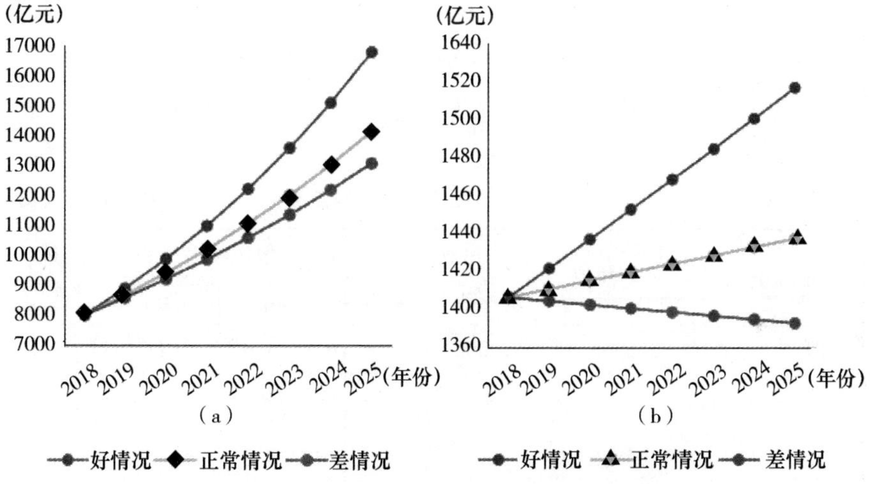

图 7 - 11　保险公司总资产和保费收入预测

第四节　相关指标规划总结

有两个问题需要注意：第一，由于份额法中股票市值测算的是中国的股票市场市值，因此上海市股票市场市值为测算数值的一半；第二，在追赶法中，2018 年中国股票市场市值单位是亿美元，按当年平均汇率换算成人民币，因此与追赶法中观测得到的 2018 年上海市股票市值有轻微偏差，我们以观测数值为准。

追赶法是在既有制度和历史上略作调整的简单外推；份额法是与中国经济地位相匹配的金融水平的应有值，以当前制度水平发展下去恐难以达到。我们使用平均值作为一个相对可能实现的目标，表7－22给出了汇总结果。金融市场方面：股票市值预计达到64.4万亿元人民币，债券市场存量预计达到121.1万亿元人民币，场外利率衍生品市场交易额预计达到15.0万亿元人民币（单边计算），股指期货交易额预计达到154.6万亿元人民币，商品类期货交易量预计达到77.6万亿元人民币。金融机构方面：银行业资产总额预计达到18.1万亿元人民币，证券公司总资产预计达到1.7万亿元人民币，基金公司管理资产规模预计达到13.9万亿元人民币，期货公司总利润预计达到29.9亿元人民币，保险公司总资产预计达到1.3万亿元人民币。

表7－22 两种方法预测的综合比较结果 单位：亿元人民币

市场类别	当前值	追赶法		份额法		两者平均
		目标值	差距	目标值	差距	
上海股票市场市值	259363.70	610000	2.35	678884.95	2.62	644442.475
全部债券市场市值	830020.77	1214300	1.46	1207669.50	1.38	1210984.75
场外利率衍生品交易额	103885.30			149704.80	1.44	149704.80
股指期货交易额	154700	729300	4.71	2362152.80	15.27	1545726.40
商品类衍生品交易量	815400	776000.00	0.95	—	—	776000.00
银行业						
上海市银行业资产总额	154240	180605.95	1.17	—	—	180605.95
券商基金业						
上海市证券公司总资产	14033	16680.83	1.19			16680.83
上海市基金公司管理总规模	59794	138938.08	2.32			138938.08

续表

市场类别	当前值	追赶法		份额法		两者平均
		目标值	差距	目标值	差距	
上海市基金公司总净值	42352	161764.39	3.82			161764.39
上海市期货公司总利润	20.7	29.91	1.44			29.91
保险业						
上海市保险公司总资产	8044.53	13164.84	1.64			13164.84
上海市保险公司保费收入	1406	1392.28	0.99			1392.28

第八章　后2020时代上海国际金融中心发展战略

本章结合第四章和第五章上海国际金融中心建设的评估结果，同时结合第六章国际国内形势所创造的条件进行分析，探讨后2020时代上海国际金融中心建设的愿景目标以及发展战略（实现路径）。

第一节　后2020时代上海国际金融中心建设愿景目标

上海国际金融中心的愿景目标是：到2035年，上海金融中心的国际化程度大幅提升，成为双循环战略的核心枢纽，形成以中国经济为第一服务主体、覆盖整个亚洲、辐射全球的金融中心，并成为全球金融科技和绿色金融的引领者。

国发〔2009〕19号文件提出的上海国际金融中心目标是："2020年，基本建成与我国经济实力以及人民币国际地位相适应的国际金融中心"，第四章的评估显示人民币目前在国际上的地位大致处于第6位至第7位，第五章的评估表明上海金融市场和金融机构集聚程度大致排名第3位至第4位，而外部评估机构伦敦金融城显示上海的国际金融中心排名已经步入全球前三（GFCI28），总体上看"国际金融中心"建设目标已经基本实现。然而上海作为金融中心难以堪当"国际"二字，未来十五年应将提高国际化程度作为首要目标。随着中央提出"双循环"战略，上海的国际金融中心建设目标也随之调整：“双循环”战略尽管以“国内大循环”为主体，但并不是不要“外循环”，只是“外循环”的特点由过去商品输出转向资本输出，因此上海国际金融中心建设应与新时期人民币国际化的战略相适应，积极推动人民币走出去，并紧密围绕“一带一路”建设重点展开。同时，国际循环方面要完善人民币的回流机制，依托人民币资产的收益率，背靠结构性改革带来的生产率增长以及常态化的货币政策，吸引全球长线资金集聚上海。在国内循环方面，推动供给体系、需求体系和金融体系三者相互配合，更好地服务于区域经济一体化、产业链升级和经济结构优化，在扩大内需的同时，优化供求结构。落到具体实践层面，上海金融中心应服务好长三角一体化建设。总之，后2020时代上海国际金融中心建设的定位是：成为衔接内外循环的关键枢纽。

金融科技是未来金融中心的核心竞争力，中国金融科技的后发优势正是依托了国内超大规模市场的特点；然而金融科技的底层架构是技术，上海在把握超大规模市场带来的场景优势的同时，也应加强技术体系建设，使之成为国际金融中心新的增长极。绿色发展是我国经济发展到一定阶段的历史必然选择，自然也应成为国际金融中心建设的必选项目之一，上海应依托完善的传统金融要素体系，将自身打造成全球绿色金融的引领者。

第二节　稳步推进人民币国际化

基辛格[①]指出：“经济全球化的本质是超越国界，外交行动虽然旨在协调各国政策和彼此对世界秩序的理想，但其本质反而强化了国家边界的存在。”这意味着当全球化和民族国家利益发生冲突时前者必须让位于后者。近年来全球化进程明显放缓，全球化所带来的各国国内收入分配问题日益严重，主要国家的内部问题正成为阻碍

① Henry Kissinger, *World Order*, New York: Penguin Press, 2014.

全球化进程的重要障碍，国际格局正处于发展变化的关键时期，全球最重要的国际关系——中美关系，面临着美国单向脱钩的风险。这样的国际形势显然不利于人民币国际化的推进，也不利于后2020时代上海的国际金融中心建设。

习近平总书记指出，“努力在危机中育新机、于变局中开新局”“逐步形成以国内大循环为主体、国内国际双循环相互促进的新发展格局”。那么在双循环新发展格局下如何进一步加强上海国际金融中心建设呢？首先，以国内大循环为主并不意味闭关锁国，依然需要对外开放。针对国内经济增速放缓、人力成本上升、环境资源约束等问题“走出去”战略依然重要，中国可以学习美国世界银行家的做法以及日本的“黑字环流”计划，以ODI、股权投资等方式形成海外高收益资产，并在这个过程中稳步推动人民币国际化。其次，稳步推进人民币国际化只是完成货币国际大循环的第一步，海外人民币的回流才是最终归宿，因此上海的国际金融中心建设应加强对外开放，其目的是为海外人民币提供价值栖息地；在这一过程中应完善市场机制并提供多层次、多样化的产品。最后，上海应以自贸区新片区为载体启动离岸中心建设，一方面通过“一线放开、二线管住”有效隔离风险，另一方面也可以跳出现有体制框架进行金融改革的试验。

一 以“一带一路”建设为抓手 推进人民币国际化

我国目前是世界第二大经济体、第一大贸易国，已有60多个国家将人民币作为储备货币，因此从基本面来看人民币国际化的进程是不可阻挡的。以“一带一路”建设为抓手推进人民币国际化主要基于以下因素考虑。首先，中美关系面临单向脱钩风险，这意味着我们可能丢失巨大的美国市场，而“一带一路”市场前景广阔，“一带一路”沿线国家覆盖全球总人口的约2/3，全球经济总量的约1/3，且大部分是中等收入国家，发展潜力巨大。其次，“一带一路”沿线自贸协定多、联系紧密，且中国与“一带一路”沿线国家产业结构互补性强、产业链嵌合度高。自2013年“一带一路”合作倡议提出以来，中国以基础设施互联互通为切入点，秉承共享发展的理念得到了“一带一路”沿线国家的认同，它成为分享中国经验、探索全球经济新增长极、实现全球化再平衡、开创地区新型合作的重要平台。未来我们应以“一带一路”这一重要战略平台推进人民币国际化建设。

第一，依托新的国际产业分工格局和中国消费升级后的巨大需求，及时调整国际收支战略，在“一带一路”沿线国家大幅增加进口，保持相当规模的贸易逆差；加强贸易和资本项目的互动协调，向国际社会提供充足的人民币流动性。

第二，发挥亚投行、丝路基金等国际组织在跨境投资中的主导作用，对亚洲基础设施建设项目进行贷款和投资，增加国际金融市场上以人民币计价的金融工具的供给，同时也增加人民币在投资领域中的应用，进一步发挥人民币国际化服务区域经济一体化的积极作用。

第三，深化“一带一路”区域金融和货币合作机制，与更多参与国签署本币互换协议，扩大双边货币直接兑换和交易，签署边贸和一般贸易（包括投资）本币结算协议。鼓励参与国金融机构更多地加入人民币跨境支付系统，实现人民币清算结算的全覆盖。

二　推进上海金融市场的对外开放

（一）建立国际金融资产交易平台

上海自贸区“金改40条”提出八大平台建设：支持设立面向机构投资者的非标资产交易平台；支持中国外汇交易中心建设国际金融资产交易平台；加快上海黄金交易所国际业务板块后续建设；支持上海证券交易所设立国际金融资产交易平台；支持上海期货交易所建设国际能源交易中心；支持设立上海保险交易所；支持上海清算所向区内和境外投资者提供航运金融和大宗商品衍生品的清算等服务；支持股权托管交易机构依法为自贸区内科技型中小企业等提

供综合金融服务。目前，除黄金国际板、能源交易中心和上海保险交易所外，其他平台建设缓慢。“十四五”期间，可探索将中国外汇交易中心和上海证券交易所原本各自设立的交易平台改为在新片区设立综合性的国际金融资产交易平台。平台有两大核心功能定位：一是“开放通道”。平台不改变现有制度，利用自由贸易账户体系快速实现境内外市场的互联互通，一方面引入境外投资者参与现有市场的交易，另一方面平台直接对接境外交易所，满足境内投资者进行境外投资。二是“试验平台”。通过制度创新，尝试开展目前尚不能在境内开展的证券投融资业务，如高收益债券的发行、海外企业的上市等，为我国资本市场进一步改革开放积累经验。

（二）进一步推动金融市场的互联互通

股票：推动股票发行国际化，探索推动境外企业在沪上市。推动股票交易国际化，将科创板股票纳入沪股通标的，引入做市商制度，进一步完善沪伦通业务，拓展沪股通的范围并拓宽ETF互联互通机制。

债券：推动债券发行国际化。鼓励境内基础设施通过境外合作方式，服务境内发行人在离岸市场发行债券；支持“一带一路”沿线国家和地区政府、金融机构和企业在沪发行人民币债券；推动建立亚洲债券发行、交易和流通市场；推动自贸区内金融要素市场开展担保品业务合作，为境内机构跨境发行自贸区本外币债券发行业务等提供担保品支持。推动债券交易国际化。进一步落实境外机构进入交易所债券市场。推动境外投资者参与“债券通”回购、债券借贷、衍生品交易。探索“债券通”引入中央对手清算机制。推进制定覆盖全市场的熊猫债券以及“一带一路”债券管理办法，进一步完善熊猫债等人民币国际化产品审核、发行、交易、结算机制，尽快同国际同类监管标准接轨。

衍生品：支持上期所探索原油期货模式、上市期货合约国际板、结算价授权、引入QFII和RQFII等多种方式，推动存量商品期货品种市场国际化。

（三）推动要素市场和金融机构服务“一带一路”

通过金融市场创新巩固上海自贸区试验区“一带一路”桥头堡地位，加强与“一带一路”沿线金融市场的深度合作，利用自由贸易账户等金融创新更好地支持“一带一路”投融资服务。继续推进境外机构和企业在上海自贸区发行人民币债券等产品。支持境内投资者通过上海自贸区投资“一带一路”沿线金融市场的人民币计价股票和人民币债券。支持中央结算公司探索建设上海自贸区和境外债券业务创新体系，探索打造跨境发行系统平台，开发“一带一路”相关新指数产品。推动国家开发银行共建“一带一路”互联互通网络，加强经贸合作，通过银团贷款、同业授信、发行“一带一路”专项债等方式，引导资金共建“一带一路”。推动中国进出口银行开发新金融产品，增加对“一带一路”相关项目信贷投放规模。支持中国出口信用保险公司上海分公司为中资企业“一带一路”出口和投资项目承保。支持中国银联为往返于“一带一路”沿线国家和地区的机构和居民提供高效便捷的支付服务，参与“一带一路”沿线市场的金融基础设施建设。

（四）推动市场规则与国际接轨

目前国内债券市场的一些规则与国际差异较大，不利于其国际化进程的推进，包括信息披露要求、投资者保护条款、债券信用评级等。信息披露方面，应大力扭转国内信息披露形式化、披露滞后或选择性披露等情况，强调强制性披露，推动披露规则与国际接轨。投资者保护方面，应规范并加大对违规中介机构的处罚力度，提高持有人会议的法律地位。引入同权条款、集体行动条款等国际通行的投资者保护制度。信用评级方面，中国应积极推动国内信用评级符号体系、评级质量控制、跟踪评级频率、信用评级服务付费机制等重要方面与国际接轨，在提升评级公信力的同时，满足国际投资者的习惯和需求。

通过市场规则与国际接轨，积极引导国内金融机构提升国际竞争力。在中国债券市场对外开放过程中，国内金融机构将进一步面对国际金融机构的直接竞争，过去的制度红利将迅速丧失，优胜劣汰加剧。尽早提升自身国际化水平、打造服务全球客户的能力，是参与全球竞争的基本要求，也是提升中国金融体系国际影响力的先决条件。金融监管当局有必要通过“有保有压”的政策引导金融机构制定适合自身禀赋特点的国际化战略，立足中国金融体系的硬件优势，大力提升国际化软实力，形成一批具有国际竞争力的金融中介机构。

三　启动自贸区新片区离岸人民币中心建设

在上海自由贸易试验区建立完全开放和全球最高水平的离岸人民币金融中心（金融自由港），跳出现有的中国体制（法律、监管、行政、税收）的制约，并突破现有其他国际金融中心由于历史、法律和技术等原因而存在的一些缺陷，以现代金融以及法律和行政管理科学的最新认知为基础，以最先进的云计算、大数据、人工智能、区块链等科技工具为手段，设计和建设最为先进、合理、高效的金融市场、机构和监管框架，以崭新的模式超越现有的国际金融中心。其具体的内容和功能包含以下几方面。

（一）人民币国际化的根据地和服务中心

逐步建立以人民币计价结算、面对全球投资者的各类股权、债券、货币、保险、衍生品和大宗商品市场，提升中国在全球金融和商品市场的辐射力、定价权和话语权，为国内外企业提供全球化投资、融资和风险控制的人民币金融产品。可以先行先试一些境内还没有的市场和产品，例如高收益债券市场和境外企业在中国上市的“海外版”股票市场。

（二）中国财富全球配置的平台和人民币资产管理服务中心

中国经济发展即将进入一个基于全球视野配置资产和资源的阶段，而离岸人民币金融中心凭借其开放性可以更好地进行资产的全球配置，为企业、机构和个人提供更多的投资路径。

（三）中国企业海外发展的支持平台和风险控制服务中心

产品输出、海外并购是中国企业走向世界的途径，金融自由港应该为中国企业的海外拓展提供金融服务和支撑，为中国企业在海外发展的过程中提供相应的融资、投资和风险管理服务。

（四）为“一带一路”提供金融支持的开放平台和服务中心

在“一带一路”政策引领下，中国牵头或与其他国家共同成立了国际性金融机构如金砖银行、亚投行、丝路基金等，这些机构应该为上海国际金融中心建设注入新的活力和内涵。将离岸人民币金融中心建设成“一带一路”的金融起点和出海口。

（五）中国金融机构迈向全球的实战练兵场

在进一步放开金融机构外资持股比例上限的同时，中国也要培养本土金融机构在国际市场打拼的能力。金融自由港的全开放特征使得本土的金融机构与国际金融机构平等竞争，可以促进它们的业务能力的自我提升，提高它们在国际市场中的竞争力。

第三节　金融促进长三角一体化建设

新型城镇化是未来十五年中国经济内需的最重要引擎，长三角地区以全国2.2%的面积贡献了全国19.9%的GDP。尽管如此，与世界另三大城市群相比，无论是人口集聚还是经济效率方面依然存在较大差距。上海可依托金融枢纽的地位，把握城市化进程的上升空间，通过金融手段促进长三角一体化建设。具体可以从以下四个方面着手。

一　成立长三角基础设施投资银行

要解决长三角一体化的问题，首要的是物理设施须联通起来，促进人流物流的互通。一方面，长三角地区公路网较强，铁路网较弱（如苏北地区高铁较少，还不成网）；另一方面，公路网即便比较发达，依然存在断头路的现象。进一步改善长三角城市群内部的基础设施，以及长三角联通外部世界的基础设施，需要加强长三角城市群的统筹规划，并完善对跨行政边界基础设施的融资机制。

建议由长三角三省一市政府作为创始成员，共同发起成立长三角基础设施投资银行，今后可在三省一市的基础上，逐步发展地级市、县级市和相关企业作为成员单位。长三角基础设施投资银行主要用于支持长三角交通、能源、通信、生态环境和城市设施建设项目，尤其是跨行政边界的项目，促进区域互联互通与产业合作。长三角基础设施投资银行的领导机构是银行理事会，由三省一市派代表参加，银行的主要功能是发放贷款，支持长三角的基础设施项目建设，贷款可分为支持公益项目的低息和无息贷款，以及支持市场化项目的商业贷款。像新能源、环保等公益项目可以提供低息或无息贷款，交通、通信等有正常回报的项目可以提供商业贷款。另外，建议在投资银行下面设立长三角基础设施专家委员会，由基础设施相关领域的资深专家组成，加强对长三角基础设施项目的规划与建设研究，重点是对跨省市边界的基础设施项目的研究。

二 搭建长三角金融信息交互平台

在人流、物流实现联通后，信息流也是畅通国内大循环的重要一环。目前数字经济作为实现高质量发展的动力系统，正在重塑全世界的产业发展形态。数据显示，长三角数字经济增速接近20%、数字经济占当地经济总量的比重超过40%、数字经济占全国数字经济总量的比重接近30%，这表明长三角地区城市总体迈入了数字经济发展快车道。未来需要强化金融支持对数字经济创新发展的引领作用，立足全球竞争，在金融基础设施一体化的基础上，培育云计算、人工智能、数字安防等一批世界级数字产业集群，联手打造全球数字经济创新高地，推动以数字经济为牵引的创新型经济在量上积累、在质上提升，同时为金融创新提供更加丰富的应用场景。

搭建长三角金融信息交互平台，以金融企业为主体搭建线上金融供需信息平台，一方面可以使金融供给与金融需求在平台上充分展示，另一方面可以实现客户筛选、评级、定价、风险控制线上化，实现实时交易。此外，对于重点行业金融如绿色金融、小微金融、农村金融可以设立专业服务区，既可以满足大中型的机构项目需求，同时也满足一些规模较小的专业机构的业务需求。

三　以金融优势支持长三角高端制造业发展

金融是实体经济的血脉，金融的最终目标是服务实体经济。供给侧结构性改革的目标是促进创新，形成新的增长动能。金融业布局需围绕长三角未来重点发展的十大战略新兴产业、十大重点领域、八大未来产业做好行业选择、目标客户定位、重点项目培育以及综合金融服务方案设计工作。

长三角将成为我国原始创新的策源地，重点项目、工程、示范基地和创新基础设施建设等均需大量资金。但目前商业银行尚未建立行之有效的支持科技创新行为的融资服务模式。下一步，在监管层面，应鼓励金融机构创新适合高新技术企业发展的信贷业务模式，对现有信贷制度、业务流程、信用评级、信用增级进行创新，为支持科技型企业提供信贷制度保障。此外，根据实体经济的需要，探索合理的监管创新，推动银行投贷联动业务的深入发展。

四　以供应链金融保障产业链安全

当前全球化逆转以及新冠肺炎疫情都对产业链安全产生了较大冲击，供应链金融在传递产业链信息、保障产业链安全方面具有明显优势，应大力发展。可以考虑成立供应链金融专业协会或组织，鼓励金融机构与重点产业的龙头企业开展全方位合作，利用金融科技手段，创新符合各产业特点的供应链金融服务模式，积极探索应收账款质押、专利抵质押、税款返还担保、订单仓单保单质押等多种贷款业务形式，此外，应充分利用标准化票据推广契机，探索与实体产业相结合的供应链票据，建立长三角区域票据交易平台，促进供应链票据的流转与使用，在有效防范业务风险的同时，加大对制造业等实体企业（特别是产业链上下游的众多中小微企业）的支持。

此外，金融机构（特别是商业银行）需加快从单一信贷产品提供者向综合金融服务商转型，加快全球化布局步伐。产品、服务要可以覆盖不同行业、不同资产结构、不同发展阶段的制造业企业，综合运用信贷、债券承销、产业基金、资产管理、融资租赁、财务顾问等多样化手段，实现能够向上整合产业资源、向下支撑产品销售的一体化金融服务。

第四节 打造全球金融科技新增长极

当前以信息和数字技术为特征的新一轮科技革命和产业变革呈加速趋势，金融业的典型代表是金融科技。金融科技（Fintech）的核心主要体现在新技术对金融业务流程改造、金融机构经营模式转变及金融产品创新的改造过程中。基于现代科技技术的金融科技将会为金融业带来巨大的挑战，也会为金融业注入新活力。

一 金融科技是未来金融中心的核心竞争力

金融中心是资本之都，它的产生和变迁自然伴随着资本形态和社会生产方式的转变。在大航海时代，阿姆斯特丹是国际金融中心，其兴起的原因是优越的地理位置和经商传统，由于荷兰人掌握了先进的造船技术并成为“海上马车夫”，新航路的开辟使得资本自然聚集到大西洋沿岸。在工业时代伦敦是早期的金融中心，因为其最早完成工业革命，“世界工厂”的地位使得伦敦成为世界市场的中心，相应地也成为全球支付中心和资本之都；两次世界大战使得美国大发战争财，马歇尔计划和布雷顿森林体系使得美国控制了欧洲市场并使美元取得国际关键货币的地位，纽约成为全球金融中心，然而支撑纽约中心地位的核心原因在于美国成为“世界工厂”。20世纪中叶信息时代来临，计算机、电话网络的出现使得纳斯达克市场与纽交所形成了强烈竞争，全球金融中心并未转移仅仅是因为纽约抓住了这次机会。

21世纪数字时代来临，移动互联、云计算等技术带来了新一轮科技革命，它深刻地改变了生产方式，如时间更节约、资源配置更优化、就业更灵活，而且深刻地改变着传统金融业。金融科技作为新形势下金融与科技深度融合的产物，对金融机构的业务流程、经营模式、产品创新产生深远影响，为金融业发展提供新的动力源泉。金融科技是未来金融中心的核心竞争力，是新时代推动金融高质量发展的有力抓手。

二　中国金融科技的后发优势

金融科技提升金融服务实体经济的机理包括两点。第一，降低边际成本，覆盖长尾客户。一方面，金融搭载科技使得金融服务更加信息化、网络化、移动化，就使得金融活动的框架重心从物理空间转移至信息虚拟空间，导致原有基于现金的支付、基于人工审核的贷款等模式的转变，自然导致成本的降低。另一方面，金融科技在智能方面的进化也导致长尾用户范围的扩大。这主要表现在数字化营销能力的提升，如利用丰富的数据储备提升获客能力。第二，重构数据处理方式，提高风控能力。传统金融机构在贷款融资方面的风控手段包括模型测算、书面材料、实地调研、多层审核等。其中的模型测算主要基于央行征信体系的结构化数据。这样的数据基础一方面导致难以服务到长尾人群，另一方面也使得风控能力不足。随着基于互联网的交易数据、社交数据、网络行为数据的累积，它为重构传统的数据处理方式，提升风控能力打下了基础。

在金融科技这一新兴领域内，中国虽然起步较晚，但已逐渐展现出后发先至的趋势。中国在金融科技领域的蓬勃发展极大地受益于其背后广阔的市场和庞大的消费者需求，而这恰恰与上述金融科技提升实体经济效率的机理相符。

（一）自金融排斥中另辟蹊径、弯道超车

与发达国家相比，中国等发展中国家的传统金融业发展起步较晚，系统发展不够成熟，基础也较薄弱，导致许多群体未能享受有效金融

服务。以银行卡持有量为例，据央行数据，截至2020年一季度末，中国人均持有信用卡和借贷合一卡0.53张，尽管近年来信用卡发卡量不断增加，但与美国等发达国家相比仍相差甚远。但传统金融服务的不足恰恰为科技公司在基础金融服务供应方面的异军突起提供了契机。由于过去的金融排斥等原因，较之发达国家，中国等发展中国家的消费者对金融科技的接受程度更高。据安永发布的《2019年全球金融科技采纳率指数》报告，中国的消费者金融科技采纳率为87%，远高于全球平均水平64%；中小企业金融科技采纳率为61%，位居全球首位，足见金融科技平台与生态系统在中国的广泛应用。

（二）庞大的人口基数带来可观的客群需求

庞大的人口基数赋予中国金融科技消费市场发展强有力的先天竞争优势。以支付宝为例，据蚂蚁金服董事长井贤栋在阿里巴巴投资者大会上公布的数据，截至2019年6月，创立于2004年的支付宝已服务全球超过12亿用户，其用户总量大约是创立于1998年的PayPal的四倍（据PayPal年报，截至2019年末，PayPal活跃账户为3.05亿）。再如，2018年支付宝全年移动支付交易额约为PayPal总交易量的25倍。

（三）平台引流极大丰富应用场景

广阔的市场创造出极为可观的客群消费需求，也不断助推普惠金融的进一步发展与消费场景的进一步丰富。同样以支付宝为例，在占据庞大的支付垂直领域领先地位的基础上，支付宝不断发展成为综合性移动平台，不仅深入政务、医疗、交通、旅游等众多便民生活场景，还不断拓展信用、理财、消费金融、互联网保险等诸多数字经济业态，满足客群多样化、定制化需求。

三 上海打造金融科技新增长极的优势①

加快推进金融科技中心建设是新一轮国际金融中心竞争的必然要

① 本小节内容取自新华网对央行上海总部副主任金鹏辉的采访。《金融科技中心建设是国际金融中心竞争的必然要求——专访央行上海总部副主任金鹏辉》，http：//www.sh.xinhuanet.com/2020-09/23/c_139390273.htm。

求，而上海在很多方面具备显著优势。

一是上海金融要素齐全，具备金融科技蓬勃生长的土壤。政策支持力度大。近年来，国家对上海金融中心建设的投入和各种政策利好不断涌现，对内对外连接和辐射明显占优，为上海金融科技中心建设提供了良好的环境。

与此同时，金融市场要素全。上海立足于国际金融中心和科技创新中心的定位，汇聚了众多国内外顶尖的金融业巨头及重要的金融市场基础设施，资本市场投融资、支付清算及结算体系较为完善，机构服务、产品创新、产融合作三位一体的格局已初步形成。上海高校及科研机构众多，具备良好的人才基础，可以为行业输送大量人才。此外，上海还有全国唯一的金融法院，人民银行金融消费权益保护局也设在上海，可以为金融科技规范发展提供有力支撑。

二是上海对外开放程度高，能有效吸引海内外金融科技公司落户。上海作为亚太地区重要国际门户，有着得天独厚的对外交往窗口，海外金融科技公司正越来越多地选择在上海设立办公室或分公司，许多金融科技初创企业也愿意选择上海作为创业的起点。

三是上海具有良好的营商环境和专业的资源对接平台，有利于加速金融科技与应用场景对接。上海宏观商业环境和金融业发展程度遥遥领先于国内其他城市，城市管理水平高，市场营商环境规范，软硬件能够与国际大都市接轨。良好的环境也催生了优质的宣传和资源平台，清晰的定位和发展路径为金融科技提供了非常广阔的落地场景。

四是上海的市场主体对于发展金融科技态度积极，具有创新意识。近年来，上海地区各金融机构顺应金融科技发展的浪潮，积极探索，勇于实践，加快转型。很多机构展开前瞻性布局，从顶层设计着手制定战略规划，建立创新激励机制，在技术储备、业务创新、人才培养等方面初见成效。2020 年上海启动金融科技创新监管试点后，相关主体参与热情非常高，在很短的时间内就收集到了 32 个申报项目，经过多轮筛选，首批公示了 8 个项目，这些项目质量都很好，综合运用了多种前沿技术，体现了上海市场主体强烈的创新意愿和雄厚的技术实力。

四 上海打造金融科技的四大技术体系

金融科技的本质是金融，但底层架构是技术，因此上海金融科技建设应切实提高金融服务信息化程度和技术水平，加快建设金融技术服务中心和金融信息中心。

第一，构建以“云计算”为核心的“骨架”体系。鼓励金融机构利用云计算等技术手段加快产品和服务创新，持续提升超大规模的分布式存储、计算资源的管理效率和能效管理水平。进一步推动完善由数据中心基础设施、物理资源和虚拟资源组成的云计算基础设施，不断提升金融科技服务的通信能力、计算能力和数据存储能力。

第二，构建以“大数据”为核心的“脏器”体系。重点支持大数据基础技术发展，打通金融业数据融合应用通道，破除不同金融业态的数据壁垒，化解信息孤岛问题，制定数据融合应用标准规范，进一步发挥金融大数据的集聚和增值作用，支持大数据技术在客户管理、信用与风险管理、证券投资、保险定价、资管理财、另类数据管理等金融领域的应用。

第三，构建以“人工智能”为核心的“大脑”中枢。支持人工智能技术在身份识别与反欺诈、量化交易、投资顾问、客户服务、风险管理、辅助监管等金融领域的应用。推动影响金融科技功能应用的底层技术发展，完善各类技术市场设施，包括人工智能、大数据、互联技术（移动互联、物联网）、分布式技术（云计算、区块链）、安全技术（量子计算、生物识别、加密技术）等。

第四，构建以“互联技术”为核心的“神经”系统。大力推动以移动互联、物联网为代表的互联技术创新。根据不同场景业务特征创新智能金融产品服务，构建全流程的智能金融服务模式，大力推动移动互联技术发展，促进移动互联网与金融功能的全面融合，更好地应用于公共服务领域，进一步推动金融服务走向主动化、个性化、智慧化。

五　上海打造金融科技的主要应用场景

（一）打造为银行业服务的金融科技中心

发挥国际金融中心金融机构和金融资源集聚优势，继续吸引金融系金融科技子公司在沪集聚，打造本土的银行系金融科技引擎企业，推动银行与金融科技的快速融合；鼓励与中小银行赋能相关的金融科技应用发展，通过构建中小银行金融科技产业园、金融科技专业服务平台、金融科技垂直孵化平台、金融科技应用场景创新平台、公共研发平台、金融科技展示交流平台等方式，促进上海金融科技企业与长三角（以及全国）中小银行之间的深度交流与合作，满足中小银行数字化转型以及普惠金融业务开展的需要，充分发挥上海金融科技对外赋能的作用，在培育上海金融科技“独角兽”企业的同时，提高上海金融科技中心辐射能力和影响力。

（二）打造与资管中心相适应的资管科技中心

在投资端建立人工智能和大数据分析平台，深度挖掘整合客户信息及需求，更专业、更高效地盘活存量资管业务并开拓增量市场，为净值化产品设计资产配置最优策略，进而增强资管机构业务增收能力和规模效应。同时，科技加持资管信息化建设，有助于实时检测、充分耦合各个环节的信息流，穿透识别各节点风险，形成细分领域的层级化风险管理系统。大力引入专业化金融科技企业，在上海形成为资管行业赋能的金融科技企业聚集，鼓励智能投顾、智能投研等技术进入监管沙盒，并推广使用；支持资管行业互联网平台建设。

（三）打造保险科技中心

以客户需求为核心，利用大数据、云计算、人工智能等技术，为客户量身打造高效便捷的保险产品，使保险产品的定位更加个性化，简化投保流程。加强机器学习能力，加深物联网、大数据、分布式技术与保险业协同发展，深化科技在保险业的应用，满足保险行业各环节的相关需求。发挥上海人工智能资源优势，积极申请国家人工智能保险科技试点；引入国家级保险业中后台技术服务机构。

（四）打造更好支持服务实体经济的金融科技中心

第一，利用监管沙盒试点，鼓励传统金融机构支持服务实体经济、发展普惠金融的科技应用。

第二，鼓励围绕供应链、产业链的金融科技平台发展，通过区块链、大数据、人工智能等技术的应用，提高数据可信度，解决传统供应链金融信息割裂的痛点，降低金融机构风控难度，解决供应链上下游中小企业融资难、融资成本高等问题。

第三，配合人民银行商业票据试点，利用金融科技手段，搭建长三角数字商票平台，负责撮合长三角地区（也可以扩大到全国）城市商业银行、农村金融机构、村镇银行、财务公司等中小金融机构票据贴现市场，并为票据承兑市场提供信息服务。通过长三角数字商票平台，可以连接实体经济中大多数中小企业，提高企业结算与融资效率，促进长三角地区产业链和供应链的一体化；也可以对接中小金融机构，拓宽其客户基础，提升票据贴现市场竞争力，推动长三角地区中小金融机构服务区域内实体经济和中小微企业的能力。

第五节　成为全球绿色金融引领者

绿色发展是当前我国经济发展到一定阶段的历史必然选择，绿色金融中心自然也成了上海国际金融中心建设中的题中之义。由于各国绿色发展的模式还在探索过程中，主要金融中心在绿色金融的标准制定方面也处在同一起跑线上，鉴于中国绿色金融发展的巨大市场潜力，上海应努力成为全球绿色金融的引领者。

一　加速推进全国碳排放权交易市场落地

在绿色发展和绿色金融方面，应对气候变化是国际社会最为关注的领域。我国作为全球二氧化碳排放量最大的国家，面临着较大的碳减排压力。我国自2011年起开始探索建立碳排放权交易市场，2017年启动了全国碳排放权交易市场建设，目前正在稳步推进过程中。全国碳市场首批仅纳入电力行业，覆盖企业1700多家，总排放规模35亿吨，从碳排放总量来看，正式启动后的中国碳市场规模将超过欧盟碳市场（EU－ETS），成为全球最大碳市场。在全国碳交易市场建设方案中，上海负责牵头承担全国统一的碳排放权交易系统的建设和运维任务，这意味着全国碳排放权交易市场正式启动后，上海将成为全球最大碳市场交易中心的所在地。碳排放权交易市场是绿色金融体系的重要组成部分，尽快落地将大力推动上海绿色金融中心建设。

在加速推进全国碳排放权交易市场建设的同时，上海也需探索逐步建立适应碳市场建设目标的碳金融体系，基础碳配额市场的作用在于推动企业实现减排目标，而由此衍生出的碳金融产品，作用则在于提升碳配额的流动性，提升碳资产的市场接受度。此前上海在试点碳市场已推出了碳远期等碳金融产品，可以作为全国碳市场中碳金融体系建设的重要参考。

二　推进上海资管行业践行绿色投资理念

在国际上，可持续投资已进入主流化发展阶段，绿色投资、ESG投资理念等已被越来越多的投资人接受，各类绿色投资产品如绿色基金、绿色指数及相关产品等也快速涌现，2018年11月中国证券投资基金业协会发布的《绿色投资指引（试行）》，是国际责任投资原则在中国的本土化实践，为投资者进行绿色投资、可持续投资提供了导向性指引，绿色投资正在成为我国绿色金融市场下一个迅速崛起的领域。

上海作为我国资管行业聚集地之一，需加速资管行业在绿色投资方面从理念到实践的深入推进。根据中国证券基金业协会2018年对机构投资者的调研结果，虽然有90%的调查对象基本支持或强烈支持将ESG原则作为投资组合策略的基本原则之一，但只有6%的机构已经制定责任投资相关政策、战略或制度。这与我国ESG信息披露制度不完善有关，虽然近年来相关制度建设已取得了一定的进展，但是总体来看，我国ESG信息披露目前仍处于以自愿披露为主的阶段，披露信息不完整，数据的真实性、可信度、横向可比性都有待提高，且缺乏第三方机构的验证，这对国内ESG投资形成了较大的阻碍。

因此，资管行业绿色投资理念的践行需要上海加速推动资管行业建立自身的ESG投资评价体系，同时持续完善ESG信息披露制度。

三　推动绿色保险发展

保险业作为专业管理风险的行业，资产和负债的久期都超长，会成为环境与气候风险变化下最为脆弱的金融机构之一。但与此同时，如果保险业机构能够立即采取行动开始发展绿色保险，也将从资产端和负债端两方面对绿色发展形成强大助力：在资产端，作为最大的长期资产所有者之一的保险业，能够通过保险资金的绿色投资，为绿色产业带来长期限的资金支持；在负债端，作为专业的风险管理机构，保险业可以不断创新绿色保险产品与服务，在加强环境风险管理、助力绿色技术创新成果的市场化应用、参与因极端天气导致的自然灾害的风险管理等方面发挥作用。

因此，上海绿色金融中心建设离不开绿色保险的发展。在资产端，需引导长期限的保险资金投向绿色产业，鼓励保险资金践行绿色投资理念；在负债端，需积极推动绿色保险产品和服务的创新发展，继续推行环境污染责任险，创新绿色农业保险、巨灾保险、气候保险等，还可依托期货交易所创新“绿色保险 + 期货”模式。

四　加快培育上海绿色金融第三方服务机构

在绿色金融市场，第三方认证和评估机构在“绿色”属性认定、环境效益评估、信息披露等方面具有专业、权威的保障作用，如在绿色债券发行过程中，通过对绿色债券的募集资金用途、项目筛选和评估、资金追踪管理和项目运作、环境可持续影响等方面进行专业评估认证，可以增强绿色债券信息披露的权威性与透明性，我国绿色债券相关政策文件也明确提出鼓励第三方认证。目前国内绿色金融领域的第三方认证和评估机构不多，包括中节能、商道融绿、联合赤道、安永、毕马威等，且大部分位于北京，上海的绿色金融第三方认证机构和评估机构较少。

第九章　后2020时代上海国际金融中心重点改革举措

第八章探讨了后2020时代上海国际金融中心的愿景，其核心在于以“一带一路”建设为抓手推动人民币走出去，同时推进上海金融市场的开放形成人民币的回流机制，最终使得上海成为“国际国内双循环”的核心枢纽。在这个过程中上海应练好“内功”，只有形成有深度和广度的金融市场，才能成为人民币的价值贮藏之地。因此，针对上海金融市场长期存在结构性问题应采取相应改革措施，如债券市场结构不合理、缺乏关键收益率曲线、股票市场支持创新能力不足等。此外，完善的金融基础设施和监管体系是保障改革成功的关键。

第一节　上海国际金融中心建设重点改革举措

一　大力发展安全资产

一国货币要成为国际货币，其价值储藏功能是不可或缺的，金融市场是货币的价值栖息地。债券提供无风险收益或低风险收益，是整个多层次资本市场建设的基础，而中国的债券市场结构不尽合理，主要表现为安全资产明显偏少。

安全资产指的是信用风险和流动性风险较小或者完全可以忽略的债务融资工具，包括政府部门的国债和非政府部门的高信用等级债券。安全资产是金融机构资产配置的重要组成部分和央行公开市场业务的主要工具，决定了基准利率水平，是整个资本市场发展的基石；在开放经济环境下，安全资产又是外汇储备的主要构成，因而安全资产的规模也是货币国际地位的保障。

美国的债券市场一直是以安全资产为主：2008 年，美国债券市场中的安全资产除了 50 万亿美元的国债之外，还包括 106 万亿美元金融机构债券中的各种资产证券化产品。全球危机后，随着资产证券化市场的萎缩，美国金融机构债券规模在 2019 年基本保持在与 2008 年相同的规模，但国债规模大幅度上升到 133 万亿美元。中国债券市场曾经是以安全资产为主，但全球危机后发生重大变化。2008 年，中国债券市场的安全资产包括 5 万亿美元的国债以及 4 万亿美元金融机构债券中将近 80% 的政策性金融机构债券。但是到了 2019 年，地方政府债券和城投债券的规模飙升到 30 万亿美元，远超国债规模，同时，34 万亿美元的金融机构债券中政策性金融机构债券的占比下降到 50%。

安全资产偏少一方面导致债券收益率曲线缺乏基础，这也是近期信用债频繁暴雷的重要原因；另一方面也导致货币政策操作空间狭窄。因此应加快国债和政策性金融债的发行，国债发行的品种中不仅要发行长期限的，也要发行短期限的，这主要是为货币政策公开市场操作提供空间。

二　完善科创板制度

（一）当前股票市场主要问题

我国股票市场拥有主板、创业板、新三板、科创板等多个板块，各版块市值加总在全球居于第 2 位。然而中国的股票市场表现出大而不强的特点，尤其表现在对创新企业的支持力度不足。一个非常尴尬的事实是，本土最有效率、最有赚钱能力的企业没有在国内市场上市，全部进入了美国市场、中国香港市场。

表 9 – 1 中美上市公司的行业结构也反映了这一问题。中国的行业结构具有典型的工业化特征，上市公司市值占比第一的行业是工

业，其次则是为工业化提供资金、以银行为主导的金融业。美国的行业结构具有典型的后工业化和信息化特征，上市公司市值占比第一的是信息技术，其次是消费和医疗保健。值得关注的是，房地产行业的市值排序在中国是第四位，在美国则是倒数第一。

表9－1　**中美上市公司按市值统计的行业分布**　单位：%

美国		中国	
房地产	2.33	综合	0.19
公用事业	2.38	医疗保健	0.63
电信业务	2.55	日常消费品	0.98
材料	2.82	公用事业	1.79
能源	5.07	能源	2.62
日常消费品	6.84	电信业务	3.36
工业	6.92	可选消费	4.42
金融	10.26	房地产	4.70
医疗保健	13.04	信息技术	6.13
可选消费	15.84	金融	22.99
信息技术	31.94	工业	52.20

资料来源：根据Wind数据计算，截止日期为2020年6月27日。其中，中国上市公司的行业类型按照美国上市公司行业类型的分类方法进行了调整。

进一步看市值最大的公司分布（见表9－2）。美国市值最大的前10家公司基本反映了上市公司按市值统计的行业排序，主要集中在信息技术、消费和医疗保健行业。而中国前10家上市公司的名单并未反映工业行业在上市公司行业分布的地位以及中国是第一制造业大国的事实，除了酒业之外，主要就是银行业，而且基本是国有垄断行业。

表9－2　　中美股票市场市值前10位的上市公司市值　　单位：亿元人民币

公司名称	总市值	公司名称	总市值
苹果公司（APPLE）	107110	贵州茅台	18341
微软公司（MICROSOFT）	104043	工商银行	17835
亚马逊（AMAZON）	93860	建设银行	14111
谷歌（ALPHABET）－A	64996	中国平安	13140
谷歌（ALPHABET）－C	64870	农业银行	11651
FACEBOOK	43021	中国银行	9508
VISA	25706	招商银行	8479
强生公司	25372	中国石油	7399
沃尔玛	23416	中国人寿	6949
万事达（MASTERCARD）	20295	五粮液	6545

资料来源：Wind，截止日期为2020年6月27日。

（二）科技创新的特点及纳斯达克的核心制度设计

技术创新包括两大特点：第一，技术投资的门槛很高，同时存在高风险；第二，技术应用的前景并不明朗，因此大家的意见分歧较多。

就第一点而言，希克斯在《经济史理论》一书中强调了资本市场在集聚资源从而应对技术投资门槛方面的作用。他指出有效地将流动性金融证券转化为长期资本投资，从而为工业革命提供了动力。此外，股市提供的流动性调剂功能也是技术创新的不可或缺的条件之一，因为当投资人发现企业存在高风险时可以及时卖出。

就第二点而言，确实是创新活动所独有，应对意见分歧由市场解决效果较好。艾伦和盖尔（2002）在《比较金融系统》一书中列举了铁路、汽车、商业航空、计算机产业在英美两国获得成功的案例，并总结性地指出，“在这种情况下，基于经验的证据很少，并存在着广泛的多样化观点，收益的风险也高。有些新的企业有很高的回报，但大部分的企业并不成功。市场主导型的经济，如美国和英国，倾向于具有发展良好的金融系统以获取和分配信息，因此，其信息成本较低。相反，当存在多样化的观点和高风险时，中介雇佣的管理者不能很好地运作，投资人理性地预期到他们可能和中介的管理者存在分歧，结果他们不愿意提供资金”。

纳斯达克应对技术创新的三大支柱制度，具体如下：

1. 发行制度的低准入门槛

纳斯达克市场包括三个子市场：纳斯达克全球精选市场（Nasdaq Global Select Market）、纳斯达克全球市场（Nasdaq Global Market）、纳斯达克资本市场（Nasdaq Capital Market），其融资对象分别对应科技类蓝筹企业、中等规模企业、市值低的小企业。以较为严格的精选市场为例，科技类企业上市标准也比较低。表9－3是具体的上市财务标准，科技类企业只要达到其中之一即可。从四个标准来看，纳斯达克精选市场较少强调利润标准，更多强调了现金流、营业收入等标准。这实际上是与科创企业的特点完全匹配的：一方面，由于科技型初创企业研发投入较高，短期内难以形成利润；另一方面，在移动互联时代，场景应用和客户流量成为未来成功的关键，因此现金流、营收指标的重要性更加突出。此外流动性指标也很重要，它是投资者用脚投票表达意见分歧的重要工具，因此纳斯达克精选市场对流动性提出了一定要求（见表9－4）。

表9－3 **纳斯达克全球精选市场上市标准之财务指标**

财务指标	指标一	指标二	指标三	指标四
税前利润	前三财年合计不低于1100万美元，且前三财年均不得亏损，且近两个财年的税前利润均不低于220万美元			

续表

财务指标	指标一	指标二	指标三	指标四
现金流		前三财年总计不低于 2750 万元，且前三财年必须为正		
市值		前 12 个月平均不低于 5.5 亿美元	前 12 个月平均不低于 8.5 亿美元	不低于 1.6 亿美元
营业收入		前一财年不低于 1.1 亿美元	前一财年不低于 9000 万美元	
总资产				不低于 8000 万美元
净资产				不低于 5500 万美元
每股价格	不低于 4 美元	不低于 4 美元	不低于 4 美元	不低于 4 美元

资料来源：Nasdaq 官网，渤海证券研究所。

表 9－4　　纳斯达克全球精选市场上市标准之流动性指标

公司类型	流动性要求
IPO 且分拆上市	a）持 100 股以上的股东数目为 450 或者总股东数达到 2200； b）公众持股数 125 万； c）公众持股市值 4500 万美元
老公司：当前交易的普通股	a）持 100 股以上的股东数目为 450，或者总股东数为 2200，或者总股东数为 550 并且在过去 12 个月里平均每月都有 110 万美元的交易额； b）公众持股数为 125 万； c）满足公众持股市值为 1.1 亿美元，或公众持股市值为 1 亿元且股东权益为 1.1 亿美元
关联公司	a）持 100 股以上的股东数目为 450，或者总股东数为 2200，或者总股东数为 550 并且在过去 12 个月里平均每月都有 110 万美元的交易额； b）公众持股数为 125 万； c）公众持股市值为 4500 万美元

资料来源：Nasdaq 官网，渤海证券研究所。

2. 强制信息披露及相关配套措施

发行标准降低，上市决定权交于市场（交易所和拟上市公司是民事关系，采取注册制），这使得事前进入的门槛大大降低。如果没有严格的事中监管和事后惩罚机制，在“所有公司都可能造假”的逻辑预设下，股票市场势必沦为一个危险的赌场。阿罗在《信息经济学》一书中指出：“信息是证券市场的血液，证券市场的监管正是一个解决信息不对称、减少不确定性与风险问题的过程。”美国200多年的股票市场实践证明了：强制信息披露及相关配套措施是守护市场秩序的“看门狗”。目前美国在证监会层面施行了“原则—规则—细则—公告—解释性文件—指南”多层次的信息披露制度。更为重要的是，美国形成了与信息匹配相关的配套措施，其中最重要的是严厉的惩罚措施。

严厉的惩罚措施是信息披露真实性的保证。美国形成了刑事追责、行政监管到社会监督一整套全方位的监督体系。

刑事追责方面，2002 年前《证券交易法》规定证券欺诈最高刑罚为10 年有期徒刑，自然人最高罚款为100 万美元，法人最高罚款为250 万美元，可以并处徒刑和罚款。2001 年安然财务造假丑闻爆发，公司被罚5 亿美元导致破产，安达信、花旗、摩根大通、美洲银行等一系列中介机构受到追责。美国2002 年出台《萨班斯法案》大幅抬高处罚力度，任何人通过信息欺诈或价格操纵在证券市场获取利益，构成证券欺诈罪，对犯有欺诈罪的个人和公司的罚金最高可达500 万美元和2500 万美元，最多可监禁25 年。2011 年帆船基金拉贾拉特南被控内幕交易罪，涉案金额超过3000 万美元，被判处11年监禁。

行政监管方面，美国证监会经国会授权，独立于政府，拥有准司法权、准立法权和独立执法权，目标是：保护投资者；维护市场公平、有序、高效；促进资本形成。信息披露事务由公司融资部负责，以抽查上市公司的方式进行监管，每家公司至少每隔三年会被抽查一次，主要通过阅读年报、监管回函等方式要求公司进行解释或补充披露，其对定期报告、临时公告的审核甚至较发行审核更加严格。2018 年公司融资部员工共423 名，占 SEC 员工总数的9.4%，注册审阅了600份IPO报告、4100份定期报告，事后审阅的工作量是事前的6.8倍。

社会监督方面，美国证监会在2011年设立吹哨人制度，激励内部知情人士主动举报公司的违法行为，并对举报人严格保护。奖励机制上，如果吹哨人的举报信息帮助证券交易委员会或者商品期货交易委员会获得超过100万美元的罚金，吹哨人将得到这笔钱的10%—30%作为奖励。保护机制上，法案规定吹哨人可以匿名举报，雇主不得因雇员帮助证券交易委员会进行调查而对其解雇、降职、恐吓、骚扰或歧视；如果雇员认为遭到雇主的报复，可以起诉雇主并要求赔偿。SEC每年收到的举报信息从2012年的3001条增长至2018年的5282条，其中欺诈发行、信息违规和操纵线索位列前三，分别占20%、19%、19%，共奖励59位吹哨人3.26亿美元。

3. 退市制度

发行门槛的降低以及信息披露加强只能保证"审出一家真公司"，但是科技创新型企业面临技术、市场等诸多不确定因素，即使是一家"真公司"，也不能保证是一家"好公司"，因此完善的退市制度是保证市场吐故纳新、持续成长的基石。

美国《1934年证券法》是美国退市制度的法律依据。它规定美国证监会有权在必要和适当的时候，下令否决或取消交易所证券的登记注册。同时，证券交易所也可以设立自己的退市标准，在企业达到退市条件的时候，证券交易所有权强制其退市。

纳斯达克的退市方式有两种：主动退市（Voluntarily Delisting）和强制退市（Involuntary Delisting）。强制退市是指公司因为不再符合交易所规定的持续挂牌条件，而被交易所或监管当局勒令退市。目前纳斯达克针对不同层次的市场制定了不同的持续上市标准，持续上市标准包括量化标准（主要是财务标准）和非量化标准。纳斯达克全球精选市场的量化标准参见表9-5。非量化标准主要包括：注册会计师对发行人的报告出具保留意见；发行人不能及时向公众股东发布年度、半年度、季度的财务报表；上市公司侵犯公众权益；

公司治理结构不健全，没有设立审计委员会、董事会独立董事人数不够；公司没有定期召开股东大会、公司对股东权利进行限制；上市公司没有对关联交易进行审查，可能存在利益冲突。如果上市企业不符合与其相对应的持续上市标准的任意一条，将面临被强制退市的风险。

表9－5 纳斯达克全球精选市场和纳斯达克全球市场持续挂牌的标准

	股东权益标准	市值标准	总资产和总收入标准
股东权益	1000万美元		
股票市值		1000万美元	
总资产和总收入（最近财年或最近三个财年中的其中两年）			总资产5000万美元和总收入5000万美元
公众持股数量	75万股	110万股	110万股
公众持股市值	500万美元	1500万美元	1500万美元
每股价格（连续30个交易日）	1美元	1美元	1美元
总股东数量	400人	400人	400人
做市商数量	4家	4家	4家

资料来源：Nasdaq官网，渤海证券研究所。

（三）对当前科创板制度的评价及改进重点

科创企业一方面盈利不足，另一方面又需要让它们进入股票市场。对此我们的科创板设计了“跟投”制度，“跟投”制度强化了投资银行在保荐上市公司过程中的责任，并把IPO的定价与投资银行的自身利益进行捆绑，实现了资产定价的买方约束。

我们希望“跟投”制度解决资本市场的顽疾。一是有效遏制上市公司IPO过程中的一系列财务造假行为，二是减少各种寻租行为，三是降低IPO定价的估值水平。

从实践来看，“跟投”制度并没有发挥预期效果。第一批上市科创板公司平均市盈率接近50倍，这种利益捆绑方式并没有实现定价约束，其原因是投资银行通过浮动承销费用的方式对冲跟投的价格风险。“跟投”制度在市场运行中还可能出现副作用，如“跟投”之后的投资银行与上市公司形成“合谋”的利益共同体。制度设计的初心是希望券商起到“看门人”作用，但有了“跟投”制度后，“看门人”的独立性不存在了，“看门人”变成了“合谋者”，这是很可怕的。

我国的科创板制度设计的核心放在了事前监督上，实际上事中、事后监督更为重要，尤其是事后监督。一个健全的资本市场定价体系，退市制度至关重要。因为每一个国家的金融资源都是有限的，能够享受流动性溢价资产的数量也是有限的，如果没有高效的退市制度，IPO制度就一定是低效的。世界交易所联合会（WFE）数据显示，2007年至2018年10月，全球上市公司的退市数量累计值达到21280家，而IPO数量累计值只有16299家。除2015年之外，其余年份中每年的IPO数量均少于退市数量。当前我国的退市制度标准依然较低，上交所最新发布的退市配套修订规则（征求意见稿）有关财务造假的规定，当造假利润3年累计超过10亿元，而且每年造假利润超过公布的业绩100%才退市。如果是这样的标准，估计上市公司造假就可以放心大胆地进行了。这不是打击财务造假，而是鼓励造假者。

三 加强资产管理行业发展

债券市场的结构改善以及科创板市场的发展，其目的在于形成体系完备的资本市场，在产品层面形成无风险债券、信用债券、蓝筹股票、科创股票等多层次的产品体系。金融中心的一项重要功能是，根据客户风险偏好进行资产配置，从而实现其目标收益。上海国际金融中心建设除了要加强基础市场建设，也要提升资产配置能力。

（一）继续加大开放力度，积极引进世界级资产管理机构

增加创新力强的新型资产管理机构，需要增加在各子领域（如

特殊资产、资管科技领域）具有特殊专长的功能型资产管理机构，以及世界级的大型资产管理机构。从机制设计上，针对世界级的大型资产管理机构落户上海，可从税制、财政扶持、贸易便利化、机构准入等方面建立个性化支持体系，支持这些落户上海的全球资产管理机构，形成亚太区的客户服务中心、投资交易中心、产品管理中心、资金结算中心，努力把上海建成全球资产管理机构亚太地区总部集聚地。

（二）完善资产管理行业生态

一是重点培育和发展机构投资者。培育以银行理财、保险资金、养老金为主的长期机构投资者。银行理财子公司方面，重点集聚市场份额最高、业务创新最活跃的全国性股份制银行，在办公用房租金补贴、地方税返还等方面制定系列配套激励政策，吸引股份制银行理财子公司来沪注册、运营；制定配套政策，吸引注册地在其他城市的国有大型银行和全国性股份制银行理财子公司在上海设立第二总部；吸引符合条件的中小银行，在上海设立资金运营中心。支持商业银行私人银行部门和信托公司等资管机构，在上海开展私人银行、家族信托等业务，完善资产管理的产品体系。保险机构方面，制定相关政策，吸引国际国内大型保险公司来上海设立资产管理公司、开展养老保险等专项保险和理财业务。

二是探索设立资管行业后台支持中心。充分集聚各类机构投资者，完善中后台服务设施，为各类资管机构提供集中、高效、规范的中后台服务和科技支撑；在机构聚集的同时，实现财富管理和融资需求的有效对接，集中开展金融创新和金融运作，提高金融活动的效率。

三是发展为资产管理行业服务的专业机构。加快引进一批具有世界水准的律师事务所，培养一批高质量金融律师人才，为机构投资者投资并购、资产交易、跨境业务、税务策划等方面提供法律咨询和法律服务；加快引进一批会计、审计事务机构，加快高端会计、审计人才培养，更好地为财富管理机构和机构投资者提供审计、税务、担保、咨询和金融服务；加快引进一批人力资源服务机构，为财富管理业提供高层次人才引进和猎头顾问、金融人才培训、领导力提升、薪酬计划、保障安排等服务，为上海打造财富管理中心提供人才支撑；积极推动商务与管理咨询、市场研究等专业服务企业发展，为机构投资者提供相关专业服务。

（三）发展特殊资产管理市场，完善底层资产体系

特殊资产是指“在经济到了特殊周期、宏观环境到了特殊阶段或遭遇到特殊事件（如各种信用风险、市场风险、流动性风险事件），由此处于特殊困境的、受压的状态，导致交易价值低于账面或实际价值的资产”。在这个意义上，特殊资产不仅包括银行的表内不良资产（狭义的不良资产），也包括银行表内部分关注类贷款，非金融机构的不良资产，各类资管产品中可能存在的不良资产和转型存在困难的资产，金融市场的困境资产以及非金融企业层面的困境资产，等等。发展特殊资产管理市场，一方面有助于挖掘存量资产的价值，在化解金融风险、维持金融稳定的同时，提升金融体系的运行效率，而另一方面，也有助于完善底层资产的类型，满足国内外投资者对风险资产的特定需求，形成对各类资产全生命周期的管理体系。

四　推动利率衍生品市场扩容

资本市场的发展除了市场完善、产品齐全以外，更重要的是形成有效的利率曲线，这不仅有利于市场的价格发现，也有利于货币政策的传导。近年来我国利率市场化进程有了很大推进，已接近尾声。目前还需进一步推动利率衍生品市场的发展，通过风险管理功能作用的发挥，进一步促进原生品市场发展。

利率衍生品的扩容有利于产品价格发现功能的实现，从而促进债券市场的发展。商业银行不能参与国债期货交易的情况下，绝大部分的现货头寸都被配置到了投资账户中，客观上导致国债流动性不高，也增加了商业银行自身在债券交易与承销、资产负债管理和资

管业务方面的利率风险。允许商业银行参与国债期货市场，可增加国债期货市场的广度与深度，提高市场活跃度，有利于国债现券市场的价格发现。

对于境外投资者而言，它们在投资固定收益类产品前，常常对固定收益产品、利率和汇率风险敞口进行统一测算，制定整体交易策略。目前中国对不同的产品类别有不同的开放程度，导致境外机构缺少风险对冲工具，只能选择一些简单的交易策略，投资和交易兴趣相对较小。应在系统性风险可控的前提下，考虑进一步放开境外投资者参与债券回购市场、债券衍生产品和外汇市场的限制。鼓励境外投资者加大以境内人民币债券指数为业绩标准的债券投资。鼓励境外投资者采用境内权威机构估值作为人民币债券的公允价值计量。通过开放优化上海关键收益率（SKY）曲线形成机制，建立具有全球影响力的人民币债券指数。

五　加快资本项目可兑换

在利率市场化完成后，对外资金定价（也即汇率）市场化也需加快推进。

（一）加快资本项目可兑换

在风险可控前提下，大力提升经常项目完全可兑换效率；以跨国公司跨境资金池为突破，按照统筹规划、服务实体、风险可控、分步推进原则，推动资本项目可兑换。依据跨国公司业务开展的现实诉求，着重设计就以下方面实施基于宏观审慎管理的资金池内资本项目可兑换试点。①

一是资金池内外债与境外放款。2019年版的《跨国公司跨境资金集中运营管理规定》在完善外债和境外放款宏观审慎管理的基础上，放松币种、期限管理要求，大幅简化登记手续，在限额内实现

① 人民银行威海市中心支行课题组（2020）：《基于跨境资金池业务的资本项目可兑换试点研究》，《金融时报》2020年2月10日。

了跨境双向融资的可兑换，进一步提高可兑换程度的主要路径是增加限额。

二是资金池内外商直接投资。对于开放程度较高的外商直接投资领域，基于准入前国民待遇＋负面清单管理的框架，结合资本项目外汇收入结汇支付便利化措施，探索对资金池内外商直接投资企业资本金的流入、结汇、利润汇出、减资清算等环节无须事前登记，而是直接凭借相关真实性材料进行资金的收付和汇兑。加强事中事后监测，掌握资金流动的节奏与动向。

三是资金池内对外直接投资。当前境外直接投资已进入常态化管理，资金池内对外直接投资可兑换应基于便利化与防风险相结合的原则，参考外商直接投资管理思路，探索直接凭借相关真实性材料进行资金的收付和汇兑。

四是资金池内证券投资。鉴于当前证券投资领域可兑换程度相对较低，可先试点在跨国公司集团内部成员之间的证券投资可兑换，涵盖跨国公司成员在境内、境外上市筹得资金流入资金池中使用，对跨国公司境外上市公司境内雇员股权激励计划、跨国公司境内上市公司外籍雇员股权激励计划所需的跨境资金流动在资金池内办理等。

五是资金池内跨境担保。当前管理模式已确定了仅对内保外贷和外保内贷进行监管，且仅内保外贷业务需到外汇局登记。基于跨国公司保持良好商誉的考虑，其履约意愿整体上应低于一般企业。可探索在资金池内实行成员企业自主开展跨境担保业务，资金池内成员企业作为担保人参与跨境担保的，无须事前登记，如发生履约则需要占用资金池内外债或对外放款额度。

（二）推进本外币一体化账户试点，拓展自由贸易账户功能

在上海国际金融中心探索开展本外币合一银行账户体系试点，将自由贸易账户纳入本外币合一银行账户体系框架，统一本外币政策。

进一步拓展自由贸易账户功能，支持上海自贸试验区内经济主体通过自由贸易账户开展涉外贸易投资活动，鼓励和支持银行、证券、

保险类金融机构利用自由贸易账户等开展金融创新业务。支持设立分账核算单元的存款类金融机构通过自由贸易账户体系向区内及境外的企业和个人发行大额可转让存单。支持境内主体通过自由贸易账户体系向区内及境外主体发行债券。支持金融机构向区内及境外主体发行集合投资类产品，通过自由贸易账户体系投资“一带一路”相关的企业和项目建设。探索试点自由贸易账户税收政策安排。

（三）有序推进人民币汇率改革

坚持汇率市场化导向不变，发挥市场在汇率决定中的基础性作用；适时扩大汇率浮动范围，完善人民币汇率形成机制；加强央行的国际合作，推动货币互换。

以汇率衍生品市场为切入口推动汇率改革。金融市场的对外开放，对境外投资者来讲必然产生汇率风险。我国外汇衍生品市场发展依然不充分，这与汇率制度缺乏弹性有很大关系，然而随着人民币汇率双向波动的加大，这为外汇衍生品市场的发展提供了有利的环境，上海应抓住机会推进这一工作。从国内情况来看，场外交易市场发展相对迟缓，可通过发展场内市场引导价格发现功能。具体而言，中国金融期货交易所可抓紧推出汇率 ETF 产品等。

第二节 保障措施一：完善金融基础设施

完善的金融基础设施是金融市场改革的保障，也是进一步对外开放的前提。上海“十四五”时期应以人民币支付结算清算体系为核心，以资产登记托管系统、交易设施等为支撑，完善金融基础设施硬件建设，为我国金融服务体系发展和开放保驾护航；在金融基础设施软件建设上，上海应对标发达国家，完善信用环境、投资者保护等制度，提供各类专业性服务并形成完整的服务体系。

一 进一步完善支付清算基础设施建设

一是依托人民币跨境支付系统打造人民币跨境支付清算骨干

网。与其他主要国际货币的跨境清算系统相比，人民币跨境支付系统 CIPS 刚刚起步，业务规模也有一定差距，未来增长潜力较大。当前，应当推动境外机构及其分行尽快接入 CIPS，从而扩大 CIPS 的覆盖范围，并依托 CIPS 形成人民币跨境支付清算骨干网。加强 CIPS 系统与境内外更多金融市场基础设施之间的互联互通，研究提供账户和流动性管理等服务，提升 CIPS 系统跨境支付效率和国际竞争力。

二是连接融合各支付清算子系统形成支付清算子网络。建议以落户于上海的人民币跨境支付系统为核心骨干网，连接证券结算系统、证券黄金交易所系统、大额支付系统、小额支付系统、银联网络、网联网络，以及各家银行金融机构的支付清算系统，从而在人民币全球清算网络中提高各支付清算子系统间的连接度和融合度，逐步建立混合支付系统。我国大、小额支付系统共享硬件资源，具有相同的清算账户和最终结算机制，共同依托高度集中的会计核算数据系统，这些因素为高度融合的混合系统的建设提供了天然的有利条件。

为提高支付系统的灵活性，未来的支付系统建设还应对计费、节点和参与者权限、业务种类等实施参数化管理，以便于调整和适应业务创新的需要。通过在 CIPS 网络上从上海这个中心节点向外延伸，形成全球人民币支付清算的网络体系。

二　完善金融资产登记托管等基础硬件设施

明确重要性金融资产登记托管系统的主管机构，完善各主管机构的监管协调框架。建立各系统间、各系统层级间的“防火墙制度机制”，防范关联性、传染性等风险。强化各系统的专业化职责，优化各系统的专业化分工，提高服务的准确性和效率。加快区块链、人工智能、大数据等技术在各系统的应用，引进培养相关人才。完善交易报告库相关的监管法规和制度机制，成立或指定专门的机构作为交易报告库。建议可将央行结算清算系统作为专门的交易报告库，在上海成立分库。

三 加强信用体系建设

征信系统已经成为重要的金融市场基础设施，要在“政府加市场”双轮驱动的市场化格局引导下，健全社会信用体系。依法推进公共信息的分类分级管理，加强信息保护。充分发挥全国信用信息共享平台和地方信用信息共享平台作用，加强信息归集共享整合。建立红黑名单制度，健全守信联合激励和失信联合惩戒机制。促进信用披露和信用分类评价，便利市场参与者依法依规查询相关公共信用信息。推动公共信用信息开放，激发信用服务市场需求。结合央行主导的公共征信系统，同时在规范化基础上发挥市场化个人征信机构的作用，形成互补。此外，有必要对信用评级机构进行有效监管，加强信用评级机构的问责制。促进信用评级机构的评级标准与国际对标，以增强评级结果的准确性和国际化。最终打造一个包括个人信用评级、企业信用评级和资本市场评级的完整征信市场，并配备健全的征信法律体系和完备的征信监管框架。

四 加强金融消费者权益保护

在稳健地方金融组织和保护金融消费者合法权益的双重监管目标下，通过内设专门的部门和投诉处理机制，以及反金融欺诈制度，建立具有普惠金融特征的地方金融监管法律制度。需强化金融消费者权益保护工作，健全相关配套法律，实施金融机构消费者权益保护工作动态考核，促进金融业规范经营和诚信销售行为，切实维护金融消费者合法权益。加强对金融机构提供金融产品与服务时的监管，例如推售产品风险评级须与金融投资者的风险偏好测试结果相匹配等。加强金融知识普及和金融消费者教育工作，提高金融消费者的风险意识。通过对各级资本市场、会计审计制度的监管，促进公司治理和信息披露程度，推进集体诉讼机制，完善中小投资者赔偿机制。在完善征信体系的同时，加快推进个人破产法的实施，完善个人破产的评估程序和对债权人的补偿机制。

五　促进专业服务业发展

完善顶层设计，加快构建与金融市场发展相适应的专业服务和中介服务体系，大力支持会计审计、法律服务、信用评级、资产评估、投资咨询、资信服务等专业服务机构，特别是新兴金融领域的专业服务机构规范发展。加强政策指引，完善金融专业服务业监管体制，明确行业发展规范，引导行业有序发展。逐步推进国际会计标准在金融领域的全面实施，并做好配套的机制和流程设计等。引进国际知名专业服务机构，加强国内专业服务机构和国际机构的合作交流，提升行业竞争力。加强金融专业服务领域人才培养，打造具有竞争力的金融专业服务人才队伍。大力推进国际金融中心智库体系建设，推动国内外智库就不同金融领域的课题展开深入研究，联合发布研究成果，提高智库国际影响力，并服务于上海国际金融中心建设。

六　强化监管科技在反洗钱领域的应用

金融监管机构及金融机构要加强对国际反洗钱规则和标准等方面的学习，并加强对全球因违反反洗钱规则而被处罚的案例研究，在熟知国际反洗钱规则和标准的基础上，积极对接国际反洗钱规则，衔接好国内外规则和制度。加强国内外反洗钱法规的宣传，尤其是要加强对金融监管机构、金融机构等相关从业人员反洗钱规则的培训，提升其国际反洗钱意识与专业合规知识。

强化监管科技在反洗钱机制中的应用，提升反洗钱的效率。如运用生物识别、大数据等技术核验客户身份，运用区块链技术核验交易的真实性，运用人工智能、机器学习等技术强化金融活动的监测预警等。

第三节 保障措施二：完善金融监管和金融法治建设

上海“十四五”的目标是，继续完善金融监管体系和协调机制，建立公平、公正、高效的金融法治环境，发挥金融法院的示范效应和影响力，对标国际一流监管标准提升上海金融法治建设水平。提高本市各区以及长三角地区的金融监管协调能力，发挥自贸区及新片区的制度优势先行先试，推动监管科技、“监管沙盒”等前沿技术和创新模式运用，加强金融风险精细化管理和新兴风险前瞻性预判，健全风险处置市场化机制，切实防范化解金融风险。

一 进一步完善上海金融监管体系

在上海协调机制的基础上，继续健全协调机制的相关配套制度。在协调上海各地区金融监管的基础上，为上海自贸区尤其是临港新片区的金融监管创新提供空间，并建立协调和反馈机制，以便将来扩展到自贸区外。探索“监管沙盒”等在上海自贸区新片区先行先试。加强与交易所等监管机构的合作，发挥各交易所对相关金融市场的监管功能，加强应用监管科技提升地方金融监管实效，完善监管政策、合规要求的数字化表达，加强事前监管，并推动实时采集、实时分析、实时处置的事中监管模式建设，提升金融监管的穿透性和统一性，降低被监管机构的合规成本。加强对小额贷款公司、融资租赁公司、区域性股权市场、地方资产管理公司以及辖区内各类交易所等授权监管机构的监管，完善对各类机构的监管制度建设。此外，出台相关的监管政策，加强跨境监管认证，从而吸引更多的境外机构能够参与到国内业务当中，弥补我国长臂监管的不足。

二 建立和完善金融风险预警防范体系

加强资本市场异常波动风险预警，强化资金动向和异常交易监控。妥善处置地方政府隐性债务。健全覆盖全市场的监管报送制度，提供高质量、穿透式全局风险监测服务，制定和完善突发性金融风险应急预案，提高应对与处置能力。强化金融监管协调。进一步强化长三角地区间金融风险信息共享，及时提示金融风险，构建与国际接轨、公开透明、稳定可预期的监管框架。完善长三角地区金融风险监测体系建设，加强重点领域金融风险监测，做到风险早识别、早预警，提升风险防范的前瞻性、针对性和有效性。加强反洗钱、反恐怖融资、反逃税监管合作和信息交流机制建设。深化国家地区间的反洗钱监管合作，督促金融机构加大对跨境资金异常流动的监测力度，开展跨境创新型金融项目产品洗钱风险评估工作。

三　加强系统性重要机构的监管

2008 年国际金融危机的最大经验和教训是：建立宏观审慎管理框架，防范系统性风险。对于国际金融中心建设而言，如果系统性风险爆发导致金融危机，那么多年建设的心血将功亏一篑；因而构筑金融安全网无疑是国际金融中心建设的一项基础性工作，是金融机构和市场发展的前提条件。上海目前拥有超过 1500 家的银行、证券、保险、基金、信托等金融机构，各类国际性、总部型、功能性金融机构不断进驻，如金砖国家新开发银行、全球中央对手方协会等相继落户上海。上海不仅是国内的金融中心，也将成为为数不多的国际金融中心的一个节点，因此关注系统性重要机构的风险，防止其破产产生的巨大网络破坏效应具有重要意义。

具体措施包括以下三个方面。第一，明确系统重要性金融机构的评估方法，可参照巴塞尔委员会提出的全球系统重要性银行（G-SIBs）评估方法和国际保险监督管协会发布的全球系统重要性保险机构（G-SIIs）评估方法进行，但还需考虑金融机构对上海金融市场的参与深度和广度以及跨境关联度指标。第二，对系统重要性金融机构提出特别监管要求，包括制定附加资本要求、完善公司治理、加强持续监测等。第三，由上海金融办成立系统重要性金融机构危机管理小组，负责建立系统重要性金融机构的特别处置机制，开展执行评估，以确保系统重要性金融机构一旦经营失败，能够得到安全、快速、有效处置。

四 依托数据大力发展监管科技

数据是金融科技的核心，如何在内部和外部构建顺畅的沟通协调机制是实现数据价值的关键。加强内部业务部门与科技部门的沟通配合，使科技人员明确数据意义，使业务人员了解数据处理过程，共同规划数据使用办法；建立金融大数据库，为相关部门提供查询权限和访问接口，同时要求其数据更新频率从定期向实时推进，开拓监管部门获取更准确、更全面信息的途径；建立协调检查试点，金融稳定委员会及一行两会等主要监管部门自下而上展开合作检查，既有助于提高检查效率、降低被监管机构的成本，也有助于形成监管合力，探索和分享监管经验。最后，大力发展监管科技，利用人工智能、大数据等技术分析业务过程与机构经营情况，将金融科技新业态逐步纳入牌照式管理，及时跟踪和防范金融科技应用带来的不确定因素和可能的风险。

五 进一步提升金融法治水平

进一步发挥上海金融法院的职能和示范作用，积极探索地方立法实践，为完善国家金融政策法规体系提供经验。扩大上海金融法院示范判决应用范围，为整个上海以及长三角地区提供范例，并提高涉外金融审判的国际化水平和影响力。加强对司法、执法人员的金融知识专业培训，提升金融司法和执法水平。鼓励高校培养与国际金融中心相匹配的定向专业性法律人才，积极与高校等智库交流，在金融法律决策咨询以及复合型高端金融法律人才培养等领域开展全方位合作。金融法院及其仲裁体系还需进一步推进数字化，以顺应市场的快速变化；在规则制定方面，可以更好地应对一些数字场景。

六　积极争取建设金融法治试验区

以上海自贸区临港新片区为试点区域，探索构建与国际通行规则相一致的金融法治规范和监管规则。可考虑在临港新片区探索建立国际金融与商务法庭。该法庭处理的诉讼业务可侧重国际性，重点覆盖外资企业、外籍人士的跨境金融与商务纠纷等，包括跨境并购、跨境投资、跨境贸易等。通过服务于临港新片区的跨境与离岸金融相关业务，可以促进临港新片区金融业务的发展并服务于实体经济贸易发展。该法庭的探索实践也可以加快涉外金融审判的国际化进程，与在岸的上海金融法院相辅相成，提高上海市在国际化金融业务上的整体法制水平。通过以上金融法治试验区的尝试，建立相对独立的、区别于区外的自贸试验区金融监管立法体系，前瞻性地为防范系统性风险和保护投资者建立最基本的制度安排。同时自贸试验区与地方法律制度之间可能存在不一致的情况，因此有必要厘清自贸试验区与区外在法律结构上的差异，并在此基础上逐步建立完善的协调机制。自贸试验区内金融监管可以先一步形成行业约束，建立规则和标准，通过司法案例总结规则，逐步形成法律，为更大范围内的金融立法修订提供参考。

参考文献

蔡真:《国际金融中心评价方法论研究：以 IFCD 和 GFCI 指数为例》,《金融评论》2015 年第 5 期。

曹桂生、李天:《“一带一路”倡议七周年回顾：重点问题与保障政策》,《河南社会科学》2020 年第 8 期。

陈建华:《中国对外贸易结构审视、失衡原因及历史启示》,《金融理论探索》2019 年第 4 期。

陈卫东、边卫红、郝毅、赵廷辰:《石油美元环流演变、新能源金融发展与人民币国际化研究》,《国际金融研究》2020 年第 12 期。

陈卫东、赵雪情:《人民币国际化发展路径研究——基于十年发展的思考》,《国际经济评论》2020 年第 4 期。

陈雨露:《“一带一路”与人民币国际化》,《中国金融》2015 年第 19 期。

段世德、胡文瑶:《论国家信用、习俗惯例与货币的国际化》,《世界经济研究》2020 年第 6 期。

段思宇:《专访李扬：上海国际金融中心建设紧抓人民币国际化主线与更多国际规则对接》,《第一财经日报》2020 年。

范小云、陈雷、王道平:《人民币国际化与国际货币体系的稳定》,《世界经济》2014 年第 9 期。

费方域:《上海推进金融科技发展的思路和举措》,《科学发展》2015 年第 5 期。

傅冰:《货币国际化进程中的金融风险与对策研究》，上海社会科学院博士学位论文，2012 年。
高山：《国际金融中心竞争力比较研究》，《上海金融》2009 年第 3 期。
郭栋：《历史视角美元货币回流回顾和启示》，《现代金融导刊》2020 年第 5 期。
国家金融信息中心指数研究院、标普 · 道琼斯指数有限公司：《新华 · 道琼斯国际金融中心发展指数报告》，2020 年，2011—2018 年各期。
贾德铮：《金融科技对上海金融中心升级的影响探析》，《上海立信会计金融学院学报》，第 1 期。
金鹏辉：《加快推进上海金融科技中心建设》，《上海金融》2020 年第 1 期。
李建军、甄峰、崔西强：《人民币国际化发展现状、程度测度及展望评估》，《国际金融研究》2013 年第 10 期。
李艳丽、曾启：《持有高额外汇储备会促进还是抑制本币国际化？——基于供求均衡视角和多国数据的分析》，《国际金融研究》2019 年第 8 期。
李扬：《金融中心：聚集金融资源的有效机制》，《经济管理》2003 年第 9 期。
李扬：《国际货币体系的改革及中国的机遇》，《新金融》2008 年第 7 期。
李扬：《推动国际货币体系多元化的冷思考》，《上海金融》2009 年第 4 期。
李扬：《人民币国际化的国内挑战和国际责任》，《IMI 研究动态》2015 年合辑。
李扬：《理顺国内金融市场，才能推进人民币国际化和利率市场化》，《IMI 研究动态》2016 年合辑。
李扬：《资本账户开放不是货币国际化的必要条件》，《社会科学报》2016 年 10 月 19 日。

李扬：《上海国际金融中心建设与长三角一体化》，社会科学文献出版社2020年版。

李扬、余维彬：《多元化：亚洲金融危机后国际金融中心发展的新格局》，《中国金融》2007年第22期。

连平、胡亚楠：《迈向人民币国际化新征程》，《中国金融》2019年第19期。

林乐芬、王少楠：《"一带一路"进程中人民币国际化影响因素的实证分析》，《国际金融研究》2016年第2期。

刘庆富、孙传欣、顾研：《上海金融科技的发展现状及其基本路径》，《复旦学报（社会科学版）》2019年第5期。

裴长洪、付彩芳：《上海国际金融中心建设与自贸区金融改革》，《国际经贸探索》2014年第11期。

彭红枫、陈文博、谭小玉：《人民币国际化研究述评》，《国际金融研究》2015年第10期。

彭红枫、谭小玉：《人民币国际化研究：程度测算与影响因素分析》，《经济研究》2017年第2期。

彭兴韵：《国际货币体系的演进及多元化进程的中国选择——基于"货币强权"的国际货币体系演进分析》，《金融评论》2010年第5期。

彭兴韵、齐璠：《人民币国际化的最新进展与未来的发展》，《复旦国际关系评论》2015年第1期。

沙文兵、钱圆圆、程孝强、张玫：《人民币国际化程度再评估及其影响因素研究》，《财贸研究》2020年第12期。

孙国峰：《经常项目顺差和资本项目逆差——总体平衡目标下我国国际收支格局演变的选择》，《国际金融研究》2014年第10期。

孙国峰：《信用货币视角下的人民币国际化》，《中国金融》2018年第18期。

孙国峰、邓婕、栾稀：《后2020时期上海国际金融中心建设的远景目标》，《上海金融》2019年第3期。

孙国茂、范跃进：《金融中心的本质、功能与路径选择》，《管理世界》2013 年第 11 期。

田惠敏、曹红辉：《“一带一路”的动因与挑战》，《全球化》2015 年第 6 期。

屠光绍：《稳步推进上海国际金融中心建设》，《上海金融报》2014 年。

屠光绍：《金融中心建设须抓住金融科技发展机遇》，《联合时报》2020 年。

王保庆、李忠民：《金融中心建设的一般路径研究》，《现代经济探讨》2012 年第 4 期。

王芳、何青、郭俊杰、刘舫舸：《国际货币的全球分布与人民币国际化研究》，《上海金融》2015 年第 5 期。

王汉峰：《沪港通主题系列研究：引航沪港通》，中金公司研究报告，2014 年。

王珊珊、张晓倩：《金融市场发展水平和资本项目开放对储备货币地位的非线性影响——来自主要储备货币的经验证据》，《上海金融》2019 年第 8 期。

王新、潘娟、张丰羽：《跨境人民币研究述评》，《金融理论与教学》2020 年第 6 期。

徐伟呈、王畅、郭越：《人民币国际化水平测算及影响因素分析——基于货币锚模型的经验研究》，《亚太经济》2019 年第 6 期。

闫彦明、何丽、田田：《国际金融中心形成与演化的动力模式研究》，《经济学家》2013 年第 2 期。

严晨：《国际金融中心建设的历史比较分析》，《上海经济研究》2013 年第 6 期。

杨荣海：《当前货币国际化进程中的资本账户开放路径效应分析》，《国际金融研究》2014 年第 4 期。

杨荣海、李亚波：《资本账户开放对人民币国际化“货币锚”地位的影响分析》，《经济研究》2017 年第 1 期。

殷剑峰：《人民币国际化："贸易结算＋离岸市场"，还是"资本输出＋跨国企业"？——以日元国际化的教训为例》，《国际经济评论》2011年第4期。

殷剑峰：《中国金融发展水平的国际比较与上海国际金融中心建设》，《金融评论》2011年第1期。

余道先、王云：《人民币国际化进程的影响因素分析——基于国际收支视角》，《世界经济研究》2015年第3期。

张春生、梁涛、蒋海：《人民币国际化与人民币资本项目开放：综述与展望》，《商学研究》2019年第5期。

张光平：《货币国际化程度度量的简单方法和人民币国际化水平的提升》，《金融评论》2011年第3期。

张国兵、安烨：《人民币国际化进程中的资本账户开放分析》，《当代经济研究》2013年第3期。

张明、李曦晨：《人民币国际化的策略转变：从旧"三位一体"到新"三位一体"》，《国际经济评论》2019年第5期。

张庆君、汪新月：《人民币跨境结算的驱动因素——基于"一带一路"沿线国家数据的分析》，《金融教育研究》2020年第4期。

中国人民大学国际货币研究所：《人民币国际化报告2013：世界贸易格局变迁与人民币国际化》，中国人民大学出版社2013年版。

中国人民大学国际货币研究所：《人民币国际化报告2015："一带一路"建设中的货币战略》，中国人民大学出版社2015年版。

中国人民大学国际货币研究所：《人民币国际化报告2017：强化人民币金融交易功能》，中国人民大学出版社2017年版。

中国人民大学国际货币研究所：《人民币国际化报告2020：上海如何建设全球金融中心》，中国人民大学出版社2020年版。

庄芹芹：《"十四五"时期上海建设国际金融中心的战略应对》，《科学发展》2020年第9期。

卓群：《全球金融基础设施发展趋势及对上海国际金融中心建设的启示》，《上海金融》2017年第9期。

A. Y. Dolgova, International Financial Centre and Global City, 2017: 162 - 172.

Anindya K. Bhattacharya, The Feasibility of Establishing an International Financial Center in Shanghai, 2011, 12 (2): 123 - 140.

Artie W. Ng, Benny K. B. Kwok, Emergence of Fintech and cybersecurity in a global financial centre, 2017, 25 (4): 422 - 434.

Karreman B, Knaap G., The geography of equity listing and financial centre competition in mainland China and Hong Kong, Social Science Electronic Publishing, volume 12: 899 - 922 (24).

Bas Karreman, Bert van der Knaap, The geography of equity listing and financial centre competition in mainland China and Hong Kong, Journal of Economic Geography.

Bordo, Michael D. and Robert N. McCauley, Triffin: dilemma or myth? NBER Working Papers 24195, National Bureau of Economic Research, Inc., 2018

Catherine R. Schenk, Banks and the emergence of Hong Kong as an international financial center, Journal of International Financial Markets, Institutions & Money, 2002 (4).

Chang Shu, Currency Internationalization: Global Experiences and Implications for the Renminbi, Palgrave Macmillan, 2009.

Chey, H., Can the Renminbi Rise as a Global Currency?: The Political Economy of Currency Internationalization, Asian Survey, 2013, 53 (2), 348 - 368.

Despres, E., C. P. Kindleberger, and W. S. Salant, The Dollar and World Liquidity: A Minority View, Brookings Institution, Reprint, Brookings Institution, 1966.

Eichengreen, B., Sterling's Past, Dollar's Future: Historical Perspectives on Reserve Currency Competition, NBER Working Paper, 2005,

No. 11336.

Franzi, International financial centres after the global financial crisis and Brexit, edited by Youssef Cassis and Dariusz Wojcik, 2020, 42 (6): 941 – 943.

Gordon C. K. Cheung, The 2008 – 2009 Global Financial Fallout: Shanghai and Dubai as Emerging Financial Powerhouses?, 2010, 2 (1): 77 – 93.

Gopinath G, Stein J C. Banking, Trade, and the Making of a Dominant Currency, Quarterly Journal of Economics, 2020, 136 (2).

Gourinchas , Pierre-Olivier, and H'elène Rey, External Adjustment, Global Imbalances, Valuation Effects, Handbook of International Economics, Elsevier, 2014.

Gourinchas, Pierre-Olivier, and H'elène Rey, International Financial Adjustment, Journal of Political Economy, University of Chicago Press, vol. 115 (4), pages 665 – 703, August, 2007.

Gourinchas, Pierre-Olivier, H'el'ene Rey, and Nicolas Govillot, Exorbitant Privilege and Exorbitant Duty, Working paper, 2017.

Haiming Liang, What Impact Will Hong Kong Face as an International Financial Center?, 2020, 03 (03): 13.

He, D. & Yu, X. , Network effects in currency internationalization: insights from BIS triennial surveys and implications for the renminbi, Journal of International Money and Finance, 2016.

Ilzetzki, E. , Reinhart, C. M. , & Rogoff, K. S. , Exchange arangements entering the 21st century: which anchor will hold? Working Paper Series, Monentary Economics, 2017.

Imad Moosa, Larry Li, Riley Jiang, Determinants of the Status of an International Financial Centre, 2016, 39 (12): 2074 – 2096.

Jao, Y. C. , Hong Kong as an International Financial Centre: Evolution, Prospects and Policies Hong Kong: City University of Hong Kong Press,

1997.

John Adams, Andrew YC Wong, Hong Kong and Shanghai: current and/or future international financial centres?, 2015, 8 (3): 183 -193.

Ke Chen, Guo Chen, The rise of international financial centers in mainland China, 2015, 47: 10 -22.

Kindleberger, Charles P. , The formation of Financial Centers: A study in Comparative Economic History, Princeton Studies in International Finance No. 36, Princeton, NJ: International Finance Section, Department of Economics, Princeton University, 1974.

Lina Huang, Shudi Zhu, Regulation of International Financial Center: A Comparative Study of Financial Consumer Protection in China and U. S. , 2012, 1 (3): 86 -90.

Li, Yu-wai Vic, The Irreplaceable Outpost? Whither Hong Kong in China's Financial Future, 2020, 20 (3): 261 -278.

Mainelli, M. , Market of markets: The Global Financial Centres Index, Journal of Risk Finance, 2007, Vol. 8 No. 3.

Park, Yung Chul, Song, & Chi-Young, Renminbi internationalization: prospects and implications for economic integration in east Asia, Asian Economic Papers, 2011.

Portes, Richard, A reassessment of the Triffin Dilemma. In J-C Koeune, ed. , In search of a new world monetary order: Proceedings of a conference to celebrate the 100 thanniversary of Robert Triffin (1911 -1993), P. I. E. Peter Lang, 2012.

Sarah Hall, Rethinking international financial centres through the politics of territory: renminbi internationalisation in London's financial district, 2017, 42 (4): 489 -502.

Sicong Song, The Path Suggestions on the Construction of Shanghai International Financial Center, 2020, 3 (2) .

Sumei Luo, Guangyou Zhou, The construction of ShanghaI Pilot Free Trade

Zone and the interest rate liberalization in China, 2016, 21 (2): 234 - 246.

The Global Financial Centers Index, Z/Yen.

Triffin, Robert, Gold and the Dollar Crisis: The future of convertibility, Yale University Press, New Haven, Connecticut, 1961.

Wójcik Dariusz, Knight Eric, Pažitka Vladimír. What turns cities into international financial centres? Analysis of cross-border investment banking 2000 - 2014, 2018, 18 (1): 1 - 33.

Xiaoyang Wang, The Dynamics and Governmental Policies of Shanghai's International Financial Center Formation: A Financial Geography Perspective, 2019, 71 (2): 331 - 341.

Y. C. Jao, Shanghai And Hongkong as International Financial Centres: Historical Prespective And Contemporary Analysis, 2003

Yin-Wong Cheung, Robert N McCauley, Chang Shu, Geographic Spread of Currency Trading: The Renminbi and Other Emerging Market Currencies, 2019, 27 (5): 25 - 36.

附　录

上海国际金融中心大事记

2009 年

2009 年 4 月，国务院发布 19 号文，要求“加快上海国际金融中心建设”，明确提出“到 2020 年上海要基本建成与我国经济实力及人民币国际地位相适应的国际金融中心”。

2009 年 5 月，上海市出台《贯彻国务院关于推进上海加快发展现代服务业和先进制造业、建设国际金融中心和国际航运中心意见的实施意见》（19 号文），进一步明确了上海聚焦国际金融与航运“双中心”发展战略；7 月 6 日，跨境贸易人民币结算试点在上海首先启动；2009 年 8 月 1 日《上海市推进国际金融中心建设条例》正式施行。

2011 年

2011 年，国家成立了上海国际金融中心建设推进协调小组。

2012 年上海国际金融中心建设十大事件

1. 金融中心“十二五”规划——指引方向。2012 年初，经国务院同意，国家发展改革委印发的《“十二五”时期上海国际金融中心建设规划》正式对社会公布，在国内外引起热烈反响。规划不仅为上海国际金融中心建设明确了目标，更为各项工作指明了方向，可谓国际金融中心建设过程中的指南针。

2. 人民币直兑日元——多元选择。6 月 1 日，银行间外汇市场推出人民币对日元直接交易，市场反应积极，运行平稳。上海和东京两地市场的直接“对话”，是我国首次开展除美元外人民币与主要货币的直接交易，被视作人民币正式开始走出与美元挂钩的货币体制，也是人民币国际使用过程中的里程碑。

3. 债市主体扩容——引入回流。3 月初，首批人民币合格境外机构投资者获准进入银行间债券市场，截至 10 月底，银行间债券市场共有 RQFII 机构 20 家。世界银行、境外保险公司也获准投资银行间债市，目前，在“三类机构”框架下获准进入境内银行间债券市场的机构已达 60 家左右。

4. 机构上海总部——注入活力。3 月，中国银行上海人民币交易业务总部在沪成立，成为四大国有银行中首家在沪设立“第二总部”的银行。11 月，中国银联负责运营国际业务的子公司银联国际在上海成立。中国银行“第二总部”和银联国际在上海成立，给上海国际金融中心建设注入了新的活力。

5. 人民币国际投贷基金——出海平台。2 月 16 日，赛领资本管理有限公司揭牌暨赛领国际投资基金首募成功仪式举行，宣告国内最大的人民币国际投贷基金启航。赛领国际为企业提供了一个出海平台，旨在为国内企业海外投资并购提供商业化、市场化的操作平台及专业化的投融资综合服务，并通过企业海外投资推动人民币跨境流动。

6. 股权托管交易中心——服务实体。2 月 15 日，上海股权托管交易中心开业，首批 19 家企业挂牌。截至 11 月，挂牌企业已达 29 家。7 月，上海市金融服务办公室、上海证券交易所举行上海市区域性股权交易市场建设合作意向书签署仪式，上海证券交易所参与上海股权托管交易市场建设。作为多层次资本市场中的一个“新兵”，上海股权托管交易中心不仅遵循规范发展的思路，更满足了实体经济发展的客观需要，能够对中小企业发展提供有效服务。

7. 浦发硅谷银行——专注创新。8 月，浦发银行与硅谷银行的合资银行浦发硅谷银行正式开业。浦发银行和硅谷银行的合作，本身就是一种创新，合资银行实现了上海的优势金融资源与来自境外新的金融服务模式的对接。而这种创新的背后，是金融产业对于实体经济、特别是对科技创新企业的专业化服务与支持。

8. 跨国公司总部外汇集中运营——便利运作。12 月 3 日，总部在上海的中国海运集团通过中国银行全球现金管理平台，由境外子公司向境内总部归集首批资金 1500 万美元，同时根据境外成员用款需求，通过总部国际资金主账户对外放款 500 万美元，成功完成国内首家跨国公司总部外汇资金集中运营管理试点首笔交易。这项业务以促进贸易投资便利化为出发点，着力提高企业综合优势和总体效益。首笔交易的完成标志着该项试点业务进入实质操作阶段。

9. 金融消费保护——安全至上。12 月 26 日，中国人民银行金融消费权益保护局成立会议在上海召开。至此，“一行三会”均设立相应的金融消费者保护部门，并在各自职责范围内已经开展了卓有成效的金融消费者保护试点与改革工作。

10. “法治环境建设”白皮书——法治护航。8 月，上海市金融服务办公室、上海市政府法制办公室联合向社会公开发布《上海国际金融中心法治环境建设》白皮书（中英文）。白皮书是上海金融法治环境建设联席会议成立以后集聚各方资源、着力营造金融法治环境建设的一项重点工作。

2013 年上海国际金融中心建设十大事件

1. 自贸区金融政策陆续落地。2013 年 9 月 29 日，中国（上海）自由贸易试验区正式挂牌。“一行三会”等中央金融管理部门先后制定出台了总计 51 条支持自贸区金融开放创新的有关制度政策。

2. 金融市场交易额突破 600 万亿元。2013 年，上海金融市场交易总额突破 600 万亿元人民币，国际排名位居世界前列，市场影响力不断提升。

3. 国债期货正式推出。9 月 6 日，国债期货在中国金融期货交易所正式上市交易，中国大步迈向“金融期货时代”。

4. 利率市场化步伐提速。10 月 25 日，贷款基础利率集中报价和发布机制正式运行；12 月，首批同业存单成功发行。在上海，利率市场化大步前行。

5. 黄金 ETF 上市交易。7 月 29 日，国内首批黄金交易型开放式证券投资基金（下称“黄金 ETF”）——华安易富黄金 ETF 和国泰黄金 ETF 在上海证券交易所成功上市。

6. 原油期货交易平台落户自贸区。11 月 22 日，上海国际能源交易中心股份有限公司正式在上海自贸区挂牌，标志着中国版的原油期货上市迈出关键一步。

7. 全球化衍生品人民币计价清算零突破。4 月 16 日，人民币远期运费协议（FFA）中央对手清算业务在上海清算所正式推出，这是我国首个人民币计价清算的全球化衍生产品。

8. 功能性金融机构加快集聚。2013 年，功能性金融机构加快向上海集聚，1—11 月，上海新设功能性金融机构 69 家，在沪总数达 188 家，较 2012 年增长 58%。大型银行二总部——中国建设银行（上海）中心在沪揭牌。

9. 互联网金融引领前行。11 月，由阿里巴巴、中国平安、腾讯共同牵头出资设立的众安在线财产保险公司正式开业，这是中国首家持牌的互联网保险公司。

10. QDLP 试点率先推出。2013 年 7 月，国家外汇管理局原则上同意上海开展 QDLP 试点工作，资本项下可兑换和人民币国际化迈出重要一步。

2014 年上海国际金融中心建设十大事件

1. 自由贸易账户落地，多项自贸区金改细则出台。2014 年以来，国家金融管理部门出台了 13 项实施细则，以自由贸易账户落地为标志，上海自贸区金改取得新突破。截至 2014 年 10 月末，自贸区共开立自由贸易账户约 6000 个；跨境人民币双向资金池收支总额 499 亿元；发生人民币境外借款共计190亿元。

2. 金砖国家开发银行总部落户上海。2014年7月，金砖国家领导人第六次峰会决定将金砖国家开发银行总部设在上海，这是首个总部设于上海的国际金融组织。

3. 沪港通正式启动。11月17日，沪港通正式上线，沪港两地股票市场交易实现互联互通。

4. 上海黄金交易所国际板正式推出。上海自贸区首个面向境外投资者的黄金国际板于9月18日正式上线运行，交易、交割、清算各环节运行平稳。截至12月25日，黄金国际板累计成交金额达393亿元，成交量达165吨。

5. 中国外汇交易中心推出人民币对欧元、英镑、新西兰元、新加坡元直接交易。2014年，中国外汇交易中心相继推出了人民币对欧元、英镑、新西兰元、新加坡元等重要货币的直接交易。

6. 上海国际能源交易中心获批开展原油期货交易。2014年12月，中国证监会批准上海期货交易所在其国际能源交易中心开展原油期货交易。

7. 上海清算所推出人民币利率互换集中清算业务。2014年1月，上海清算所推出人民币利率互换集中清算业务。

8. 上海金融国资运营平台启动运作，金融资源纵向整合取得阶段性成果。2014年，上海金融国资国企改革步伐加快，金融国资整体布局进一步优化。国际集团率先启动国资运营平台搭建并进入实质性运作。

9. 民营金融加快发展，中民投等机构落户上海。2014年8月，号称“民间版中投”的中国民生投资股份有限公司落户上海，成为中国民营经济发展历程中的里程碑事件。同年，上海首家民营银行华瑞银行获批筹建，自贸区内注册的首家民营法人保险机构上海人寿获批筹建。

10. 上海出台促进资本市场、现代保险服务业、互联网金融产业等健康发展的系列政策措施。2014年以来，上海研究出台了多个政策文件，制定了一系列政策措施，覆盖了互联网金融、资本市场、现代保险服务业、文化金融等。

2015 年上海国际金融中心建设十大事件

1. 自贸区“金改 40 条”出台。10 月 30 日，经国务院批准，央行等六部委和上海市政府联合发布《进一步推进中国（上海）自由贸易试验区金融开放创新试点 加快上海国际金融中心建设方案》，全面推进自贸区金融改革和开放，人民币资本项目可兑换和人民币国际化加速前行。这一被市场称为“金改 40 条”及其相关政策细则的发布，被视为对前一阶段上海自贸区金改的继续和深化，是新阶段加强上海自贸区和上海国际金融中心建设的纲领性文件。在金改加速的背景下，上海保险交易所已获国务院批准筹建。

2. 金砖国家新开发银行等机构开业。7 月 21 日，金砖国家新开发银行在上海开业，这是首个总部设于上海的国际金融组织。各类总部型、功能性机构加快落户上海，“证券版银联”证通公司成立，上海首家以民营资本作为主发起人的保险公司上海人寿，以及首家民营银行华瑞银行正式开业。

3. 自由贸易账户境外融资和外币业务启动。2015 年，上海自贸区自由贸易账户境外融资、外币业务，以及跨境同业存单等创新业务相继启动。截至 10 月底，自贸区共有 38 家单位接入分账核算单元体系，累计开立自由贸易账户约 36220 个；其跨境人民币结算总额超过 9369 亿元，占全市 42%；自贸区形成一批可复制可推广的金融创新成果，社会反响良好。

4. 金融支持上海科创中心建设 20 条公布。在加快建设具有全球影响力的科创中心的号角下，上海出台《关于促进金融服务创新 支持上海科技创新中心建设的实施意见》，提出探索投贷联动、设立大型政策性担保基金等 8 个方面、20 条政策措施。12 月 28 日，上海股权托管交易中心正式推出“科技创新板”，这既是上海国际金融中心建设的重要内容，也是金融支持科创中心建设的重要举措。

5. 人民币跨境支付系统（CIPS）上线。10月8日，人民币跨境支付系统（一期）成功上线，这是我国金融市场基础设施建设的里程碑事件，将对促进人民币国际化进程起到重要支撑作用。人民币跨境支付系统为境内外金融机构人民币跨境和离岸业务提供资金清算、结算服务，将大大提高人民币跨境支付结算效率，人民币国际化走上"高速公路"。

6. CFETS人民币汇率指数发布。12月11日，中国外汇交易中心正式发布CFETS人民币汇率指数，这将引导市场从主要关注人民币对美元双边汇率，逐渐转向参考一篮子货币计算的有效汇率，标志着人民币汇率形成机制进一步健全。11月30日，CFETS人民币汇率指数较2014年底升值2.93%，表明人民币对一篮子货币仍小幅升值。

7. 银行间市场对外开放不断扩大。2015年，包括香港金管局、澳大利亚储备银行等首批境外央行类机构正式进入中国银行间外汇市场；包括韩国政府、汇丰银行等获准在中国银行间债券市场发行人民币债券（熊猫债）。我国银行间市场对外开放步伐加快，人民币国际使用进一步扩大。

8. 上证50ETF期权等产品上市，黄金"沪港通"开通。2015年，上证50ETF期权、10年期国债期货合约、上证50股指期货、中证500股指期货等相继挂牌，黄金交易沪港通开通，金融创新产品和工具不断增多，上海金融市场交易、定价和综合服务功能大幅提升。

9. 航运保险产品注册制改革在沪率先启动。7月1日，航运保险产品注册制在上海正式实施，首款航运保险产品在航运保险产品注册管理平台注册成功。航运保险产品注册制突出简政放权、放管结合、优化服务，充分发挥市场在资源配置中的决定性作用，这是我国金融产品监管领域的重大改革创新。

10. 上海互联网金融加快发展。2015年，上海市互联网金融行业协会、上海市支付清算协会成立，阿里、百度、万达、交通银行等先后将其互联网金融相关业务板块落户上海，进一步增强了上海互联网金融集聚力、辐射力和影响力。

2016 年上海国际金融中心建设十大事件

1. 自贸区金改继续深化，率先启动金融综合监管试点。在上海自贸区建设迎来三周年之际，“金改 40 条”实施细则陆续出台，金融创新精彩纷呈。金融监管机制和风险监测体系逐步完善，上海提出编制“分业监管机构清单”和“重点监测金融行为清单”，搭建金融综合监管联席会议平台，开展金融综合监管试点、探索功能监管，为国家层面金融监管改革探索路径、积累经验，守住不发生区域性系统性金融风险的底线。

2. 金融支持科创中心建设力度进一步加大。2016 年 4 月，张江国家自主创新示范区被列为全国首批投贷联动试点地区之一，上海银行、华瑞银行、浦发硅谷银行等三家法人银行入选试点银行，国开行等五家银行的在沪分行也获准开展试点。上海股权托管交易中心“科技创新板”开盘以来，挂牌企业总数达 102 家，全部为科技型创新型企业，融资总额 11. 45 亿元；上海市中小微企业政策性融资担保基金成立，首期筹集资金为 50 亿元。

3. 上海保险交易所揭牌，航运保险市场快速发展。上海保险交易所于 2016 年 6 月正式揭牌运营，填补了保险要素市场空白，进一步完善了上海国际金融中心市场体系和功能，吸引国际保险、再保险主体集聚。中国保险行业国家级投资平台——中国保险投资基金落户自贸区，首批基金规模达 400 亿元。上海航运保险协会代表中国加入全球最大航运保险协会组织——国际海上保险联盟（IUMI），并发布上海航运保险指数（SMII），进一步提高我国航运保险企业的风险管理和定价能力。

4. 上海票据交易所、中国信托登记公司成立。2016 年 12 月，上海票据交易所、中国信托登记公司相继开业，成为我国金融要素市场的新起点和里程碑事件。上海票据交易所将搭建票据交易平台、风险防范平台、货币政策操作平台、业务创新平台以及信息平台等五大模块，大大丰富上海金融基础设施布局，创建我国票据市场发展新高地。中国信托登记公司是全国唯一的信托登记机构，将搭建全国信托产品的集中登记平台、信托产品的统一发行流转平台以及信托业运行监测平台等三个平台。

5. 中国互联网金融协会在上海成立。中国互联网金融协会落户上海，它承担制定全国行业规则和行业标准、建立行业自律惩戒机制等职能，对行政监管形成补充和支撑，提高金融监管的弹性和有效性。与此同时，按照国家统一部署，上海互联网金融风险专项整治正式启动。通过第一阶段摸底排查，初步梳理掌握风险底数，并启动了清理整顿工作。

6. 全球中央对手方协会（CCP12）落户上海。2016 年 6 月，全球中央对手方协会法人实体落户上海。该协会是唯一的全球性中央对手清算机构同业组织，覆盖了全球最主要交易所市场和场外市场，在国际金融体系改革中的作用逐步凸显。率先将全球中央对手方协会引入我国，将极大地提升我国在这一领域的影响力。

7. 上海黄金交易所推出人民币计价“上海金”。全球首个以人民币计价的集中定价合约“上海金”在上海黄金交易所正式上线，是继黄金国际板推出后中国黄金市场国际化发展的又一标志性事件。“上海金”是中国增强全球要素定价权的重要尝试，国际黄金市场将形成以人民币标价的“上海金”基准价格，与美元标价的 LBMA 黄金基准价格互为补充，推动国际黄金市场体系平衡发展。

8. 金砖国家新开发银行、浦发银行发行人民币绿色金融债券。2016 年 7 月，金砖国家新开发银行在银行间市场发行人民币计价的绿色金融债券，总值 30 亿元人民币，这是首只由总部设在中国的国际金融机构发行的人民币绿色债券。债券的发行体现了国际金融机构对人民币国际化和“熊猫债”市场的信心与认可，体现了金砖国家新开发银行对推动全球绿色经济增长与发展的贡献。2016 年 1 月，浦发银行成功发行境内首单绿色金融债券，发行规模 200 亿元，实现了国内绿色金融债券从制度框架到产品的正式落地。

9. 国内首只自贸区地方债发行，上交所首次发行地方债。2016年12月，上海市财政局通过中央国债登记结算公司面向上海自贸区内已开立自由贸易账户的区内及境外机构投资者，成功发行30亿元上海市政府债券。这是我国首只自贸区债券，将为境外投资者提供优质人民币资产，拓宽境外人民币回流渠道，对推动上海自贸区金融改革、助推人民币国际化进程和地方政府债券市场发展具有深远而重要的意义。2016年11月，上海市财政局通过上海证券交易所的政府债券发行系统，招标发行300亿元地方债，这是该系统启用后在上交所招标发行的首只地方债，有利于拓宽地方债市场发行渠道，优化地方债投资者结构，提高地方债流动性，丰富交易所市场债券品种。

10. 国开行上海业务总部成立，陆家嘴区域率先试水“业界共治”模式。2016年6月，国家开发银行上海业务总部在沪正式成立。这将促进国开行各驻沪机构、长三角地区分行、公司业务的信息交流、资源共享、协调发展，推进功能性机构及子公司在沪集聚，推动业务协同和产品创新。2016年8月，上海陆家嘴金融城正式开展体制改革试点，在全国率先实施“业界共治”的公共治理架构，即以陆家嘴金融城理事会作为金融城业界共治和社会参与的公共平台，以上海陆家嘴金融城发展局作为金融城法定的管理服务机构。这一对标国际规则的重大改革举措，将提升陆家嘴金融城在全球金融市场的影响力，打造国际一流金融城，加快上海国际金融中心和全球城市的建设步伐。

2017年上海国际金融中心建设十大事件

1. 贯彻落实党的十九大和全国金融工作会议精神。2017年12月，上海市委、市政府印发《关于做好新时代上海金融工作　加快建设国际金融中心的实施意见》，围绕服务实体经济、防控金融风险、深化金融改革三项重点任务，形成了新时代指导推进上海金融工作的纲领性文件。同时，上海坚守风险防范底线，根据国家统一部署，切实推进互联网金融风险专项整治、各类交易场所清理整顿、非法集资专项整治等工作，取得初步成效。

2.“债券通”正式试运行，中国债券市场扩大开放。2017 年 7 月，内地与香港债券市场互联互通合作（以下简称债券通）正式上线试运行。“债券通”境外投资者可经由香港与内地基础设施机构之间在交易、托管、结算等方面互联互通的机制安排，在不改变业务习惯的基础上高效便捷地通过香港投资于内地银行间债券市场。

3. 人民币跨境支付系统二期建设加快推进。人民币跨境支付系统二期建设稳步推进，其中双边业务已于 2017 年 9 月成功投产。

4. 上海金融市场人民币债券发行主体日益多元。2017 年 3 月，俄罗斯铝业联合公司在上海证券交易所成功完成 2017 年首期公司债券发行，发行规模 10 亿元人民币，并在上海证券交易所挂牌转让。这是首单“一带一路”沿线国家和地区企业发行的熊猫债券。

5. 票据、保险、信托登记市场平稳起步，运行系统正式上线。2017 年 9 月，中国信托登记公司信托登记系统正式上线运行，标志着中国信登这一信托行业核心基础设施开始发挥功能，翻开了我国信托登记事业的新篇章。2017 年 10 月，上海票据交易所顺利完成电子商业汇票系统（ECDS）移交切换，310 家 ECDS 接入点机构全部切换至上海票据交易所。这一票据电子化交易系统将推动我国票据市场完成电子化交易转型升级。2017 年 12 月，上海保险交易所财险共保交易结算平台正式上线，将提高市场的运行效率和整体流动性，强化场内交易行为监管，标志着我国保险业机构间集中交易结算新模式正式开启。

6. 中央国债登记结算有限责任公司上海总部成立。2017 年 12 月，中央国债登记结算有限责任公司（以下简称中央结算公司）上海总部、担保品业务中心揭牌，上海关键收益率（SKY）正式发布。2017 年 7 月，中债金融估值中心落户上海。中央结算公司上海总部落地，集聚了债券跨境发行中心、债券跨境结算中心、中债担保品业务中心、中债金融估值中心、上海数据中心等五大功能平台，进一步完善了上海金融市场体系，服务全球人民币债券市场。

7. 上海发布全国首张自贸试验区金融服务业对外开放负面清单指引，自由贸易账户主体范围进一步拓展。2017 年 6 月，《中国（上海）自贸试验区金融服务业对外开放负面清单指引（2017 年版）》正式发布。这一负面清单进一步梳理汇总了金融领域有关外资准入的规定，提高了金融业对外开放的透明度和可操作性，彰显了上海依托自贸区不断深化和扩大金融对外开放的鲜明态度，为我国金融业进一步扩大开放进行有益探索。

8. 金融对上海科创中心建设的支持力度持续加大。2017 年 9 月，上海科创中心股权投资基金管理有限公司正式揭牌成立。

9. 全球清算对手方协会发布“外滩标准”。2017 年 11 月，全球清算对手方协会（CCP12）在上海外滩发布首个清算行业国际标准——《CCP12 量化披露实务标准》，标志着上海更深层次地参与国际金融监管政策和行业标准制定，有助于中国加强在国际金融监管政策、行业标准制定中的参与权和影响力。全球清算对手方协会于 2016 年 6 月落户上海，并于 2017 年 1 月正式开业，进入实体化运营阶段。

10. 2017 中国（上海）金融人才指数发布，上海金融人才高地加快建设。2017 年 12 月，2017 中国（上海）金融人才指数在沪发布。指数聚焦银行、证券、保险、基金、信托、期货、第三方支付等 7 个金融细分行业，从人才规模、人才学历和人才待遇等三个维度展开分析，全方位动态监测上海金融人才发展状况，科学预测上海金融人才发展趋势。

2018 年上海国际金融中心建设十大事件

1. 中央对上海提出三项新的重大任务。11 月 5 日，在首届中国国际进口博览会开幕式上，中央交给上海三项新的重大任务，一是增设上海自贸试验区新片区，二是在上海证券交易所设立科创板并试点注册制，三是支持长江三角洲区域一体化发展并上升为国家战略。这为上海未来的发展注入了强大动能，同时也为上海国际金融中心建设的冲刺指明了目标和路径。

2.《上海国际金融中心建设行动计划（2018—2020）》正式发布。2018年底，经国务院同意，中国人民银行等八部门联合印发《上海国际金融中心建设行动计划（2018—2020）》。该《行动计划》提出上海国际金融中心建设的总目标是“到2020年，上海基本确立以人民币产品为主导、具有较强金融资源配置能力和辐射能力的全球性金融市场地位，基本形成公平法治、创新高效、透明开放的金融服务体系，基本建成与我国经济实力以及人民币国际地位相适应的国际金融中心，迈入全球金融中心前列”。

3. 上海在全球金融中心指数排名中首次位列第五。9月12日，由英国独立智库Z/Yen集团编制的第24期全球金融中心指数发布，上海首次位列全球第五，超越东京，仅次于纽约、伦敦、香港和新加坡。

4. 原油期货等一批金融产品创新取得重大突破。3月26日，原油期货在上海国际能源交易中心正式挂牌交易。此外，上海期货交易所标准仓单交易平台上线，两年期国债期货、铜期权、纸浆期货等多项金融创新产品也接连上线，这是上海金融市场全面贯彻落实党的十九大精神，增强金融服务实体经济能力的重大举措。特别是原油期货上市是中国衍生品市场乃至整个金融市场对外开放的标志性事件，标志着上海国际金融中心建设迈出新的重要步伐。原油期货目前已成为亚洲最大、世界第三的原油市场，仅次于纽约WTI原油市场和伦敦布伦特原油市场。

5. 上海金融法院成立，金融法治环境进一步完善。3月28日，中央全面深化改革委员会第一次会议审议通过了《关于设立上海金融法院的方案》；4月27日，十三届全国人大常委会第二次会议通过了关于设立上海金融法院的决定。8月20日，上海金融法院正式揭牌成立。上海金融法院的成立，是金融消费者保护的一小步，也是金融法治改革的一大步；是中国金融法院的先驱，也意味着我国进入法律专业化的新时代。

6. 上海推出一系列金融对外开放最新项目。按照金融业对外开放六个方面的具体举措，上海市全年形成了三批金融业对外开放项目。2018 年 5 月和 6 月，先后推出了两批 23 个项目上报国家金融管理部门，其中 12 个项目已经落地，年底又向国家金融管理部门上报了第三批 8 个对外开放项目。

7. 上海市地方金融监督管理局（上海市金融工作局）正式组建。根据《上海市机构改革方案》，上海市地方金融监督管理局组建，并加挂上海市金融工作局牌子，不再保留上海市金融服务办公室。机构改革后，上海市地方金融监管局成为市政府组成部门，承担的职能从以协调服务为主转向监管与协调服务并重。

8. 上海金融业加强对民营和中小微企业的金融支持。11 月中旬，上海国盛集团联合多家国企与海通证券共同组建的上海国盛海通股权投资基金正式成立，基金规模目标 100 亿元，目前已落实 50 亿元。11 月 20 日，由浦发银行创设的复星高科信用风险缓释凭证已正式簿记建档，标志着上海首单民营企业债券融资支持工具成功落地。12 月 17 日，在上海市金融工作局、上海银保监局、上海市经济信息化委等部门支持下，15 家金融机构为 50 个实体经济项目提供金融支持，总金额近 1000 亿元。

9. 个税递延型商业养老保险首单落地上海。6 月 7 日，个人税收递延型商业养老保险全国首单由太平洋人寿在上海签发。在沪开展个税递延型商业养老保险试点有利于发展养老第三支柱，健全和完善社会养老保障制度，缓解人口老龄化问题，也有利于进一步推动上海市保险行业不断创新，加快上海国际保险中心和上海国际金融中心建设。

10. 上海积极推进金融风险防范化解工作。今年以来，包括上海在内的全国各地以 P2P 网络借贷平台为代表的涉众型投资受损类风险以及交易场所风险有所凸显。上海市地方金融监督管理局等相关部门积极探索适应特大型城市风险防范化解的有效途径，切实维护金融和社会稳定。目前上海地方债务率远低于全国平均水平，银行业不良贷款率处于全国最低之列，跨境资金流动平稳有序，未发生区域性、系统性金融风险和重大金融安全事件。

2019年上海国际金融中心建设十大事件

1. 上海证券交易所设立科创板并试点注册制。科创板于6月13日开板，7月22日开市，从宣布到落地实施仅历时9个月，标志着中国资本市场全面深化改革开启了新征程，充分发挥改革试验田的作用，有力推动上海国际金融中心建设。目前，市场运行总体平稳，试点注册制改革取得初步成效，基本建立了较为齐备的规则制度体系，设立了多元包容的发行上市条件，落实了以信息披露为核心的发行上市审核制度，创新了交易机制和投资者适当性制度。截至2019年底，70家企业已上市。

2. 为促进资本市场支持科创企业发展实施"浦江之光"行动。7月31日，上海市政府办公厅印发《关于着力发挥资本市场作用 促进本市科创企业高质量发展的实施意见》（"浦江之光"行动）。"浦江之光"行动结合上海科创企业培育实际情况，围绕企业储备、政策扶持、资源集聚、环境建设等方面，加快培育一批代表上海科创实力、体现上海科创潜力的优秀科创企业，集聚一批具有品牌效应的专业中介机构，营造规范、有序、透明、高效、公平、开放的国际一流投融资生态体系。

3. 标志性外资金融机构落沪凸显"上海引力"。全国首家外资全资保险控股公司安联（中国）保险控股有限公司获批开业、全国首批新设外资控股合资券商野村东方国际证券有限公司和摩根大通国际证券有限公司获批开业、全国首家外资控股合资理财公司汇华理财有限公司获批筹建等。这是我国进一步扩大金融开放、鼓励外资金融机构加大在华投资的重要成果，体现了国家金融管理部门对上海国际金融中心建设的信任和支持，以及全球顶级金融机构积极参与上海国际金融中心建设的信心和决心。

4. 金融市场创新取得新突破。中日 ETF 互通产品、20 号胶期货、沪深 300ETF 期权、沪深 300 股指期权、天然橡胶期权、不锈钢期货、国债期货期转现、票据“贴现通”“票付通”、长三角一体化 ETF、黄金期权、标准化票据、债券回购违约处置业务等多项创新陆续推出，全国集中管理的信托受益权账户系统上线，全球首单中国（上海）自贸试验区和境外债券发行，期货市场全面引入债券充抵交易保证金制度，上海清算所与卢森堡证券交易所合作建立绿色债券信息披露的国际通道。这些都是推动金融业双向开放、增强金融服务实体经济能力、助力人民币国际化等方面的重大尝试和举措。

5. 人民币资产定价功能不断提升。贷款市场报价利率（LPR）形成机制改革顺利推进，利率市场化改革掀开新的篇章，“上海价格”扩展至信贷市场；中债长三角系列债券指数、中资美元债系列产品相继推出，“上海金”期货产品在芝加哥商品交易所上线，“上海价格”序列持续丰富和完善，人民币资产的定价能力大幅提升，国际影响力得到进一步扩大。

6. 共建资管生态圈上海资管中心更进一步。目前，上海证券资管业务总规模占全国的 1/3，保险资管公司受托资产总规模占全国一半以上，超过 30 家海外投资基金管理公司在沪设立，在中国证券投资基金业协会备案的 22 家外商独资私募证券投资基金管理人（WFOE PFM）全部落户上海，全球排名前十的资管机构都已在沪开展业务。

7. 上海积极抢占全球金融科技制高点。上海市政府办公厅印发《关于加快推进上海金融科技中心建设的实施方案》。该《实施方案》牢牢把握金融科技发展新趋势，积极抢占金融科技发展制高点，明确提出将上海建设成为具有全球竞争力的金融科技中心的总体目标。同时，中国人民银行上海总部和上海银保监局均发布《指导意见》，支持上海深度激发金融科技发展活力。金融科技机构持续集聚，金融科技创新持续推进。

8. 上海公共数据开放普惠金融应用上线运行。上海市公共数据开放普惠金融应用是全国首家省级层面信用信息普惠大数据平台，着力提升普惠金融质效。上海市科委等8部门，通过大数据中心集中向试点银行提供纳税、社保缴纳、住房公积金、发明专利等多领域数据项，打通政府和银行间的信息壁垒。

9. “金融服务民营企业十九条”发布。上海市金融工作局与在沪金融管理部门联合发布上海市贯彻落实《中共中央办公厅、国务院办公厅关于加强金融服务民营企业的若干意见》的实施方案，推动构建专业、联动、全面的融资支撑体系，促进产业与金融深度融合，加大金融支持民营企业高质量发展的工作力度。

10. 金融风险防范化解工作有序推进。上海市网贷整治工作取得阶段性成效，互联网金融风险持续收敛，重点交易场所清理整顿取得阶段性成果，并初步建立长效治理机制，妥善处置华信等重大风险案（事）件，依法推动风险化解，扫黑除恶专项斗争各项工作扎实推进，取得了阶段性成效，未发生区域性、系统性金融风险和重大金融安全事件。